Stefan Schick

Gemeinnützigkeitsrecht für soziale Einrichtungen

Stefan Schick

Gemeinnützigkeitsrecht für soziale Einrichtungen

Anerkennung, Rechnungslegung, Spendenwesen – Eine Einführung

2., überarbeitete Auflage

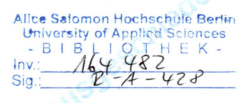

Die Deutsche Bibliothek – CIP-Einheitsaufnahme
Ein Titeldatensatz für diese Publikation ist bei
Der Deutschen Bibliothek erhältlich.

1. Auflage Dezember 1997
2., überarbeitete Auflage Juli 2001

Alle Rechte vorbehalten
© Betriebswirtschaftlicher Verlag Dr. Th. Gabler GmbH, Wiesbaden 2001

Lektorat: Ulrike M. Vetter

Der Gabler Verlag ist ein Unternehmen der Fachverlagsgruppe BertelsmannSpringer.

www.gabler.de

Das Werk einschließlich aller seiner Teile ist urheberrechtlich geschützt. Jede Verwertung außerhalb der engen Grenzen des Urheberrechtsgesetzes ist ohne Zustimmung des Verlags unzulässig und strafbar. Das gilt insbesondere für Vervielfältigungen, Übersetzungen, Mikroverfilmungen und die Einspeicherung und Verarbeitung in elektronischen Systemen.

Die Wiedergabe von Gebrauchsnamen, Handelsnamen, Warenbezeichnungen usw. in diesem Werk berechtigt auch ohne besondere Kennzeichnung nicht zu der Annahme, dass solche Namen im Sinne der Warenzeichen- und Markenschutz-Gesetzgebung als frei zu betrachten wären und daher von jedermann benutzt werden dürften.

Gedruckt auf säurefreiem und chlorfrei gebleichtem Papier.

Umschlaggestaltung: Nina Faber de.sign, Wiesbaden
Druck und buchbinderische Verarbeitung: Lengericher Handelsdruckerei, Lengerich
Printed in Germany

ISBN 3-409-28968-2

Inhalt

Vorwort 9

A. Systematische Einführung in das Gemeinnützigkeitsrecht 13

I. Die Vorteile der Anerkennung als steuerbegünstigte Körperschaft ... 13
1. Steuerliche Vorteile bei der steuerbegünstigten Körperschaft 14
2. Erbschaft- und schenkungsteuerliche Begünstigung von
   Zuwendungen an steuerbegünstigte Körperschaften 17
3. Ertragsteuerliche Begünstigung von Zuwendungen an steuerbegünstigte
   Körperschaften beim Zuwendenden 18
4. Einkommensteuerliche Begünstigung nebenberuflicher Tätigkeit für
   steuerbegünstigte Körperschaften 20

II. Die Voraussetzungen für die Anerkennung als steuerbegünstigte
    Körperschaft 22
1. Überblick 22
2. In Betracht kommende Steuerrechtssubjekte 22
3. „Steuerbegünstigte Zwecke" als Oberbegriff 25
4. Gemeinnützige Zwecke 25
5. Mildtätige Zwecke 32
6. Kirchliche Zwecke 34
7. Selbstlosigkeit der Zweckerfüllung 35
8. Ausschließlichkeit der Erfüllung steuerbegünstigter Zwecke 39
9. Unmittelbarkeit der Erfüllung der steuerbegünstigten Zwecke (§ 57 AO) 41

III. Die vier steuerlichen Sphären einer steuerbegünstigten
     Körperschaft 47
1. Steuerbegünstigte Körperschaften und die vier Sphären ihrer Betätigung
   im Überblick 47
2. Ideeller Bereich 49
3. Vermögensverwaltung 51

4. „Wirtschaftlicher Geschäftsbetrieb" als Oberbegriff 54
5. Steuerbegünstigte Zweckbetriebe 55
6. Steuerpflichtige wirtschaftliche Geschäftsbetriebe 63

IV. Die Behandlung der vier Sphären im Überblick 71

V. Die Mittelverwendung für steuerbegünstigte Zwecke 73
1. Mittel- und Vermögensbindung bei steuerbegünstigten Körperschaften 73
2. Zeitnahe Mittelverwendung bei steuerbegünstigten Körperschaften 80
3. Steuerliche Grundsätze der Vermögensverwaltung bei steuerbegünstigten Körperschaften 89

VI. Die Rechnungslegung bei steuerbegünstigten Körperschaften 94
1. Buchführung und Bilanzierung/Erstellung einer Einnahmenüberschussrechnung bei steuerbegünstigten Körperschaften 96
2. Ergebnisermittlung bei steuerpflichtigen wirtschaftlichen Geschäftsbetrieben 114
3. Mittelverwendungsrechnung bei steuerbegünstigten Körperschaften 118
4. Bilanzierung bei einem Wechsel in die Steuerpflicht bzw. Steuerbefreiung (Überblick) 121

VII. Verfahrensfragen im Zusammenhang mit der Anerkennung der Steuerbegünstigung von Körperschaften und ihrem Entzug 123
1. Antrags- und Überwachungsverfahren bei steuerbegünstigten Körperschaften 123
2. Voraussetzungen für den Erwerb einer vorläufigen Bescheinigung der Gemeinnützigkeit und eines Freistellungsbescheides 125
3. Aberkennung der Steuerbegünstigung 127

VIII. Spenden 129
1. Begriff der Spende 129
2. Durchlaufspenden 132
3. Direktspenden 133
4. Geldspenden und Sachspenden 134
5. Sonderregelungen für Stiftungen 136

6. Steuerliche Begünstigung von Zuwendungen an eine steuerbegünstigte Körperschaft im Überblick 136
7. Formale Anforderungen an Zuwendungsbestätigungen 139
8. Ausnahmen vom Erfordernis einer Zuwendungsbestätigung 140
9. Vertrauensschutz und Haftung bei Ausstellung unrichtiger Zuwendungsbestätigungen 141

B. Gemeinnützigkeitsrechtliche Einzelfragen 143

I. Wohltätigkeitsbazare 143

II. Vereinsveranstaltungen/gesellige Zusammenkünfte 146

III. Benefizveranstaltungen 147

IV. Vereinszeitschriften 149
1. Vertrieb von Vereinszeitschriften 149
2. Anzeigenwerbung in der Vereinszeitschrift 150

V. Sponsoring 152

VI. Vermietung bzw. Betrieb eines Spülmobils 159

VII. Kocheinsätze 161

VIII. Transportleistungen 163
1. Behindertentransporte 164
2. Patientenbeförderungen 165

IX. Leistungen im Zusammenhang mit der Blutspende 167

X. Betreutes Wohnen 168

C. Gesetze und Erlasse 171

I. Gesetze 171
1. Abgabenordnung 171
2. Einkommensteuergesetz (EStG) und Einkommensteuerdurchführungsverordnung (EStDV) 177
3. Körperschaftsteuergesetz 182
4. Gewerbesteuergesetz 183
5. Erbschaft- und Schenkungsteuergesetz 184
6. Umsatzsteuergesetz 184

II. Erlasse und Verwaltungsanweisungen 187
1. Anwendungserlass zur Abgabenordnung (AEAO) 187
2. Sponsoringerlass (BMF-Schreiben vom 18.2.1998 BStBl. I S. 212) 208
3. BMF-Schreiben v. 18.11.1999 (Auszug, BStBl. I 1999, S. 979) 211
4. BMF-Schreiben v. 7.12.2000 (Auszug, BStBl. I 2000, S. 1557) 215

D. Literaturhinweise 221

Der Autor 223

Stichwortverzeichnis 225

Vorwort

Die derzeitige Situation in sozialen Einrichtungen - vor allem Krankenhäusern und Pflegeeinrichtungen, aber auch in allen anderen sozialen Bereichen - ist von einem starken Wandel der Gesellschaft und damit der Rahmenbedingungen für soziale Einrichtungen geprägt. Hierbei sei nur auf die Entwicklung im Zusammenhang mit Gesundheitsreform und Pflegeversicherung hingewiesen.

Diese Änderungen bedingen in weiten Bereichen ein Umdenken des Managements. Hierzu zählen beispielsweise Kooperations- und Fusionsüberlegungen ebenso wie neue Aktivitäten. Soweit die Führung einer sozialen Einrichtung bisher nicht als Management eines (gemeinnützigen) Unternehmens verstanden wurde, wird dies durch die Veränderung der Rahmenbedingungen erzwungen.

Fusions- und Kooperationsüberlegungen sowie neue, wirtschaftlich interessante Tätigkeitsfelder erschließen neue Ressourcen oder optimieren vorhandene. Sie werfen jedoch häufig zahlreiche steuerliche Probleme auf. Angesichts leerer öffentlicher Kassen drohen damit neue steuerliche Risiken, die es rechtzeitig zu erkennen und auszuschalten, jedoch zumindest zu minimieren, gilt. Dabei zeigt die Beratungspraxis, dass in den Bereichen, in denen Optimierungsprozesse besonders kreativ durchgeführt werden, die meisten steuerlichen Probleme auftreten. Denn das geltende Gemeinnützigkeitsrecht ist sehr kasuistisch und vom Ansatz her nicht auf die rationell wirtschaftende Non-Profit-Organisation ausgelegt.

Verschärft wird diese Problematik für die steuerbegünstigten Körperschaften dadurch, dass in den letzten Jahren nicht nur neue Entwicklungen in Rechtsprechung und Finanzverwaltung, sondern auch zahlreiche gesetzliche Änderungen zu verzeichnen waren. Hierzu zählen nicht nur die Änderungen durch das Gesetz zur weiteren steuerlichen Förderung von Stiftungen vom 14. Juli 2000 und die im Gesetz zur Änderung des Investitionszulagengesetzes 1999 (!) vom 20. Dezember 2000 enthaltenen Änderungen gemeinnützigkeitsrechtlicher Bestimmungen, sondern auch die Auswirkungen der Unternehmenssteuerreform.

Die vorliegende Einführung in das Gemeinnützigkeitsrecht für soziale Einrichtungen kann und will nicht sämtliche auftretende Probleme ansprechen und lösen. Die Praxis zeigt, dass sich Fragestellungen selten wiederholen und bei der Lösung von Problemen den individuellen Rahmenbedingungen der jeweiligen Organisation Rechnung getragen werden muss. Sie soll aber die handelnden Personen - den ehrenamtlichen Entscheidungsträger ebenso wie den hauptberuflichen Geschäftsführer, den Leiter einer Einrichtung ebenso wie den Leiter des Finanz- und Rechnungswesens - in die Lage versetzen, zu erwartende gemeinnützigkeitsrechtliche Probleme rechtzeitig zu erkennen und dort, wo Lösungsansätze nicht ohne weiteres erkennbar sind, fachkundigen Rat einzuholen.

Daher steht im folgenden nicht eine kasuistische Aufarbeitung von Einzelproblemen oder die Kommentierung von einzelnen gemeinnützigkeitsrechtlichen Bestimmungen im Vordergrund. Vielmehr gilt es, die systematischen Zusammenhänge des Gemeinnützigkeitsrechts - soweit solche überhaupt erkennbar sind - aufzuzeigen und darzustellen. Soweit Einzelfragen und -probleme in verschiedenen Zusammenhängen von Bedeutung sind, wird nicht in erster Linie auf die Darstellung an anderer Stelle verwiesen. Vielmehr erfolgt aus didaktischen Gründen eine kurze Zusammenfassung zur leichteren Lesbarkeit. Dieser systematischen Darstellung ist Abschnitt A. gewidmet. Dabei beschränkt sich die vorliegende Einführung in das Gemeinnützigkeitsrecht auf die Angabe weniger, wesentlicher Fundstellen in Rechtsprechung, Erlassen und Literatur.

Zunächst sei die Frage erlaubt: Welche Vorteile bringt die Anerkennung der Gemeinnützigkeit? Im Hinblick darauf, dass die Tätigkeit der steuerbegünstigten Körperschaften ohnehin nicht auf die Erzielung von Überschüssen gerichtet ist, eine sicherlich berechtigte Frage. Dieser ist Abschnitt A. I. gewidmet.

Ein Überblick über die Voraussetzungen für die Anerkennung der Gemeinnützigkeit (A. II. S. 22 ff.), die vier Sphären der Betätigung einer steuerbegünstigten Körperschaft (A. III. S. 47 ff. und IV. S. 71 ff.) sowie die Mittelverwendung für steuerbegünstigte Zwecke (A. V. S. 73 ff.) - ein in der Praxis regelmäßig sehr wichtiger Problembereich - runden die grundlegende Darstellung insoweit ab.

Besondere Probleme bereitet die Rechnungslegung steuerbegünstigter Körperschaften. Denn diese ist nicht nur von den steuerlichen, sondern auch von den zivilrechtlichen Bestimmungen abhängig. Dabei bestehen eingehende gesetzliche Regelungen zur handelsrechtlichen Rechnungslegung nur für die (steuerbegünstigte) Kapitalgesellschaft. Insoweit sollen die geltenden Grundsätze nicht vertieft werden. Die speziellen handelsrechtlichen Bestimmungen sind ohne weiteres den Kommentierungen zum Handelsgesetzbuch und der sonstigen Fachliteratur dazu zu entnehmen. Im übrigen bestehen jedoch nur spärliche gesetzliche Regelungen und Verlautbarungen des Instituts der Wirtschaftsprüfer, die von der Rechtsform - Stiftung, Verein, gemeinnütziger Betrieb gewerblicher Art - oder der Tätigkeit der Körperschaft - z.B. spendensammelnde Organisation - abhängig sind. Daneben sind zusätzlich die steuerlichen Bestimmungen zu beachten. Die vorliegende zweite Auflage berücksichtigt insoweit auch die inzwischen verabschiedete IdW-Stellungnahme zur Rechnungslegung von Stiftungen (IDW RS HFA 5, Stand: 25. Februar 2000). Da bislang noch keine geschlossene Darstellung all dieser Grundsätze vorliegt und im Hinblick auf die Bedeutung dieser Fragestellungen gerade für die Rechnungslegung steuerbegünstigter Körperschaften ist die Darstellung der damit zusammenhängenden Fragen in A. VI. S. 94 ff. verhältnismäßig ausführlich.

Ein Überblick über Verfahrensfragen im Zusammenhang mit der Anerkennung der Steuerbegünstigung und ihrem Entzug (A. VII. S. 123 ff.) und eine Übersicht über das Spendenwesen (A. VIII. S. 129 ff.) sowie Einzelfragen, die in der Praxis besonders häufig auftreten (wie z.B. Wohltätigkeitsbazare, Vereinsveranstaltungen, Benefizveranstaltungen, Sponsoring und Beförderungsleistungen, Abschnitt B. S. 145 ff.), runden die Einführung in das Gemeinnützigkeitsrecht ab.

Zur leichteren Verständlichkeit der teilweise doch sehr abstrakten Problematik werden die dargestellten Fragen anhand zahlreicher Beispiele, die großenteils der Praxis entstammen, erläutert. Eine Zusammenfassung der wesentlichen gesetzlichen Bestimmungen und Erlasse der Finanzverwaltung (Abschnitt C. S. 173 ff.) sowie ein ausführliches Stichwortregister sollen die Arbeit erleichtern. Dabei sind Gesetzesentwicklung, Erlasse und sonstige Anweisungen der Finanzverwaltung bis 1. Juni 2001 berücksichtigt.

A.
Systematische Einführung in das Gemeinnützigkeitsrecht

I. Die Vorteile der Anerkennung als steuerbegünstigte Körperschaft

In der Praxis werden zunächst die steuerlichen Vorteile bei Anerkennung der Steuerbegünstigung im Sinne der §§ 51 ff. AO in der **Steuerbefreiung der Körperschaft** selbst gesehen (vgl. unten 1. S. 14 ff.). Bedenkt man jedoch, dass auf Gewinnerzielung gerichtete wirtschaftliche Geschäftsbetriebe steuerbegünstigter Körperschaften aus Wettbewerbsgründen ohnehin im Regelfall besteuert werden und im übrigen die Tätigkeit der Körperschaft grundsätzlich allenfalls auf Kostendeckung ausgerichtet ist, so relativieren sich die Vorteile jedenfalls bei der Körperschaft- und Gewerbesteuer der Körperschaft. Eine andere Betrachtung kann im Einzelfall vor allem bei der Erbschaft- und Schenkungsteuer sowie - soweit nicht eine besondere, von der Gemeinnützigkeit unabhängige Steuerbefreiung vor allem im Gesundheitswesen, bei Altenheimen und bei Wohlfahrtsverbänden eingreift - bei der Umsatzsteuer Platz greifen.

Die Erbschaft- und Schenkungsteuer (vgl. dazu 2. S. 17 ff.) bildet insoweit einen Sonderfall, als zwar im Regelfall der Erwerber (Erbe, Vermächtnisnehmer, Beschenkte) zur Zahlung der Steuerschuld verpflichtet ist, jedoch auch der Zuwendende für die Bezahlung der Schenkungsteuer - gemeinsam mit dem Empfänger gesamtschuldnerisch - haftet.

Die Anerkennung als steuerbegünstigte Körperschaft ist darüber hinaus deshalb vorteilhaft, weil der Gesetzgeber **Zuwendungen für steuerbegünstigte Zwecke** an steuerbegünstigte Körperschaften **auch beim Zuwendenden ertragsteuerlich begünstigt**. Denn durch die Begünstigung des Zuwendenden wird ein Anreiz für solche Zuwendungen geschaffen, die den Staat bei der Zuschussgewährung im Gemeinwohlinteresse entlasten. Insoweit ist insbesondere an die steuerliche Begünstigung von Spenden und bei Entnahmen aus Betriebsvermögen zu steuerbegünstigten Zwecken zu denken (vgl. unten 3. S. 18 ff.).

Einen weiteren Anreiz bietet die **einkommensteuerliche Privilegierung** bestimmter **nebenberuflicher Tätigkeiten** für steuerbegünstigte Körperschaften (vgl. unten 4.

13

S. 20 ff.). Denn für eine steuerbegünstigte Körperschaft ist die kostengünstige oder sogar unentgeltliche Erbringung von Dienstleistungen im Regelfall ebenfalls ein wichtiges Element für die Erfüllung ihrer steuerbegünstigten Zwecke.

Da das Recht der steuerbegünstigten Körperschaften - wie im folgenden noch zu zeigen sein wird - zu erheblichen Einschränkungen bei einer unternehmerischen Geschäftsführung führen kann, müssen im Einzelfall die Vor- und Nachteile der Steuerbefreiung gegeneinander abgewogen werden. Dabei dürften - vor allem auch aus Imagegründen - die Vorteile der Steuerbegünstigung regelmäßig überwiegen.

Zwar besteht kein Wahlrecht, ob eine Körperschaft gemeinnützig sein soll, sofern sie die Voraussetzungen hierfür erfüllt; durch eine entsprechende Ausgestaltung der Satzung können jedoch die Voraussetzungen für die Anerkennung als gemeinnützig erfüllt oder ggf. beseitigt werden.

1. Steuerliche Vorteile bei der steuerbegünstigten Körperschaft

Im Einzelnen sind die folgenden **Steuerbefreiungen** bzw. **steuerlichen Vergünstigungen steuerbegünstigter Einrichtungen** zu nennen:

- Steuerbegünstigte Körperschaften sind nach § 5 Abs. 1 Nr. 9 KStG von der **Körperschaftsteuer** befreit. Diese Steuerbefreiung gilt nicht, soweit die Körperschaft einen steuerpflichtigen wirtschaftlichen Geschäftsbetrieb (vgl. unten III. 6. S. 63 ff.) unterhält. Selbstbewirtschaftete Forstbetriebe sind allerdings von der Körperschaftsteuer befreit.

- Eine entsprechende Regelung gilt nach § 3 Nr. 6 GewStG bei der **Gewerbesteuer**. Auch bei der Gewerbesteuer sind steuerpflichtige wirtschaftliche Geschäftsbetriebe nicht von der Gewerbesteuer befreit. Befreit sind dagegen Land- und Forstwirtschaftsbetriebe.

    Bereits diese **unterschiedliche Behandlung der wirtschaftlichen Geschäftsbetriebe** - volle Körperschaftsteuerpflicht, ausgenommen selbstbewirtschaftete Forstbetriebe, Begünstigung land- und forstwirtschaftlicher Betriebe bei der Gewerbesteuer - zeigen die **uneinheitliche Sachbehandlung im Gemeinnützigkeitsrecht**.

Hierbei ist allerdings zu beachten, dass der Begriff des wirtschaftlichen Geschäftsbetriebs nicht identisch ist mit dem des Gewerbebetriebs. So führt die Ausnahme der land- und forstwirtschaftlichen Betriebe - diese sind keine Gewerbebetriebe - nur zu einer gewerbesteuerlichen Gleichstellung mit kommerziellen land- und forstwirtschaftlichen Betrieben.

- Grundstücke steuerbegünstigter Körperschaften sind nach § 3 Abs. 1 Nr. 3 b) GrStG dann von der **Grundsteuer** befreit, wenn sie für gemeinnützige oder mildtätige Zwecke genutzt werden. Nach § 3 Abs. 1 Nr. 4 GrStG sind außerdem Grundstücke von der Grundsteuer befreit, wenn sie durch eine Religionsgemeinschaft, die Körperschaft des öffentlichen Rechts ist, einen ihrer Orden, eine ihrer religiösen Genossenschaften oder Verbände zu kirchlichen Zwecken genutzt werden. Eine Einschränkung enthält insoweit § 5 GrStG für Grundbesitz, der zu Wohnzwecken genutzt wird.

- **Grundstückskäufe** steuerbegünstigter Körperschaften sind dagegen **nicht von der Grunderwerbsteuer befreit**.

- Im Gegensatz zur Sachbehandlung bei den vorstehenden Steuerarten kennt das **Umsatzsteuerrecht keine generelle Befreiung steuerbegünstigter Körperschaften**. Allerdings sind **bestimmte Einzelumsätze von der Umsatzsteuer** ohne Rücksicht auf die Anerkennung als gemeinnützig **befreit**, wie beispielsweise die Umsätze **bestimmter Heilberufe** (vgl. § 4 Nr. 14 UStG), von **Krankenhäusern, Alten-, Altenwohn-, Pflegeheimen und Einrichtungen zur vorübergehenden Aufnahme oder ambulanter Pflege kranker bzw. hilfsbedürftiger Personen** (vgl. § 4 Nr. 16 UStG), sofern weitere Voraussetzungen erfüllt sind.

Eine weitere für soziale Einrichtungen wichtige **Umsatzsteuerbefreiung** enthält darüber hinaus § 4 Nr. 18 UStG. Danach sind die Leistungen der amtlich anerkannten Verbände der freien Wohlfahrtspflege (vgl. § 23 UStDV sowie unten S. 165) und der der freien Wohlfahrtspflege dienenden Körperschaften, Personenvereinigungen und Vermögensmassen, die einem **Wohlfahrtsverband** als Mitglied angeschlossen sind, von der Umsatzsteuer befreit, wenn

- diese Unternehmer ausschließlich und unmittelbar gemeinnützigen, mildtätigen oder kirchlichen Zwecken dienen,

- die Leistungen unmittelbar dem nach der Satzung, Stiftung oder sonstigen Verfassung begünstigten Personenkreis zugute kommen und
- die Entgelte für die in Betracht kommenden Leistungen hinter den durchschnittlich für gleichartige Leistungen von Erwerbsunternehmen verlangten Entgelten zurückbleiben.

Sind bestimmte Leistungen von der Umsatzsteuer befreit, so steht dem leistenden Unternehmer insoweit für die von ihm „eingekauften" Leistungen **kein Vorsteuerabzug** zu. Damit ist die Umsatzsteuerbefreiung jedenfalls dann von Vorteil, wenn die vom Unternehmer „eingekauften" Leistungen nur in geringem Umfang mit Vorsteuer belastet sind. Dies gilt insbesondere für die eigenen Personalkosten und Darlehenszinsen. Im Hinblick auf den hohen Personalkostenanteil und die Leistungserbringung an nicht vorsteuerabzugsberechtigte Leistungsempfänger ist damit die Umsatzsteuerbefreiung im Gesundheitswesen und für sonstige soziale Einrichtungen im Regelfall vorteilhaft.

Die vorstehend beschriebenen Leistungen, für die eine Umsatzsteuerbefreiung in Betracht kommt, dienen im Regelfall unmittelbar der Erfüllung steuerbegünstigter Zwecke. Sind im Einzelfall die Voraussetzungen für eine Umsatzsteuerbefreiung nicht erfüllt, so kommt die **Umsatzsteuerermäßigung nach § 12 Abs. 2 Nr. 8 a) UStG** in Betracht: Danach unterliegen die Umsätze steuerbegünstigter Körperschaften der Umsatzsteuer mit dem ermäßigten Umsatzsteuersatz von derzeit **7 v.H., soweit die Leistungen nicht im Rahmen eines steuerpflichtigen wirtschaftlichen Geschäftsbetriebs** erbracht werden. Werden derartige Umsätze von einer **Gesellschaft bürgerlichen Rechts** erbracht, **deren Gesellschafter ausschließlich steuerbegünstigte Körperschaften** sind, so sind auch solche Umsätze **steuerbegünstigt** (§ 12 Abs. 2 Nr. 8 b) UStG).

Beispiel:

*Veranstaltet ein steuerbefreiter Musik- oder Gesangverein ein **Benefizkonzert**, so unterliegen die erbrachten Leistungen - soweit die Kleinunternehmergrenze des § 19 UStG überschritten wird - der Umsatzsteuer auf der Grundlage des ermäßigten Steuersatzes.*

Wird die Veranstaltung von einer Veranstaltergemeinschaft durchgeführt, der nur steuerbegünstigte Musik- und Gesangvereine angehören, so unterliegen deren

Leistungen bei Überschreiten der Kleinunternehmergrenze ebenfalls der Umsatzsteuer auf der Grundlage des ermäßigten Umsatzsteuersatzes.

*Gehört dagegen der **Veranstaltergemeinschaft** neben gemeinnützigen Vereinen - z.B. als **Sponsor** - ein **gewerbliches Unternehmen** an, so unterliegen die Umsätze der Umsatzsteuer mit dem Regelsteuersatz.*

Die Umsatzsteuerpflicht auf der Grundlage des **ermäßigten Umsatzsteuersatzes** hat den **Vorteil**, dass der leistende Unternehmer gleichzeitig berechtigt ist, die von ihm **„eingekaufte" Umsatzsteuer (Regelsteuersatz) abzuziehen**, wohingegen seine **eigenen Leistungen** der **Umsatzsteuer** nur auf der Grundlage des **ermäßigten Steuersatzes** unterliegen.

2. Erbschaft- und schenkungsteuerliche Begünstigung von Zuwendungen an steuerbegünstigte Körperschaften

Das Erbschaft- und Schenkungsteuergesetz (ErbStG) enthält in § 13 Abs. 1 Nr. 16 und 17 verschiedene **Befreiungen unentgeltlicher Zuwendungen für steuerbegünstigte Zwecke**, die teilweise an die **Steuerbefreiung des Empfängers**, teilweise jedoch auch nur an die **Verwendung für steuerbegünstigte Zwecke** anknüpfen:

- Nach § 13 Abs. 1 Nr. 16 b) ErbStG sind unentgeltliche Zuwendungen an **inländische steuerbegünstigte Körperschaften** von der Erbschaft- und Schenkungsteuer befreit. Umstritten ist, ob dies auch für die Zuwendung in einen steuerpflichtigen wirtschaftlichen Geschäftsbetrieb (verneinend: Thiel, DB 1993 S. 2452) und die Zuwendung eines wirtschaftlichen Geschäftsbetriebs gilt. Nach Auffassung der Finanzverwaltung unterliegen Zuwendungen **in** einen steuerpflichtigen wirtschaftlichen Geschäftsbetrieb der Erbschaft- und Schenkungsteuer; die Zuwendung eines steuerpflichtigen wirtschaftlichen Geschäftsbetriebs ist dagegen nach dieser Auffassung von der Erbschaft- und Schenkungsteuer befreit (vgl. Erbschaftsteuerrichtlinien R 47 Abs. 2 S. 4 bis 6).

Die **Befreiung entfällt rückwirkend, wenn die Steuerbefreiung der steuerbegünstigten Körperschaft innerhalb von 10 Jahren nach der Zuwendung entfällt oder die Zuwendung nicht für steuerbegünstigte Zwecke verwendet wird.**

- Unentgeltliche Zuwendungen an eine **ausländische steuerbegünstigte Körperschaft** sind nach § 13 Abs. 1 Nr. 16 c) ErbStG dann von der Erbschaft- und Schenkungsteuer befreit, wenn der **ausländische Staat Gegenseitigkeit** gewährt. Das Vorliegen dieser Voraussetzungen wird vom Bundesministerium der Finanzen festgestellt. Diese Befreiungsregelung ist insbesondere im Verhältnis zur Schweiz von Bedeutung. Insoweit bestehen mit zahlreichen Kantonen Gegenseitigkeitserklärungen des Deutschen Reichs aus den 20er und 30er Jahren.

- Die **Zuwendung zu steuerbegünstigten Zwecken ohne Rücksicht auf die Steuerbegünstigung des Empfängers** ist nach § 13 Abs. 1 Nr. 17 ErbStG dann von der Erbschaft- und Schenkungsteuer befreit, wenn die **Mittelverwendung für den steuerbegünstigten Zweck gesichert** ist. Diese Befreiungsregelung ist ebenfalls für Zuwendungen an ausländische steuerbegünstigte Körperschaften von Bedeutung, wenn keine Gegenseitigkeitserklärungen vorliegen, sowie die Zuwendung an nicht steuerbegünstigte Körperschaften für steuerbegünstigte Zwecke. Der Nachweis für das Vorliegen dieser Voraussetzungen kann in der Regel dann ohne weiteres erbracht werden, wenn der Empfänger einer staatlichen Überwachung - z.B. einer Stiftungsaufsichtsbehörde - unterliegt.

3. Ertragsteuerliche Begünstigung von Zuwendungen an steuerbegünstigte Körperschaften beim Zuwendenden

Einen besonderen Anreiz für unentgeltliche Zuwendungen an steuerbegünstigte Körperschaften bilden die **Steuerbegünstigungen beim Zuwendenden**. Hierbei sind vor allem der **Spendenabzug** (vgl. dazu im einzelnen S. 129 ff.) und das sog. **Buchwertprivileg** zu nennen.

Nach § 10 b Einkommensteuergesetz (EStG) sind **Spenden** an steuerbegünstigte Körperschaften bei der Einkommensteuer bis zu bestimmten Grenzen einkommensteuerlich abzugsfähig, sofern der **Zuwendende eine natürliche Person oder eine Personenhandelsgesellschaft** ist. Eine entsprechende Begünstigung gilt nach § 9 Abs. 1 Nr. 2 Körperschaftsteuergesetz (KStG) auch für **Zuwendungen durch Körperschaftsteuersubjekte** (d.h. vor allem Kapitalgesellschaften, aber auch nicht steuerbefreite Vereine, Stiftungen und Betriebe gewerblicher Art von Körperschaften des öffentlichen Rechts).

Bei der **Gewerbesteuer** wird nach § 9 Nr. 5 Gewerbesteuergesetz (GewStG) ebenfalls der Spendenabzug für unentgeltliche Zuwendungen zu allen steuerbegünstigten Zwecken gewährt. Die Einzelheiten zum Spendenabzug sind in Abschnitt VIII. (S. 129 ff.) näher dargestellt.

Werden **Wirtschaftsgüter im Zusammenhang mit ihrer Zuwendung** an eine steuerbegünstigte Körperschaft **aus einem Betriebsvermögen** des Zuwendenden **entnommen**, so erfolgt die **Entnahme grundsätzlich zum Teilwert** und führt damit zu einem steuerpflichtigen Entnahmegewinn des Zuwendenden. Diesen Entnahmegewinn kann der Zuwendende häufig in den bestehenden Obergrenzen durch den Spendenabzug neutralisieren. Es sind jedoch auch Fälle denkbar, in denen ein vollständiger Spendenabzug daran scheitert, dass der Spender z.B. nicht über nennenswerte Einkünfte verfügt. Um diesen Nachteil zu vermeiden räumt § 6 Abs. 1 Nr. 4 EStG dem Zuwendenden ein **Wahlrecht** ein, wonach er das Wirtschaftsgut dann zum Buchwert entnehmen kann, wenn er es unmittelbar nach der Entnahme einer steuerbegünstigten Körperschaft zuwendet (sog. **Buchwertprivileg**).

Das Buchwertprivileg wird jedoch nur unter folgenden **Voraussetzungen** gewährt:

- Das Wirtschaftsgut muss **unmittelbar** nach seiner Entnahme aus dem Betriebsvermögen **der steuerbegünstigten Körperschaft, die spendenempfangsberechtigt ist, oder bei Errichtung einer Stiftung, die keine Freizeitzwecke verfolgt, zugewendet** werden. Insbesondere ist eine - auch nur kurzfristige - Nutzung durch den Zuwendenden nicht zulässig.

- Es muss sich um eine **unentgeltliche Zuwendung** handeln.

- Die Zuwendung muss „**zur Verwendung für steuerbegünstigte Zwecke**" erfolgen. Da die Regelung des § 6 Abs. 1 Nr. 4 EStG generell die Entnahme von Wirtschaftsgütern zur Förderung steuerbegünstigter Zwecke begünstigen will, dürfte auch die mittelbare Verwendung (d.h. die Verwendung des Veräußerungserlöses) unmittelbar zur Verwirklichung steuerbegünstigter Zwecke ausreichen.

Beispiele:

*Der Spender entnimmt ein **Grundstück** aus seinem **Betriebsvermögen** und wendet es einem gemeinnützigen **Verein** zu, der darauf einen **Kinderspielplatz** einrichtet.*

*Der Spender wendet das **Grundstück** dem gemeinnützigen **Verein zu, der es verkauft und den erzielten Kaufpreis in den vorhandenen Kindergarten** investiert.*

- Das Buchwertprivileg gilt **nicht für die Entnahme von Nutzungen und Leistungen.**

Entnimmt der Zuwendende das zugewendete Wirtschaftsgut aus einem Betriebsvermögen **zum Buchwert**, so ist für den Spendenabzug der **Buchwert in der Zuwendungsbestätigung** als zugewendet anzugeben.

4. Einkommensteuerliche Begünstigung nebenberuflicher Tätigkeit für steuerbegünstigte Körperschaften

Zu einem Anreiz für die Übernahme nebenberuflicher Tätigkeit für steuerbegünstigte Körperschaften führt die **Freibetragsregelung** des § 3 Nr. 26 EStG. Danach sind steuerfrei **Aufwandsentschädigungen für nebenberufliche Tätigkeiten** als Übungsleiter, Ausbilder, Erzieher, Betreuer oder für eine vergleichbare nebenberufliche Tätigkeit, für nebenberufliche künstlerische Tätigkeiten oder für die nebenberufliche Pflege alter, kranker oder behinderter Menschen im Dienst oder Auftrag einer inländischen juristischen Person des öffentlichen Rechts oder einer nach § 5 Abs. 1 Nr. 9 KStG von der Körperschaftsteuer befreiten Einrichtung zur Förderung gemeinnütziger, mildtätiger und kirchlicher Zwecke. Als Aufwandsentschädigungen sind danach Einnahmen für derartige Tätigkeiten bis zur Höhe von insgesamt DM 2.400,--, seit 1. Januar 2000 in Höhe von DM 3.600,--, ab 1. Januar 2002 in Höhe von Euro 1.848,-- jährlich anzusehen. Wird dieser Betrag überschritten, so bleiben DM 2.400,-- bzw. DM 3.600,-- ab 1. Januar 2002 Euro 1.848,-- steuerfrei, d.h. es handelt sich dabei **nicht** um eine **Freigrenze, bei deren Überschreiten der gesamte Betrag steuerpflichtig wird, sondern** um einen **echten Freibetrag**. Diese Vergünstigung besteht allerdings dann **nicht**, wenn die **Tätigkeit** für einen **steuerpflichtigen wirtschaftlichen Geschäftsbetrieb** der steuerbegünstigten Körperschaft ausgeübt wird.

Diese Regelung gewinnt im Hinblick auf das Urteil des Bundesfinanzhofs (BFH) vom 4.8.1994 (BStBl. II 1994 S. 944 sowie BMF-Schreiben vom 13.3.1996, DB 1996 S. 960) zunehmend an Bedeutung. Der BFH hatte die Frage zu entscheiden, ob **DRK-Rettungssanitäter, die lediglich eine sehr geringe Entschädigung erhalten hatten, mit**

diesen Zahlungen einkommensteuerpflichtig waren. Der BFH führt in der genannten Entscheidung aus, dass selbst geringfügige Überschüsse aus derartigen nebenberuflichen Tätigkeiten dann einkommensteuerpflichtig seien, wenn die Tätigkeit mit der Absicht erfolge, Überschüsse zu erzielen. Würden den Rettungssanitätern die Fahrtkosten neben den Pauschalbeträgen erstattet, so seien sie dann einkommensteuerpflichtig, wenn den Rettungssanitätern nicht zusätzliche Kosten (z.B. für die Reinigung von Kleidung) entstünden. Eine Ausnahme von den allgemeinen einkommensteuerlichen Grundsätzen im Hinblick auf die „gute Absicht" der Rettungssanitäter sei nicht anzuerkennen. Der BFH verwies in diesem Zusammenhang auf die Freibetragsregelung des § 3 Nr. 26 EStG. Der Freibetrag ist davon **unabhängig, ob** der Betreffende als **freier Mitarbeiter oder** im **Anstellungsverhältnis** tätig wird. Der Freibetrag wird - auch bei mehreren begünstigten Tätigkeiten - nur einmal für jeden Veranlagungszeitraum - Kalenderjahr - gewährt.

Die Gewährung des Freibetrags setzt eine **nebenberufliche Tätigkeit** voraus. Diese Voraussetzung ist dann erfüllt, wenn die Tätigkeit des Mitarbeiters in dem betreffenden Kalenderjahr **nicht mehr als 1/3 der Tätigkeit einer Vollzeitkraft** betragen hat (vgl. z.B. Märkle, Der Verein im Zivil- und Steuerrecht S. 418 unter Berufung auf BFH Urt. v. 30.3.1990 BStBl. II 1990 S. 854).

Bei Zahlung von bis zu DM 2.400,--, bzw. ab 1. Januar 2000 DM 3.600,--, ab 1. Januar 2002 von bis zu Euro 1.848,-- jährlich wird das Vorliegen einer nicht steuerpflichtigen Aufwandsentschädigung unwiderlegbar vermutet (vgl. Märkle a.a.O. S. 418, BFH Urt. v. 30.1.1986 BStBl. II 1986 S. 401). Werbungskosten bzw. Betriebsausgaben sind bis zu diesem Betrag nicht zu berücksichtigen.

Wichtig: Die Freibetragsregelung gilt nach dem eindeutigen Gesetzeswortlaut **nicht für ehrenamtlich-organisatorische Tätigkeiten.**

II. Die Voraussetzungen für die Anerkennung als steuerbegünstigte Körperschaft

1. Überblick

Die **Steuerbefreiungen** für steuerbegünstigte Körperschaften sind in den **Einzelsteuergesetzen** (vor allem Körperschaftsteuer- und Gewerbesteuergesetz) geregelt. Die Steuerbefreiung der Einzelsteuergesetze setzen bereits voraus, dass die steuerbegünstigte Körperschaft über eine entsprechende Anerkennung verfügt. Diese wiederum ist in den **§§ 51 ff. der Abgabenordnung** (AO) geregelt. **Als steuerbegünstigte Körperschaft kommt** daher **in Betracht**

- **jedes Körperschaftsteuersubjekt,**
- das **gemeinnützige, mildtätige oder kirchliche Zwecke**
- **selbstlos,**
- **ausschließlich** und
- **unmittelbar verfolgt.**

In den folgenden Abschnitten sollen diese Voraussetzungen im einzelnen dargestellt werden.

2. In Betracht kommende Steuerrechtssubjekte

§ 51 AO verweist für die Frage, welche Steuerrechtssubjekte nach der Abgabenordnung steuerbegünstigt sein können, auf § 1 KStG. Danach kommen als **steuerbegünstigte Körperschaften** in Betracht:

- **Kapitalgesellschaften**, vor allem die gemeinnützige GmbH
- **rechtsfähige Stiftungen des Privatrechts**
- **eingetragene Vereine**
- **unselbstständige (nichtrechtsfähige) Stiftungen**
- **nichtrechtsfähige Vereine**
- **andere Zweckvermögen** des privaten Rechts
- **Betriebe gewerblicher Art von juristischen Personen des öffentlichen Rechts;** dazu zählen auch die Stiftungen des öffentlichen Rechts.

Damit können natürliche Personen und Personengesellschaften (wie die GmbH & Co. KG) nicht als gemeinnützig anerkannt werden.

Während das Steuerrecht für die steuerliche Behandlung von Kapitalgesellschaften, rechtsfähigen und unselbstständigen Stiftungen, eingetragenen und nichtrechtsfähigen Vereinen an ihre zivilrechtliche Behandlung bzw. ihren zivilrechtlichen Status anknüpft, wird für „andere" **Zweckvermögen und Betriebe gewerblicher Art von Körperschaften des öffentlichen Rechts** ein **besonderer steuerlicher Status** geschaffen.

Zweckvermögen, die nach § 1 KStG körperschaftsteuerpflichtig sind, kommen in der Praxis als **rechtlich unselbstständige Sammelvermögen**, die keiner natürlichen und juristischen Person zuzurechnen sind und die die Voraussetzungen einer unselbstständigen Stiftung nicht erfüllen, selten vor. Sie sind auch nicht gesetzlich näher geregelt.

Der Begriff des **Betriebs gewerblicher Art** ist dagegen in § 4 Abs. 1 KStG definiert. Danach sind Betriebe gewerblicher Art **von juristischen Personen des öffentlichen Rechts** im Sinne von § 1 KStG vorbehaltlich § 4 Abs. 5 KStG alle **Einrichtungen**, die einer **nachhaltigen wirtschaftlichen Tätigkeit zur Erzielung von Einnahmen außerhalb der Land- und Forstwirtschaft dienen und die sich innerhalb der Gesamtbetätigung der juristischen Person wirtschaftlich herausheben**. Die Absicht, **Gewinne zu erzielen, und die Beteiligung am allgemeinen wirtschaftlichen Verkehr** sind **nicht erforderlich**. Zu den Betrieben gewerblicher Art gehören nach § 4 Abs. 5 KStG nicht Betriebe, die überwiegend der Ausübung der öffentlichen Gewalt dienen (Hoheitsbetriebe).

Nach Auffassung der Finanzverwaltung (Körperschaftsteuerrichtlinien Abschnitt 5 Abs. 4 und 5) setzt das Vorliegen eines Betriebs gewerblicher Art Einnahmen (nicht Gewinne) in Höhe von jährlich mindestens DM 60.000,-- voraus. Bei jährlichen Einnahmen in Höhe von DM 60.000,-- bis DM 250.000,-- ist im Einzelfall das Vorliegen eines Betriebs gewerblicher Art zu prüfen; bei Einnahmen von mehr als DM 250.000,-- jährlich liegt regelmäßig ein Betrieb gewerblicher Art vor.

Damit ist für die Besteuerung von **juristischen Personen des öffentlichen Rechts zunächst** die Frage **zu prüfen, ob** überhaupt ein **Betrieb gewerblicher Art vorliegt**. Denn nur dann stellt sich die Frage nach der Steuerpflicht bzw. der Anerkennung als steuerbegünstigte Körperschaft.

Beispiele:

*Die **Kirchengemeinde G** vermietet ausschließlich Wohnungen längerfristig an Privatpersonen. Dieser Vorgang ist der (hoheitlichen) Vermögensverwaltung zuzurechnen, die nicht von den Bindungen des Gemeinnützigkeitsrechts (wie z.B. bei der Bildung von Rücklagen aus Vermögensverwaltung) erfasst wird. Es liegt somit kein Betrieb gewerblicher Art vor.*

*Die **Kirchengemeinde H** betreibt ein **Waldheim** und erzielt hieraus jährlich Einnahmen (nicht Gewinne) in Höhe von Euro 250.000,--. Es liegt insoweit ein grundsätzlich steuerpflichtiger Betrieb gewerblicher Art vor, der jedoch möglicherweise als Zweckbetrieb steuerbegünstigt ist.*

*Eine **Stiftung des öffentlichen Rechts** betreibt einen umfangreichen **forstwirtschaftlichen Betrieb** sowie ein **Altenheim**. Zwischen dem Forstbetrieb und dem Altenheim bestehen weder organisatorische noch technisch-wirtschaftliche Verflechtungen. Der Forstbetrieb bildet nach § 4 KStG keinen (steuerpflichtigen) Betrieb gewerblicher Art; er ist der (hoheitlichen) Vermögensverwaltung zuzurechnen. Das Altenheim erfüllt dagegen die Voraussetzungen an einen Betrieb gewerblicher Art, der dann als steuerbegünstigte Körperschaft anerkannt werden kann, wenn er über eine dem Gemeinnützigkeitsrecht entsprechende Satzung verfügt.*

Wie die Beispiele zeigen, können u.a. **Kirchengemeinden** und **Stiftungen des öffentlichen Rechts** als Körperschaften des öffentlichen Rechts **Betriebe gewerblicher Art** unterhalten. Teilweise werden **Sozialstationen** und andere Sozialeinrichtungen, wie z.B. Altenheime und Krankenhäuser, in dieser Organisationsstruktur geführt, teilweise sind sie jedoch auch Stiftungen, eingetragene Vereine oder gemeinnützige GmbH, für die die allgemeinen Grundsätze gelten. Als juristische Personen des öffentlichen Rechts kommen weiter **Stadt- und Landkreise** (insbesondere als Betreiber von **Krankenhäusern**), aber auch Anstalten des öffentlichen Rechts in Betracht.

Nicht als selbstständige Steuersubjekte gelten **funktionale Untergliederungen** (Abteilungen) von steuerbegünstigten Körperschaften (§ 51 S. 3 AO). Hierdurch sollen die Fälle erfasst werden, in denen sich eine Abteilung nach außen verselbstständigt, im Innenverhältnis jedoch als Abteilung in den Hauptverein eingegliedert bleibt (vgl. z.B. Thiel/Eversberg, DB 1990 S. 396). Dies gilt nach dem Anwendungserlass zur Abgabenordnung nicht für regionale Untergliederungen.

3. „Steuerbegünstigte Zwecke" als Oberbegriff

Der Begriff der steuerbegünstigten Zwecke ist in § 51 S. 1 AO definiert. Danach verfolgt eine Körperschaft dann steuerbegünstigte Zwecke, wenn sie ausschließlich und unmittelbar gemeinnützige, mildtätige oder kirchliche Zwecke verfolgt.

4. Gemeinnützige Zwecke

Der Begriff der Gemeinnützigkeit ist in § 52 Abs. 1 S. 1 AO definiert. Danach verfolgt eine Körperschaft **gemeinnützige Zwecke**, wenn ihre Tätigkeit darauf gerichtet ist, die **Allgemeinheit** auf materiellem, geistigem oder sittlichem Gebiet **selbstlos zu fördern**. Wesentlich für die Anerkennung einer Körperschaft als gemeinnützig ist die **Förderung eines offenen Personenkreises**. Regelbeispiele, an denen die Absicht des Gesetzgebers erkennbar wird, enthalten § 52 Abs. 2 AO sowie die Anlage 1 zu § 48 Abs. 2 der Einkommensteuer-Durchführungsverordnung (EStDV). Als gemeinnütziger Zweck ist danach beispielsweise anerkannt die Förderung

- von Wissenschaft und Forschung
- von Bildung und Erziehung

- von Kunst und Kultur

- der Religion. Die Verfolgung religiöser Zwecke unterscheidet sich von der Verfolgung kirchlicher Zwecke nach § 54 AO darin, dass bei Verfolgung kirchlicher Zwecke eine Religionsgemeinschaft gefördert werden muss, die Körperschaft des öffentlichen Rechts ist

- der Völkerverständigung

- der Entwicklungshilfe

- des Umweltschutzes

- des Landschaftsschutzes

- des Denkmalschutzes

- des Heimatgedankens

- der Jugendhilfe

- der Altenhilfe

- des öffentlichen Gesundheitswesens

- des Wohlfahrtswesens

- des Sports.

Die Festlegung der gemeinnützigen Zwecke in den genannten Bestimmungen ist häufig nicht rational nachvollziehbar, sondern spiegelt teilweise den Einfluss der jeweiligen Lobby wider. So gilt beispielsweise Schach als Sport und ist daher als gemeinnützig anzuerkennen, wohingegen andere Spiele, wie beispielsweise Skat, nicht als gemeinnützig anzuerkennen sind.

Der **Katalog der gemeinnützigen Zwecke** in § 52 AO ist **nicht abschließend**, sondern lediglich eine Auflistung von Regelbeispielen.

Im folgenden sollen die Förderung der Jugendhilfe (vgl. unten a)), die Förderung der Altenhilfe (vgl. unten b)), die Förderung der Wohlfahrtspflege (vgl. unten c)) und die Förderung des öffentlichen Gesundheitswesens (vgl. unten d)) näher dargestellt werden.

a) Förderung der Jugendhilfe

Die Förderung der Jugendhilfe setzt voraus, dass **Personen, die ihr 27. Lebensjahr noch nicht vollendet haben**, gefördert werden (in Anlehnung an § 4 Nr. 23 UStG; vgl. auch Kießling/Buchna, Gemeinnützigkeit im Steuerrecht S. 48).

Für die **Förderung der Jugendhilfe** kommen insbesondere die folgenden Bereiche in Betracht:

- die Jugendbetreuung
- die Jugendpflege
- die Jugendfürsorge.

Beispiele:

Einrichtung und Unterhaltung von **Kindergärten, Schul- und Lehrlingsheimen, Jugendherbergen.**

Weitere Beispiele finden sich in § 4 Nr. 23, 24 und 25 UStG im Zusammenhang mit der Befreiung bestimmter Leistungen im Bereich der Jugendhilfe (z.B. auch im Zusammenhang mit Jugendherbergen) von der Umsatzsteuer.

b) Förderung der Altenhilfe

Für das Gemeinnützigkeitsrecht wird zur Definition des Begriffs der Altenhilfe im allgemeinen die entsprechende **Definition** des § 75 Bundessozialhilfegesetz (BSHG) übernommen. Danach gilt folgendes:

„Sie (die Altenhilfe) soll dazu beitragen, Schwierigkeiten, die durch das Alter entstehen, zu verhüten, zu überwinden oder zu mildern und alten Menschen die Möglichkeit zu erhalten, am Leben in der Gemeinschaft teilzunehmen."

Als **Maßnahmen der Altenhilfe** kommen danach insbesondere in Betracht die Hilfe

- bei der Beschaffung und zur Erhaltung einer Wohnung, die den Bedürfnissen des alten Menschen entspricht,

- in allen Fragen der Aufnahme in eine Einrichtung, die der Betreuung alter Menschen dient, insbesondere bei der Beschaffung eines geeigneten Heimplatzes,
- in allen Fragen der Inanspruchnahme altersgerechter Dienste,
- zum Besuch von Veranstaltungen oder Einrichtungen, die der Geselligkeit, der Unterhaltung, der Bildung oder den kulturellen Bedürfnissen alter Menschen dienen. Damit ist im Zusammenhang mit der Altenhilfe **ausnahmsweise** die **Förderung der Geselligkeit** als Bestandteil des gemeinnützigen Zwecks **steuerbegünstigt**. Allerdings sind auch dann Einrichtungen, bei denen die Geselligkeit im Vordergrund steht, nicht steuerbegünstigt.
- die alten Menschen die Verbindung mit nahestehenden Personen ermöglicht,
- zu einer Betätigung, wenn sie vom alten Menschen gewünscht wird.

Nach Auffassung von Kießling/Buchna (a.a.O. S. 48), die auch die Finanzverwaltung vertritt, kann von einer **Förderung der Altenhilfe** bei Förderung von **Frauen ab dem 60. und von Männern ab dem 65. Lebensjahr** ausgegangen werden. Insoweit ist allerdings fraglich, wie sich Änderungen der gesetzlichen Altersgrenze auswirken.

Überschneidungen mit anderen steuerbegünstigten Zwecken können sich ergeben zur

- **Mildtätigkeit** (§ 53 Nr. 1 AO), wenn der alte Mensch wegen seines körperlichen, seelischen oder geistigen Zustandes persönlich hilfsbedürftig ist.
- **Förderung der Wohlfahrtspflege** (§§ 52 Abs. 2 Nr. 2, 66 AO), insbesondere wenn die Einrichtung von einem amtlich anerkannten Verband der freien Wohlfahrtspflege unterhalten wird.

Diese Abgrenzungen sind vor allem im Hinblick auf die unterschiedlichen Regelungen beim **Spendenabzug** (Höchstgrenzen nach § 10 b EStG) und im Hinblick darauf von Bedeutung, dass es bei Förderung mildtätiger Zwecke unschädlich ist, wenn sie einem abgeschlossenen Personenkreis zugute kommt.

Für Altenheime, Altenwohnheime, Pflegeheime, Einrichtungen zur vorübergehenden Aufnahme pflegebedürftiger Personen und Einrichtungen zur ambulanten Pflege kranker und pflegebedürftiger Personen ist außerdem die **Umsatzsteuerbefreiung** des § 4 Nr. 16 UStG zu beachten (zum Sonderfall der Einrichtungen des betreuten Wohnens vgl. unten

Abschnitt B. X. S. 171). Soweit solche Einrichtungen von amtlich anerkannten Verbänden der Wohlfahrtspflege oder ihren Mitgliedsverbänden betrieben werden, kommt außerdem die Umsatzsteuerbefreiung nach § 4 Nr. 18 UStG in Betracht (vgl. unten c)).

c) Förderung der Wohlfahrtspflege

Der **Begriff** der Wohlfahrtspflege ist in § 66 Abs. 2 AO wie folgt definiert:

„Wohlfahrtspflege ist die planmäßige, zum Wohle der Allgemeinheit und nicht des Erwerbes wegen ausgeübte Sorge für notleidende oder gefährdete Mitmenschen. Die Sorge kann sich auf das gesundheitliche, sittliche, erzieherische oder wirtschaftliche Wohl erstrecken und Vorbeuge oder Abhilfe bezwecken."

Eine **Einrichtung der Wohlfahrtspflege** ist dann ein **Zweckbetrieb, wenn den in § 53 AO genannten Personen mindestens zwei Drittel der Leistungen zugute kommen.** Erforderlich ist, dass die geförderten Personen zwar die Voraussetzungen des § 53 Nr. 1 AO (persönliche Hilfsbedürftigkeit) oder des § 53 Nr. 2 AO (wirtschaftliche Hilfsbedürftigkeit) erfüllen müssen, entgegen § 53 AO der **geförderte Personenkreis aber nicht abgeschlossen sein darf.** Nach § 68 Abs. 1 BSHG, auf den auch im Zusammenhang mit der Pflegebedürftigkeit zurückgegriffen werden kann, sind solche Personen pflegebedürftig, die für die gewöhnlichen und regelmäßig wiederkehrenden Verrichtungen im Ablauf des täglichen Lebens auf Dauer, voraussichtlich für mindestens sechs Monate, in erheblichem oder höherem Maße der Hilfe bedürfen. Dabei ist die Annahme eines **Zweckbetriebs nicht auf Wohlfahrtsverbände und** ihre **Mitgliedskörperschaften begrenzt.**

Leistungen der amtlich anerkannten Verbände der freien Wohlfahrtspflege sind nach § 4 Nr. 18 UStG außerdem von der **Umsatzsteuer** befreit, sofern die **Verbände als gemeinnützigen, mildtätigen oder kirchlichen Zwecken dienend anerkannt** sind, die **Leistungen an** den **satzungsmäßig begünstigten Personenkreis** erfolgen **und** die **berechneten Entgelte hinter den durchschnittlich für gleichartige Leistungen von Erwerbsunternehmen verlangten Entgelten zurückbleiben.** Nach § 23 UStDV gelten als **amtlich anerkannte Verbände der freien Wohlfahrtspflege:**

- Diakonisches Werk der Evangelischen Kirche in Deutschland e.V.

- Deutscher Caritasverband e.V.

- Deutscher Paritätischer Wohlfahrtsverband e.V.

- Deutsches Rotes Kreuz e.V.

- Arbeiterwohlfahrt - Bundesverband e.V. -

- Zentralwohlfahrtsstelle der Juden in Deutschland e.V.

- Deutscher Blindenverband e.V.

- Bund der Kriegsblinden Deutschlands e.V.

- Verband Deutscher Wohltätigkeitsstiftungen e.V.

- Bundesarbeitsgemeinschaft „Hilfe für Behinderte" e.V.

- Verband der Kriegs- und Wehrdienstopfer, Behinderten und Sozialrentner Deutschlands e.V.

Die Anerkennung als Wohlfahrtsverband erstreckt sich auf die **regionalen Untergliederungen der genannten Verbände**. Daneben kommt auch für Leistungen im Bereich der Wohlfahrtspflege die Umsatzsteuerbefreiung des § 4 Nr. 16 UStG (vgl. oben b)) in Betracht.

Einrichtungen der Wohlfahrtspflege sind unter den Voraussetzungen des § 66 AO steuerbegünstigte Zweckbetriebe. Erforderlich ist auch, dass die Einrichtung **wohlfahrtspflegerische und nicht eigenwirtschaftliche Zwecke** verfolgt (vgl. AEAO Nr. 2 zu § 66 AO). Das Vorliegen einer Wettbewerbssituation zu nicht begünstigten Betrieben (§ 65 Nr. 3 AO) ist dagegen nicht zu prüfen. Altenheime, Altenwohn- und Pflegeheime und Mahlzeitendienste werden im allgemeinen als Einrichtungen der Wohlfahrtspflege behandelt (vgl. auch Märkle a.a.O. S. 210). Sie sind als Zweckbetriebe in § 68 Nr. 1 a) AO ausdrücklich genannt. Dazu zählen **auch** die **Kurzzeitpflege** und unter bestimmten Voraussetzungen wohl auch **Einrichtungen des betreuten Wohnens** (vgl. unten Abschnitt B. X. S. 171).

Nach § 3 Nr. 20 c) GewStG sind darüber hinaus ohne Rücksicht auf die Gemeinnützigkeit der Einrichtung von der **Gewerbesteuer** solche Altenheime, Altenwohn- und Pflegeheime befreit, bei denen mindestens 2/3 der Leistungen den in § 68 Abs. 1 BSHG oder § 53 Nr. 2 AO genannten Personen zugute kommen.

Überschneidungen sind denkbar mit der Förderung

- **der Altenhilfe**, insbesondere im Zusammenhang mit dem Betrieb von Alten-, Altenwohn- und Pflegeheimen sowie Mahlzeitendiensten
- **mildtätiger Zwecke** (diese setzt allerdings keine Förderung der Allgemeinheit voraus und ist bei den Höchstgrenzen für den Spendenabzug nach § 10 b EStG privilegiert)
- **der Erziehung**, z.B. durch Betrieb von Erziehungsheimen
- **des öffentlichen** Gesundheitswesens, insbesondere bei Betreuung Suchtgefährdeter.

d) Förderung des öffentlichen Gesundheitswesens

Als **Hauptbereiche** für Maßnahmen zur Förderung des öffentlichen Gesundheitswesens sind zu nennen (vgl. insbesondere Anlage 1 zu § 48 Abs. 2 EStDV; Kießling/Buchna a.a.O. S. 49):

- die Bekämpfung von Seuchen und seuchenähnlichen Erkrankungen
- der Betrieb von Krankenhäusern
- die Bekämpfung von Drogenmissbrauch und Suchtgefahren
- die Unfallverhütung
- der Arbeitsschutz
- die Rettung aus Lebensgefahr
- die vorbeugende Gesundheitshilfe im Sinne von § 36 BSHG (v.a. medizinisch erforderliche Vorsorgeuntersuchungen und Erholungskuren).

Auch für zahlreiche Leistungen im Bereich des öffentlichen Gesundheitswesens bestehen **Umsatzsteuerbefreiungen**. Insoweit sind insbesondere zu nennen:

- Umsätze, die mit dem Betrieb u.a. der Krankenhäuser eng verbunden sind (§ 4 Nr. 16 UStG), sofern die dort genannten, weiteren Voraussetzungen erfüllt sind

- die Leistungen der Ärzte, Zahnärzte, Heilpraktiker, Krankengymnasten, Hebammen und Leistungen aus ähnlicher heilberuflicher Tätigkeit (§ 4 Nr. 14 UStG)

- die Lieferung von menschlichen Organen, menschlichem Blut und Frauenmilch (§ 4 Nr. 17 a) UStG)

- Transporte von Kranken und Verletzten (§ 4 Nr. 17 b) UStG) mit Fahrzeugen, die hierfür besonders eingerichtet sind.

5. Mildtätige Zwecke

Der **Begriff** der Mildtätigkeit ist in § 53 AO wie folgt definiert:

„Eine Körperschaft verfolgt mildtätige Zwecke, wenn ihre Tätigkeit darauf gerichtet ist, Personen selbstlos zu unterstützen, die

1. infolge ihres körperlichen, geistigen oder seelischen Zustandes auf die Hilfe anderer angewiesen sind oder

2. deren Bezüge nicht höher sind als das Vierfache des Regelsatzes der Sozialhilfe im Sinne des § 22 des Bundessozialhilfegesetzes; beim Alleinstehenden oder Haushaltsvorstand tritt an die Stelle des Vierfachen das Fünffache des Regelsatzes. Dies gilt nicht für Personen, deren Vermögen zur nachhaltigen Verbesserung ihres Unterhalts ausreicht und denen zugemutet werden kann, es dafür zu verwenden. Bei Personen, deren wirtschaftliche Lage aus besonderen Gründen zu einer Notlage geworden ist, dürfen die Bezüge oder das Vermögen die genannten Grenzen übersteigen. Bezüge im Sinne dieser Vorschrift sind:

a) Einkünfte im Sinne des § 2 Abs. 1 EStG und

b) andere zur Bestreitung des Unterhalts bestimmte oder geeignete Bezüge,

die der Alleinstehende oder der Haushaltsvorstand und die sonstigen Haushaltsangehörigen haben. Zu den Bezügen zählen nicht Leistungen der Sozialhilfe und bis zur Höhe der Leistungen der Sozialhilfe Unterhaltsleistungen an Personen, die ohne die Unterhaltsleistungen sozialhilfeberechtigt wären. Unterhaltsansprüche sind zu berücksichtigen."

Erfüllt der geförderte Personenkreis die Voraussetzungen des § 53 Nr. 1 AO, so fördert die steuerbegünstigte Körperschaft **persönlich Hilfsbedürftige**. Bei einer Förderung von Personen, die die Voraussetzungen des § 53 Nr. 2 AO erfüllen, spricht man von **wirtschaftlicher Hilfsbedürftigkeit**. Die geförderten Personen müssen nicht beide Voraussetzungen gleichzeitig erfüllen.

Beispiele:

*Eine steuerbegünstigte Einrichtung betreibt ein **Pflegeheim**. Diese Tätigkeit erfüllt auch dann die Voraussetzungen des § 53 AO, wenn in das Pflegeheim keine wirtschaftlich hilfsbedürftigen Personen aufgenommen werden. Ein Pflegeheim wird allerdings dann gewerblich betrieben, wenn damit nachhaltig Gewinne erzielt werden sollen.*

*Eine steuerbegünstigte Einrichtung unterhält eine **Essensausgabestelle für Obdachlose**. Diese ist nach § 53 Nr. 2 AO steuerbegünstigt.*

*Ein Wohlfahrtsverband betreibt eine **Kleiderkammer** und gibt die gesammelten Altkleider an **Bedürftige** aus. Nach dem BMF-Schreiben vom 25.9.1995 (BStBl. II 1995 S. 630) und der Verfügung der OFD Frankfurt vom 30.10.1995 (DB 1995 S. 2449) ist die Durchführung von Altkleidersammlungen durch steuerbegünstigte Körperschaften ab 1996 grundsätzlich als steuerpflichtiger wirtschaftlicher Geschäftsbetrieb zu behandeln. Ausnahmsweise liegt nach § 66 AO ein steuerbegünstigter Zweckbetrieb (Einrichtung der Wohlfahrtspflege) vor, wenn mindestens 2/3 der Leistungen Personen zugute kommen, die die Voraussetzungen des § 53 AO erfüllen. Um dies gegenüber der Finanzverwaltung dokumentieren zu können, muss sich die steuerbegünstigte Körperschaft die Hilfsbedürftigkeit ihrerseits nachweisen lassen.*

Die Finanzverwaltung geht davon aus, dass **Personen, die ihr 75. Lebensjahr vollendet haben, grundsätzlich hilfsbedürftig** im Sinne des § 53 Nr. 1 AO sind und insoweit **keine Nachprüfung** zu erfolgen hat (AEAO Nr. 3 zu § 53 AO; Kießling/Buchna a.a.O. S. 77).

Überschneidungen können sich ergeben zur Förderung

- **der Altenhilfe**. Diese setzt im Gegensatz zur Mildtätigkeit keine Förderung Hilfsbedürftiger voraus. Andererseits können mildtätige Zwecke auch durch Förderung eines abgeschlossenen Personenkreises verfolgt werden.

- **des Wohlfahrtswesens**. Diese setzt zwar die Hilfsbedürftigkeit der geförderten Personen voraus. Im Gegensatz zur Verfolgung mildtätiger Zwecke darf der geförderte Personenkreis jedoch nicht abgeschlossen sein.

Die Unterscheidung ist insbesondere im Hinblick auf die **Privilegierung mildtätiger Zwecke beim Spendenabzug** nach § 10 b EStG von Bedeutung.

6. Kirchliche Zwecke

Der **Begriff** der kirchlichen Zwecke ist in § 54 Abs. 1 AO wie folgt definiert:

„Eine Körperschaft verfolgt kirchliche Zwecke, wenn ihre Tätigkeit darauf gerichtet ist, eine Religionsgemeinschaft, die Körperschaft des öffentlichen Rechts ist, selbstlos zu fördern."

§ 54 Abs. 2 AO enthält dazu eine Aufzählung von **Regelbeispielen**. Danach gehören zu den kirchlichen Zwecken insbesondere die Errichtung, Ausschmückung, Unterhaltung von Gotteshäusern und kirchlichen Gemeindehäusern, die Abhaltung von Gottesdiensten, die Ausbildung von Geistlichen, die Erteilung von Religionsunterricht, die Beerdigung und Pflege des Andenkens der Toten, die Verwaltung des Kirchenvermögens, die Besoldung der Geistlichen, Kirchenbeamten und Kirchendiener, die Alters- und Hinterbliebenenversorgung für diese Personen und die Versorgung ihrer Witwen und Waisen.

Wesentliche Voraussetzung ist damit, dass es sich bei der geförderten Religionsgemeinschaft um eine **Körperschaft des öffentlichen Rechts** handeln muss. Erfüllt die geförderte Religionsgemeinschaft diese Voraussetzung nicht, so kommt eine Steuerbegünstigung wegen Förderung der Religion (§ 52 Abs. 2 Nr. 1 AO) in Betracht.

Weiter ist zu beachten, dass für die Tätigkeit einer Religionsgemeinschaft, die Körperschaft des öffentlichen Rechts ist, eine Steuerbegünstigung nach § 54 AO nur insoweit zu prüfen ist, als sie einen **Betrieb gewerblicher Art** (vgl. dazu oben II. 2. S. 23) unterhält. Die bloße **Verwaltung von Kirchenvermögen** durch eine Körperschaft des öffentlichen Rechts **erfüllt diese Voraussetzungen nicht**.

Beispiele:

*Eine **Kirchengemeinde vermietet eigene Wohnungen**. Sie verwaltet damit Kirchenvermögen, ohne dass ein Betrieb gewerblicher Art (BgA) vorliegt.*

*Eine andere kirchliche Körperschaft führt **Veranstaltungen mit kirchlichem Bezug gegen Eintrittsgebühr**, z.B. einen Diaabend mit Bildbetrachtung zur Passionszeit, durch. Damit verfolgt die Kirchengemeinde kirchliche Zwecke. Insgesamt erzielt die Kirchengemeinde aus solchen Veranstaltungen jährliche Einnahmen von mehr als DM 60.000,-- bzw. Euro 30.000,--. Dann entsteht ein (steuerbegünstigter) BgA, in dessen steuerbegünstigtem Zweckbetrieb die Veranstaltungen durchgeführt werden.*

Überschneidungen können sich ergeben zur Förderung

- **religiöser Zwecke**, bei der die geförderte Körperschaft keine Körperschaft des öffentlichen Rechts sein muss.
- **mildtätiger Zwecke**. Die Förderung mildtätiger und kirchlicher Zwecke tritt in der Praxis besonders häufig auf bei Einrichtungen, die dem Caritasverband oder dem Diakonischen Werk angehören.
- **der Altenhilfe** beim Betrieb von Alteneinrichtungen.
- **der Jugendhilfe** beim Betrieb von Jugendeinrichtungen.
- **des öffentlichen Gesundheitswesens**, insbesondere durch Betrieb kirchlicher Krankenhäuser.
- **des Wohlfahrtswesens** z.B. durch Betrieb von Sozialstationen.

7. Selbstlosigkeit der Zweckerfüllung

Die Steuerbegünstigung wegen Verfolgung gemeinnütziger, mildtätiger oder kirchlicher Zwecke setzt in allen Fällen voraus, dass die Körperschaft selbstlos handelt. Eine grundsätzliche **Definition des Begriffs der Selbstlosigkeit** enthält der Eingangssatz von § 55 Abs. 1 AO:

„Eine Förderung oder Unterstützung geschieht selbstlos, wenn dadurch nicht in erster Linie eigenwirtschaftliche Zwecke - zum Beispiel gewerbliche Zwecke oder sonstige Erwerbszwecke - verfolgt werden ..."

In einem Katalog werden die einzelnen **Voraussetzungen** näher konkretisiert:

- Nach § 55 Abs. 1 Nr. 1 AO dürfen die **Mittel** der steuerbegünstigten Körperschaft **nur für ihre satzungsmäßigen Zwecke verwendet** werden. Damit wäre es **grundsätzlich nicht zulässig**, wenn eine steuerbegünstigte Körperschaft **Mittel für satzungsfremde, steuerbegünstigte Zwecke** einsetzt. **Ausnahmen** von diesem Grundsatz enthält allerdings **§ 58 AO**. Danach ist es ausnahmsweise zulässig, dass eine steuerbegünstigte Körperschaft

* Mittel für die Verwirklichung der steuerbegünstigten Zwecke einer anderen Körperschaft oder für die Verwirklichung steuerbegünstigter Zwecke durch eine Körperschaft des öffentlichen Rechts beschafft (§ 58 Nr. 1 AO). Diese Regelung betrifft die Tätigkeit sog. **Spendensammelvereine**. Seit dem 1. Januar 2001 ist es allerdings erforderlich, dass eine inländische Körperschaft, die gefördert wird, selbst steuerbegünstigt ist.

* ihre **Mittel teilweise einer anderen**, ebenfalls steuerbegünstigten **Körperschaft** oder einer Körperschaft des öffentlichen Rechts zur Verwendung zu steuerbegünstigten Zwecken **zuwendet** (§ 58 Nr. 2 AO). Die Zwecke, für die die Mittel von der Empfängerkörperschaft verwendet werden, brauchen mit denen der zuwendenden nicht identisch zu sein (Kießling/Buchna a.a.O. S. 141). Die Mittelverwendung durch Zuwendung darf allerdings nicht überwiegen (AEAO Nr. 2 zu § 58).

* ihre **Arbeitskräfte** anderen Personen, Unternehmen oder Einrichtungen **für steuerbegünstigte Zwecke zur Verfügung stellt** (§ 58 Nr. 3 AO).

* eine Körperschaft ihr gehörende **Räume einer** anderen **steuerbegünstigten Körperschaft** zur Benutzung für deren steuerbegünstigte Zwecke **überlässt** (§ 58 Nr. 4 AO). Danach ist es ausnahmsweise zulässig, dass beispielsweise ein Sportverein einem Wohlfahrtsverband sein Vereinsheim unentgeltlich für eine Fortbildung zur Verfügung stellt.

Die genannten **Regelungen** beinhalten **lediglich** die **grundsätzliche Zulässigkeit einer entsprechenden Mittelverwendung**, d.h. die steuerbegünstigte Körperschaft verstößt damit nicht gegen den Grundsatz des Selbstlosigkeit. **Davon zu trennen ist die Frage, wie** beispielsweise die entgeltliche Zurverfügungstellung von Personal oder Räumen bei der leistenden Körperschaft **steuerlich zu würdigen** ist

(Zuordnung zur Vermögensverwaltung, zu einem steuerbegünstigten Zweckbetrieb oder einem steuerpflichtigen wirtschaftlichen Geschäftsbetrieb).

- **Mitglieder oder Gesellschafter dürfen keine Gewinnanteile und** in ihrer Eigenschaft als Mitglieder bzw. Gesellschafter auch **keine sonstigen Zuwendungen aus den Mitteln der Körperschaft** erhalten (§ 55 Abs. 1 Nr. 1 AO). Dies **schließt** freilich die **angemessene Vergütung** von Leistungen (Arbeitsleistungen, Darlehensgewährung, Vermietungen usw.) **nicht aus**. Auch angemessene Aufmerksamkeiten sind zulässig (vgl. unten II. 8. S. 40; Märkle a.a.O. S. 162).

- Die **Mitglieder bzw. Gesellschafter dürfen bei ihrem Ausscheiden sowie bei einer Auflösung bzw. Aufhebung der Körperschaft nicht mehr erhalten als ihre „eingezahlten Kapitalanteile" und den gemeinen Wert ihrer geleisteten Sacheinlagen** (§ 55 Abs. 1 Nr. 2 AO). Der Begriff des „eingezahlten Kapitalanteils" ist im Zivilrecht grundsätzlich nur im Zusammenhang mit Personengesellschaften gebräuchlich, die nicht gemeinnützig sein können (vgl. oben II. 2. S. 23). Bei Vereinen und Stiftungen gibt es vereins- und stiftungsrechtlich keine Anteilseigner, bei Kapitalgesellschaften spricht man von (Stamm-) Einlagen. Nach h.M. in der Literatur (vgl. Kießling/Buchna a.a.O. S. 127; Märkle a.a.O. S. 165) und der Praxis der Finanzverwaltung gilt § 55 Abs. 1 Nr. 2 AO nur für steuerbegünstigte Kapitalgesellschaften unmittelbar, weil es nur bei diesen einen Kapitalanteil geben könne. Die Grundsätze sind jedoch nach § 55 Abs. 3 AO auf Stiftungen und Betriebe gewerblicher Art entsprechend anzuwenden. Eine Anwendung auf Vereine scheide dagegen aus. Da es auch bei Stiftungen und Betrieben gewerblicher Art keine Anteile gibt, vermag diese Ungleichbehandlung nicht zu überzeugen. Denn durch diese Regelung soll lediglich die Verwendung der Werterhöhung von Sacheinlagen für steuerbegünstigte Zwecke sichergestellt werden. Daher muss sie auch für Vereine gelten. Nach Auffassung von Kießling/Buchna (a.a.O S. 127) sind unter Bar- und Sacheinlagen nur **Einlagen** im Sinne des Handelsrechts zu verstehen, für die dem Gesellschafter **Gesellschafterrechte** eingeräumt wurden. Für die Praxis bedeutet dies, dass diese Fragen mit der Finanzverwaltung im Einzelfall im Wege einer verbindlichen Auskunft zu klären sind.

Werden **Sacheinlagen** geleistet, so darf dem Gesellschafter - entsprechendes gilt auch für die Übereignung an Stiftungen und Widmung für Betriebe gewerblicher Art - bei seinem Ausscheiden oder der Liquidation nicht mehr als der gemeine Wert

im Zeitpunkt der Einlageleistung (§ 55 Abs. 2 AO) zurückgewährt werden. Dies bedeutet, dass zwischenzeitlich eingetretene Wertsteigerungen dem steuerbegünstigten Zweck zugute kommen müssen.

Beispiel:

*Gesellschafter G hat der steuerbegünstigten X-GmbH, deren Alleingesellschafter er ist, **1960 ein Grundstück übereignet**. Das Grundstück hatte damals einen Verkehrswert von Euro 15.000,--. Die X-GmbH soll nun liquidiert werden. Der Verkehrswert des Grundstücks ist inzwischen auf Euro 150.000,-- gestiegen. **G möchte das Grundstück im Rahmen der Liquidation zurück haben**.*

G hat die Wahl: Sofern er bei der Zuwendung des Grundstücks nicht auf die Rückgewähr verzichtet hat, hat er nach § 72 GmbH-Gesetz einen Anspruch auf das nach Beendigung der Liquidation verbleibende Vermögen. Nach § 55 Abs. 1 Nr. 2 AO darf er - sofern er nicht nach §§ 63 Abs. 3, 61 Abs. 3 AO die rückwirkende Steuerpflicht der GmbH riskieren will - jedoch nur Euro 15.000,-- (Verkehrswert bei Übereignung des Grundstücks) zurückerhalten. Der Differenzbetrag von Euro 135.000,-- muss steuerbegünstigten Zwecken zugute kommen. G kann allerdings auch das Grundstück zurück erwerben. In diesem Falle muss er den Differenzbetrag von Euro 135.000,-- an die Gesellschaft bezahlen.

Eine Rückgewähr des Gegenwerts von Euro 15.000,-- scheidet jedoch dann aus, wenn G bei der Übereignung des Grundstücks für den Fall der Liquidation der Gesellschaft auf die Rückübertragung verzichtet hat, um in den Genuss des Spendenabzugs zu gelangen (vgl. dazu BFH Urt. v. 5.2.1992 BStBl. II 1992 S. 748; Märkle a.a.O. S. 165).

Die Regelungen des § 55 Abs. 1 Nr. 2 und 3 AO schließen lediglich **Zahlungen aus dem Vereins-, Stiftungs- oder Gesellschaftsvermögen aus.** Verkauft dagegen der Gesellschafter einer gemeinnützigen GmbH seine Geschäftsanteile zu einem höheren Kaufpreis an einen Dritten und erhält der ausscheidende Gesellschafter keine Abfindung aus dem - gemeinnützigkeitsrechtlich gebundenen - Vermögen, sondern den Gegenwert für seine Beteiligung als Kaufpreis von dem Dritten, so ist dies gemeinnützigkeitsunschädlich.

- Nach § 55 Abs. 1 Nr. 4 AO muss schließlich das **Vermögen** der steuerbegünstigten Körperschaft **bei Wegfall ihres bisherigen Zwecks zu steuerbegünstigten Zwe-**

cken verwendet werden. Daraus ist grundsätzlich zu schließen, dass das Anfallrecht für steuerbegünstigte Zwecke auch dann ausgelöst werden muss, wenn die steuerbegünstigte Körperschaft künftig **andere steuerbegünstigte Zwecke** verfolgt. Die Mustersatzung der Finanzverwaltung (vgl. Anlage 1 zu § 60 AEAO) sieht dagegen vor, dass das Anfallrecht nur bei **Wegfall steuerbegünstigter Zwecke** ausgelöst werden muss.

Einen besonders gelagerten Fall im Zusammenhang mit der Selbstlosigkeit eines Vereins, der einen überbetrieblichen medizinischen Dienst unterhalten hatte, hatte der BFH mit Urteil vom 26.4.1989 (BStBl. II 1989 S. 670) zu entscheiden. Umstritten war die gemeinnützigkeitsrechtliche Würdigung der **Finanzierung des Vereins über Mitgliederdarlehen.** Im Urteilsfall wurde das Betriebsärztezentrum ausschließlich mit Darlehen finanziert, die die Mitglieder zu gewähren hatten. Die Darlehensgewährung - einschließlich Verzinsung und Tilgung - war in der Vereinssatzung niedergelegt. Die Mitglieder hatten keine Mitgliedsbeiträge zu entrichten. Es war beabsichtigt, die Mitgliederdarlehen mit den Überschüssen aus dem Betrieb des Ärztezentrums zu bedienen. **Auffassung des BFH: Die ausschließliche Finanzierung des steuerbegünstigten Vereinszwecks unter Verzicht auf die Erhebung von Mitgliedsbeiträgen verstoße gegen den Grundsatz der Selbstlosigkeit. Folge: Der Verein erfüllte die Voraussetzungen für die Anerkennung als gemeinnützig nicht.**

8. Ausschließlichkeit der Erfüllung steuerbegünstigter Zwecke

Wann eine Körperschaft steuerbegünstigte Zwecke **ausschließlich** erfüllt, ist in § 56 AO wie folgt definiert:

„Ausschließlichkeit liegt vor, wenn eine Körperschaft nur ihre steuerbegünstigten satzungsmäßigen Zwecke verfolgt."

Durch diese Regelung sollen solche **Körperschaften, die nicht nur steuerbegünstigte Zwecke verfolgen, von der Steuerbefreiung ausgeschlossen werden.** Wie bei der Selbstlosigkeit der Verfolgung steuerbegünstigter Zwecke gibt es aber auch hier **Ausnahmen:**

- Die **untergeordnete Verfolgung eigenwirtschaftlicher Zwecke** führt nicht zum Verlust der Steuerbegünstigung insgesamt, sondern nur zum Entstehen eines **steuerpflichtigen wirtschaftlichen Geschäftsbetriebs**.

- **Grundsätzlich gemeinnützigkeitsunschädlich** im Hinblick auf § 56 AO ist nach § 58 Nr. 8 AO auch die **Veranstaltung geselliger Zusammenkünfte**, wenn diese von untergeordneter Bedeutung sind. Gesellige Veranstaltungen dürfen jedoch - abgesehen von der Förderung der Altenhilfe - vgl. oben II. 4. b) S. 28) - nicht satzungsmäßiger Zweck der steuerbegünstigten Körperschaft sein. Zu beachten ist weiter, dass bei der „**Mitgliederpflege**" z.B. im Rahmen von geselligen Veranstaltungen nicht gegen den Grundsatz der Vermögensbindung für steuerbegünstigte Zwecke verstoßen wird. Dies bedeutet, dass den Mitgliedern nur **angemessene Vergünstigungen** gewährt werden dürfen. Die Finanzverwaltung hält dabei **Aufmerksamkeiten aus Anlass persönlicher Ereignisse** (z.B. Geburtstag, Hochzeit, persönliches Vereinsjubiläum) im Wert von bis zu DM 60,-- und **allgemeine Aufmerksamkeiten bei besonderen Vereinsanlässen** (z.B. Ausflug, Weihnachtsfeier) von bis zu DM 60,-- pro Mitglied und Jahr für gemeinnützigkeitsunschädlich (vgl. Märkle a.a.O. S. 162). Erfolgt im Rahmen einer geselligen Veranstaltung die **entgeltliche Abgabe von Speisen und Getränken**, so führt dies **grundsätzlich** zu einem **wirtschaftlichen Geschäftsbetrieb**.

Bei der Beurteilung von geselligen Zusammenkünften ist der Gesetzeszweck vorrangig zu beachten: Der Gesetzgeber war sich der Tatsache bewusst, dass - vor allem im ehrenamtlichen Bereich - der Zweck einer steuerbegünstigten Körperschaft nur bei einer Pflege der Mitglieder und ihres Zusammengehörigkeitsgefühls zur steuerbegünstigten Körperschaft verwirklicht werden kann. Diese Grundsätze gelten auch für steuerbegünstigte Körperschaften anderer Rechtsform.

- Unschädlich ist bei **Sportvereinen** auch die **Förderung von bezahltem Sport** neben unbezahltem Sport (§ 58 Nr. 9 AO).

Gleichzeitig sollen auch **Körperschaften, die zwar nur steuerbegünstigte, aber auch andere als die satzungsmäßigen Zwecke verfolgen, von der Steuerbegünstigung ausgeschlossen** werden. Dies hat zur Folge, dass

- zwar **mehrere steuerbegünstigte** (gemeinnützige, mildtätige und/oder kirchliche) **Zwecke verfolgt werden können**,

- aber **alle steuerbegünstigten Zwecke, die verfolgt werden, in** der **Satzung aufgeführt** werden müssen.

Allerdings gibt es auch für den Grundsatz der Ausschließlichkeit der Zweckerfüllung **Ausnahmen:** Die **Weitergabe von Mitteln an andere steuerbegünstigte Körperschaften oder Körperschaften des öffentlichen Rechts für steuerbegünstigte Zwecke** nach § 58 Nr. 2 AO, die **Überlassung von Arbeitskräften** nach § 58 Nr. 3 AO und die **Vermietung von Räumen** nach § 58 Nr. 4 AO sind zur Verwendung für einen beliebigen steuerbegünstigten Zweck zulässig (so insbesondere Kießling/Buchna a.a.O. S. 141).

Beispiel:

*Ein steuerbegünstigter Gesang- oder Musikverein führt ein **Benefizkonzert** zugunsten eines Wohlfahrtsverbandes durch.*

Sofern die weitergeleiteten Mittel aus **Spenden** herrühren, ist zum einen die vom Spender verfügte **Zweckbestimmung** zu beachten. Zum anderen kann eine Weiterleitung der Mittel zur Verwendung für nicht in der Spendenbescheinigung angegebene Zwecke die **Veranlasserhaftung wegen Mittelfehlverwendung** auslösen (§ 10 b Abs. 4 EStG; vgl. unten VIII. 7. S. 141).

Beispiel:

*Der Kassier eines Gesangvereins verwendet eine für ein Konzert bestimmte **Spende für** die **Renovierung des selbstbewirtschafteten Vereinsheims**.*

9. Unmittelbarkeit der Erfüllung der steuerbegünstigten Zwecke (§ 57 AO)

Die Körperschaft muss die steuerbegünstigten Zwecke unmittelbar erfüllen.

a) Grundsatz

Nach § 57 Abs. 1 AO verfolgt eine Körperschaft unmittelbar ihre steuerbegünstigten satzungsmäßigen Zwecke, wenn sie **selbst diese Zwecke verwirklicht**.

b) Verwirklichung der steuerbegünstigten Zwecke durch Einschaltung einer Hilfsperson

Nach § 57 Abs. 1 S. 2 AO kann die Zweckverwirklichung auch durch Hilfspersonen geschehen, wenn nach den Umständen des Falles, insbesondere nach den rechtlichen und tatsächlichen Beziehungen, die zwischen der Körperschaft und der Hilfsperson bestehen, **das Wirken der Hilfsperson wie eigenes Wirken der Körperschaft anzusehen ist**. Diese Voraussetzungen sind dann erfüllt, wenn die Hilfsperson **an Weisungen der steuerbegünstigten Körperschaft gebunden** ist. Davon kann stets bei Vorliegen eines **Geschäftsbesorgungsvertrags oder Treuhandauftrags**, bei dem die steuerbegünstigte Körperschaft einen Dritten mit der Wahrnehmung ihrer Aufgaben beauftragt, ausgegangen werden (vgl. beispielsweise Kießling/Buchna a.a.O. S. 136; Märkle a.a.O. S. 174). Dabei muss die Hilfsperson nicht selbst gemeinnützig sein. Denkbar sind aber auch Gestaltungen, bei denen ein nicht steuerbegünstigter Zuwendungsempfänger beispielsweise bei einer steuerbegünstigten Stiftung **Mittel für ein steuerbegünstigtes Projekt beantragt, dieses bewilligt wird und sich die Stiftung die bestimmungsgemäße Mittelverwendung vom Zuwendungsempfänger** in geeigneter Form **nachweisen lässt**. Die vorstehenden Verpflichtungen des Zuwendungsempfängers sollten - nicht nur aus steuerlichen Gründen - schriftlich dokumentiert werden. Nicht abschließend geklärt ist die Frage, ob eine Hilfsperson, die ihrerseits eine steuerbegünstigte Körperschaft ist, mit dieser Tätigkeit zugleich eigene steuerbegünstigte Zwecke verwirklicht.

Die Einschaltung einer **Hilfsperson** kommt vor allem bei einer **Mittelverwendung im Ausland** in Betracht. Es ist unbestritten, dass die **steuerbegünstigten Zwecke einer inländischen, steuerbegünstigten Körperschaft im Ausland verwirklicht werden können**. Bei bestimmten Zwecken ergibt sich dies bereits aus der Zweckbestimmung. So kann die Entwicklungshilfe zwangsläufig nur im Ausland gefördert werden. Im übrigen dürfen sich **keine negativen Auswirkungen auf die Bundesrepublik Deutschland** ergeben (vgl. z.B. Kießling/Buchna a.a.O. S. 34).

Zweifelhaft ist allerdings die Beantwortung der Frage, **ob** die **Mittelzuwendung einer inländischen Körperschaft an** eine **ausländische steuerbegünstigte Körperschaft** nach § 58 Nr. 1 AO zulässig ist (bejahend Märkle a.a.O. S. 170; Kießling/Buchna a.a.O. S. 139). Nach dem Gesetz zur Änderung des Investitionszulagengesetzes 1999 vom 20. Dezember 2000 dürfen Mittelbeschaffungskörperschaften, d.h. insbesondere Spendensammelvereine, bei einer Mittelbeschaffung für inländische Körperschaften die Mittel nur an steuerbegünstigte Körperschaften weitergeben. Die Mittelweitergabe an ausländische Körperschaften nach § 58 Nr. 1 AO setzt dagegen auch künftig nur voraus, dass die Mittelverwendung für steuerbegünstigte Zwecke entsprechend nachgewiesen wird.

Die (nicht überwiegende) Mittelweitergabe nach § 58 Nr. 2 AO ist nur zulässig, wenn der Empfänger eine steuerbegünstigte Körperschaft ist. Die Mittelweitergabe an eine ausländische Körperschaft ist danach nicht zulässig (s. auch Märkle a.a.O. S. 175). Die damit zusammenhängende Problematik lässt sich dadurch vermeiden, dass die inländische steuerbegünstigte Körperschaft die **ausländische Körperschaft als Hilfsperson** einschaltet. Denn dann wird deren Tätigkeit unmittelbar der inländischen Körperschaft zugerechnet.

Beispiel:

Im Staat S wurden bei einem Erdbeben zahlreiche Menschen getötet. Außerdem gab es viele Verletzte. Die meisten Häuser wurden zerstört. Es fehlt an Medikamenten, Nahrung, Versorgung mit hygienisch einwandfreiem Wasser, Kleidung und Notunterkünften. Die Mitgliedsorganisation des Staates S im Internationalen Roten Kreuz bittet das Deutsche Rote Kreuz um Hilfe.

Für das DRK stellen sich folgende Alternativen:

- *Entsendung von Helfern mit Hilfstransporten. In diesem Falle führt das DRK die Hilfeleistung selbst und unmittelbar durch.*

- *Versand von Hilfsgütern mit Verteilung durch das Rote Kreuz des Staates S. Sofern das Rote Kreuz des Staates S von den Weisungen des DRK abhängig ist, wird dem*

DRK die Tätigkeit des Roten Kreuzes des Staates S als Hilfsperson steuerlich zugerechnet. Bei einer entsprechenden Sachverhaltsgestaltung dürfte eine Vorgabe „Verwendung zur Linderung der Not im Erdbebengebiet" und ein entsprechender Verwendungsnachweis ausreichen.

- **Überweisung eines namhaften Geldbetrags** *an das Rote Kreuz des Staates S zur Linderung der Not im Erdbebengebiet. Für diese Sachverhaltsgestaltung gelten die gleichen Grundsätze wie bei einem Versand von Hilfsgütern. Im Hinblick auf die potenziell leichtere Fehlverwendung von Geldbeträgen (im Gegensatz zur Verwendung von Hilfsgüterlieferungen) dürften höhere Anforderungen an den Mittelverwendungsnachweis zu stellen sein.*

c) Generelle Ausnahmen vom Grundsatz der Unmittelbarkeit (Dachorganisationen i.S.v. § 57 Abs. 2 AO, Spendensammelvereine nach § 58 Nr. 1 AO)

Die Abgabenordnung enthält in § 57 Abs. 2 AO für die **Dachorganisationen steuerbegünstigter Körperschaften** und in § 58 Nr. 1 AO für die **Spendensammelvereine** zwei **generelle Ausnahmen vom Grundsatz der Unmittelbarkeit der Erfüllung steuerbegünstigter Zwecke:**

Eine Körperschaft, in der steuerbegünstigte Körperschaften zusammengeschlossen sind **(Dachorganisation),** wird nach § 57 Abs. 2 AO einer Körperschaft, die unmittelbar steuerbegünstigte Zwecke verfolgt, gleichgestellt. Hierunter fallen bei einer föderativen Verbandsstruktur mit Kreis-, Landes- und Bundesverband die Landesverbände und der Bundesverband. Die Regelung des § 57 Abs. 2 AO ist in der Praxis **nur dann von Bedeutung, wenn** der **Dachverband nicht** zusätzlich **eigene steuerbegünstigte Zwecke verfolgt.**

Der **steuerliche Status eines Dachverbandes** nach § 57 Abs. 2 AO ist allerdings deshalb **gefährlich,** weil er die Steuerbegünstigung aller Mitgliedsvereine voraussetzt. **Verliert nur ein Mitgliedsverein seine Gemeinnützigkeit, so verliert sie auch die Dachorganisation.** Die damit zusammenhängende Problematik lässt sich lösen durch

- eine **Regelung in der Satzung des Dachverbandes, wonach** ein **Mitgliedsverein bei Verlust seiner Gemeinnützigkeit** automatisch **aus** dem **Dachverein ausscheidet.**

- eine **eigene steuerbegünstigte Tätigkeit des Dachverbandes.** Insbesondere die Dachverbände der großen Wohlfahrtsverbände unterhalten jeweils eine solche.

Nach § 58 Nr. 1 AO wird die Steuervergünstigung nicht dadurch ausgeschlossen, dass eine Körperschaft Mittel für die Verwirklichung der steuerbegünstigten Zwecke einer anderen Körperschaft oder für die Verwirklichung steuerbegünstigter Zwecke durch eine Körperschaft des öffentlichen Rechts beschafft **(sog. Spendensammelvereine).** Wie die Dachverbände, so brauchen auch die **Spendensammelvereine** überhaupt **keine eigenen steuerbegünstigten Zwecke unmittelbar zu erfüllen.** Voraussetzung ist allerdings, dass in der Satzung der steuerbegünstigte Zweck, für den die Mittel beschafft werden sollen, konkret angegeben wird. Im Gegensatz zu einer früheren Praxis der Finanzverwaltung ist die Angabe des Empfängers in der Satzung nicht mehr erforderlich (vgl. insbesondere FinMin. Bayern Erlass vom 25.6.1997 DB 1997 S. 1746; Kießling/Buchna a.a.O. S. 141). Aus der Satzung muss sich aber ergeben, ob die Körperschaft nur Mittel für eine andere Körperschaft beschaffen oder daneben unmittelbar steuerbegünstigte Zwecke verwirklichen soll.

Spendensammelvereine treten häufig als sog. Fördervereine (z.B. Förderung einer Schule, eines Museums) auf.

d) Einzelausnahmen

Neben diesen generellen Ausnahmen, in denen die steuerbegünstigte Körperschaft überhaupt keine steuerbegünstigten Zwecke unmittelbar selbst verwirklichen muss, enthalten auch die Regelungen in § 58 Nr. 2 AO **(Mittelzuwendung an eine andere steuerbegünstigte Körperschaft)**, in § 58 Nr. 3 AO **(Überlassung von Arbeitskräften)** und in § 58 Nr. 4 AO **(Vermietung von Räumen)** Ausnahmen für den Einzelfall. Allerdings darf sich der **Zweck der steuerbegünstigten** Körperschaft **nicht in** der **Überlassung von Arbeitskräften und der Zurverfügungstellung von Räumen erschöpfen.** In diesen Fällen **muss** allerdings **gewährleistet sein, dass die steuerbegünstigten Zwecke trotz der Überlassung von Arbeitskräften und der Vermietung von**

Räumen verwirklicht werden können. So sind insbesondere sog. Hallenbauvereine, in denen sich mehrere Sportvereine zum Bau einer Sporthalle zusammengeschlossen haben, nicht als gemeinnützig anzuerkennen (vgl. insbesondere Märkle a.a.O. S. 177).

III. Die vier steuerlichen Sphären einer steuerbegünstigten Körperschaft

Ist eine Körperschaft als gemeinnützigen, mildtätigen oder kirchlichen Zwecken dienend anerkannt, so stellt sich die Frage nach der Qualifizierung ihrer einzelnen Betätigungen. Hierzu wurde die Lehre von den vier Sphären einer steuerbegünstigten Körperschaft entwickelt, die nachfolgend dargestellt wird.

1. Steuerbegünstigte Körperschaften und die vier Sphären ihrer Betätigung im Überblick

Um bestimmte Vorgänge bei steuerbegünstigten Körperschaften gemeinnützigkeitsrechtlich beurteilen zu können, empfiehlt sich die Einhaltung einer bestimmten **Prüfungsreihenfolge**: Zunächst ist zu prüfen, ob der betreffende Vorgang dem **ideellen Bereich** zuzuordnen ist (vgl. unten III. 2. S. 49). Ist diese Frage zu verneinen, so ist die Zuordnung zum Bereich der steuerbegünstigten **Vermögensverwaltung** zu prüfen (vgl. unten III. 3. S. 51). Ist weder eine Zuordnung zum ideellen Bereich noch zum Bereich der steuerbegünstigten Vermögensverwaltung möglich, so handelt es sich um einen **wirtschaftlichen Geschäftsbetrieb**. Damit ist allerdings noch nicht entschieden, ob es sich um einen **steuerbegünstigten Zweckbetrieb** (vgl. unten III. 5. S. 55) oder einen **steuerpflichtigen wirtschaftlichen Geschäftsbetrieb** (vgl. unten III. 6. S. 63) handelt.

Die Prüfungsfolge ist in der Grafik auf S. 48 näher dargestellt.

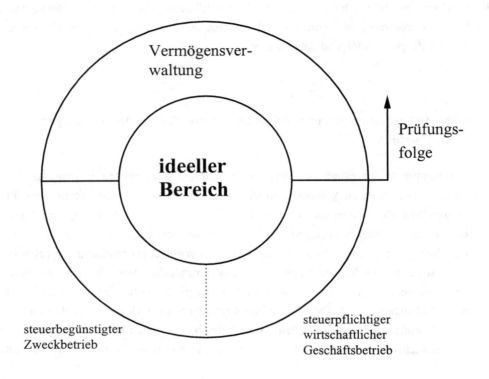

Übersicht: Prüfungsfolge bei Zuordnung zu den vier gemeinnützigkeitsrechtlichen Sphären

2. Ideeller Bereich

Der ideelle Bereich einer steuerbegünstigten Körperschaft bildet den **Kernbereich ihrer steuerbegünstigten Betätigung**. In diesem Bereich werden **keine Leistungen um der** von Dritten erbrachten **Gegenleistungen willen** erbracht. Die fehlende Einnahmenerzielungsabsicht und das Fehlen von wirtschaftlichen Vorteilen aus Leistungsaustauschverhältnissen sind für den ideellen Bereich typisch.

Beispiele:

*die **Katastrophenhilfe** durch steuerbegünstigte Organisationen, die Durchführung von **Fortbildungsveranstaltungen, für die keine Teilnehmergebühr erhoben wird**, der **allgemeine Trainingsbetrieb** eines **Sportvereins**.*

Folgende **Zuflüsse** sind dem ideellen Bereich zuzuordnen:

- echte **Mitgliedsbeiträge**. Diese sind auch bei nicht steuerbegünstigten Vereinen körperschaftsteuerfrei (§ 8 Abs. 6 KStG). Folgende **Voraussetzungen** müssen nach Auffassung der Finanzverwaltung erfüllt sein (vgl. Körperschaftsteuerrichtlinien Abschn. 38 Abs. 2):

- Die **Satzung muss Art und Höhe** der Mitgliedsbeiträge **bestimmen oder**
- einen **Berechnungsmaßstab** für die Beiträge **vorsehen oder**
- ein **Organ benennen, das** die **Beiträge festsetzt**.

Die gezahlten **Beiträge** dürfen **keine Gegenleistung** für eine **konkrete Vereinsleistung** sein. Das Vorhandensein einer konkreten Gegenleistung wird von der Finanzverwaltung für Mitgliedsbeiträge von Krankenpflegevereinen selbst dann verneint, wenn die Krankenpflegevereine Ermäßigungen auf ihre Pflegeleistungen gewähren (vgl. Märkle a.a.O. S. 150 f.). Werden die Pflegeleistungen allerdings nicht von dem Krankenpflegeverein selbst, sondern von einer Sozialstation erbracht, so ist es für die gemeinnützigkeitsrechtliche Unbedenklichkeit erforderlich, dass der Nachlass auf die Behandlungskosten auf 25 % beschränkt ist und die Sozialstation vom Krankenpflegeverein ein Pauschalentgelt erhält, das der Summe der Nachlässe auf die Behandlungskosten entspricht.

Beispiele:

*Im Mitgliedsbeitrag ist der **Kaufpreis für die Vereinszeitschrift**, die auch im Zeitschriftenhandel erhältlich ist, enthalten. Der Mitgliedsbeitrag enthält einen **Versicherungsschutz für das Mitglied** persönlich. In beiden Fällen ist insoweit ein unechter Beitrag, der in einen entgeltlichen und einen unentgeltlichen Teil aufzuspalten ist, anzunehmen. Umsatzsteuerlich sind gegebenenfalls die entsprechenden Konsequenzen zu ziehen: Beim unechten Beitrag liegt ein Leistungsaustausch vor, der grundsätzlich zur Umsatzsteuerpflicht führt.*

*Das Mitglied ist im Rahmen seiner Mitgliedschaftsrechte zur **Inanspruchnahme von Vereinseinrichtungen** (vor allem im Sportverein) bzw. zur Teilnahme am allgemeinen Probenbetrieb (vor allem bei Musik- und Gesangvereinen) berechtigt. Insoweit liegt keine konkrete Gegenleistung des Vereins vor. Es handelt sich um einen echten Mitgliedsbeitrag.*

- **Spenden.** Auch insoweit fehlt es an einer Gegenleistung, da Spenden nach dem Spendenbegriff (vgl. unten VIII. S. 129) unentgeltlich erfolgen müssen.

- **öffentliche Fördermittel.** Diese dürfen allerdings keine Leistung für eine Gegenleistung der steuerbegünstigten Körperschaft (keine unechten Zuschüsse im Sinne des Umsatzsteuerrechts) sein, sondern müssen im allgemeinen öffentlichen Interesse gewährt werden.

- **Schenkungen, Erbschaften, Vermächtnisse, bei Stiftungen die Erstausstattung der Stiftung mit Stiftungskapital, Zustiftungen.**

Abflüsse aus dem ideellen Bereich sind grundsätzlich steuerlich unbeachtlich. Dabei handelt es sich um solche Leistungen der steuerbegünstigten Körperschaft, denen keine Gegenleistung des Empfängers gegenübersteht.

3. Vermögensverwaltung

Ergibt die Prüfung im Einzelfall, dass ein Vorgang nicht dem steuerbegünstigten ideellen Bereich zuzuordnen ist, so ist zu klären, ob es sich um eine Maßnahme der Vermögensverwaltung handelt. Der **Begriff der Vermögensverwaltung** ist in § 14 S. 3 AO wie folgt definiert:

„Eine Vermögensverwaltung liegt in der Regel vor, wenn Vermögen genutzt, zum Beispiel Kapitalvermögen verzinslich angelegt oder unbewegliches Vermögen vermietet oder verpachtet wird."

Die **Vermögensverwaltung** darf **nicht Selbstzweck** der steuerbegünstigten Körperschaft sein (vgl. z.B. Märkle a.a.O. S. 167). Eine Körperschaft, die nur die Verwaltung eigenen Vermögens bezweckt, kann damit nicht als gemeinnützig anerkannt werden. Der Bereich der Vermögensverwaltung ist insbesondere bei **steuerbegünstigten Stiftungen** von großer Bedeutung, da diese nach den Stiftungsgesetzen ihr **Vermögen im Bestand zu erhalten** haben und ihre Zwecke - außer durch Spenden - grundsätzlich aus den Erträgen des Stiftungsvermögens erfüllen müssen.

Lange Zeit ungeklärt war die Frage, ob § 14 S. 3 AO nur **die Verwaltung eigenen Vermögens oder z.B. auch die Vermietung fremder Grundstücke** erfasst. Mit Urteil vom 24.7.1996 (BStBl. II 1996 S. 583) hat der BFH hierzu folgende Grundsätze aufgestellt:

- Vermietet die steuerbegünstigte Körperschaft **eigene** Wirtschaftsgüter, so ist nach der Verkehrsanschauung entscheidend, ob es sich noch um eine Maßnahme der Vermögensverwaltung oder einen wirtschaftlichen Geschäftsbetrieb handelt. Steht die Vermietungs**tätigkeit im Vordergrund** - insbesondere bei einer Vermietung an ständig wechselnde Mieter - so ist ein **wirtschaftlicher Geschäftsbetrieb** und keine Maßnahme der Vermögensverwaltung anzunehmen. Steht dagegen die **Nutzungsüberlassung im Vordergrund**, so handelt es sich um eine Maßnahme der **Vermögensverwaltung**. Hierbei kann - eingeschränkt - auf die Grundsätze zurückgegriffen werden, die im Einkommensteuerrecht zur **Abgrenzung der Einkünfte aus Vermietung und Verpachtung bzw. Kapitalvermögen einerseits und Einkünften aus Gewerbebetrieb andererseits** herausgebildet wurden.

- Vermietet eine steuerbegünstigte Körperschaft Wirtschaftsgüter, die sie selbst gemietet hat, weiter (**Untervermietung**), so ist dies nach Auffassung des BFH **noch dem Bereich der steuerbegünstigten Vermögensverwaltung** zuzurechnen, **sofern nicht besondere Umstände** (insbesondere die Vermietung an ständig wechselnde Mieter) **hinzutreten**. Der **BFH** knüpft für die Beurteilung derartiger Sachverhalte daran an, **welche Einkunftsart die Vermietung bzw. Verwaltung erfüllen würde, wenn sie durch eine natürliche Person erfolgen würde**. Wäre eine **natürliche Person** mit den Einkünften aus dem Vorgang **mit Einkünften aus Vermietung und Verpachtung oder aus Kapitalvermögen einkommensteuerpflichtig**, so erfolgt eine Zuordnung zum Bereich der **steuerbegünstigten Vermögensverwaltung**. Wäre eine **natürliche Person** dagegen mit den Einkünften aus dem Vorgang **aus anderen Einkunftsarten einkommensteuerpflichtig**, so ist bei der steuerbegünstigten Körperschaft ein **wirtschaftlicher Geschäftsbetrieb** anzunehmen.

- **Verwaltet** dagegen die **steuerbegünstigte Körperschaft fremdes Vermögen** dadurch, dass zwischen dem Eigentümer und dem Mieter des Wirtschaftsguts ein Mietvertrag abgeschlossen wird und die steuerbegünstigte Körperschaft im Zusammenhang mit diesem Vorgang Dienstleistungen (z.B. **Verwalterfunktionen**) übernimmt, so liegt darin keine Vermögensnutzung, sondern eine aktive Tätigkeit, die zum Entstehen eines **wirtschaftlichen Geschäftsbetriebs** führt.

Beispiele:

*Eine steuerbegünstigte Körperschaft vermietet ihr gehörende **Räume** - beispielsweise als Hotel - **an ständig wechselnde Mieter**. Nach der Verkehrsanschauung geht dies über eine reine Vermögensverwaltung hinaus und ist damit als wirtschaftlicher Geschäftsbetrieb zu qualifizieren. Der **wirtschaftliche Geschäftsbetrieb kann dadurch vermieden werden, dass die Räume insgesamt an einen Pächter verpachtet werden**. Wurde die Einrichtung dagegen bereits von der steuerbegünstigten Körperschaft als steuerpflichtiger wirtschaftlicher Geschäftsbetrieb selbst geführt, so sind die sich bei der Umqualifizierung grundsätzlich ergebenden Folgen (vgl. unten VI. 4. S. 121 ff.) zu beachten.*

*Ein Sportverein verpachtet seine **Stadionbanden** an ständig wechselnde Mieter zu Werbezwecken. Auch hier liegt ein **wirtschaftlicher Geschäftsbetrieb** vor, der nach derzeitiger Praxis der Finanzverwaltung (a.A. wohl BFH Urt. vom 13.3.1991 BStBl. II 1992 S. 101; Urt. vom 2.7.1997 Az. I R 67/96) allerdings durch eine **vollständige Vermietung an einen Mieter**, der sie seinerseits wieder untervermietet, vermieden werden kann. Von* *der Finanzverwaltung werden derartige Gestaltungen dann anerkannt, wenn die steuerbegünstigte Körperschaft **keine aktive Tätigkeit** erbringt und kein Gefälligkeitsverhältnis vorliegt. Dies wiederum setzt voraus, dass dem **Pächter** ein **Gewinn in Höhe von mindestens 10%** aus dem Gesamtgewinn vor Abzug der Pachtzinszahlung verbleibt (vgl. Märkle a.a.O. S. 218). Derartige Gestaltungen werden jedoch künftig im Hinblick auf § 64 Abs. 6 Nr. 1 AO i.d.F. des Gesetzes zur Änderung des Investitionszulagengesetzes vom 20. Dezember 2000 deutlich an Bedeutung verlieren. Nach dieser Bestimmung kann bei der Werbung für Unternehmen, die im Zusammenhang mit der steuerbegünstigten Tätigkeit einschließlich Zweckbetrieben stattfindet, ein Gewinn von 15 v.H. der Einnahmen zugrundegelegt werden.*

*Ein Wohlfahrtsverband gestattet einem Unternehmen, eine **Werbeaufschrift** auf seinen Rettungsfahrzeugen anzubringen. Sofern damit auch eine **Verpflichtung des Wohlfahrtsverbandes** verbunden ist, das **Fahrzeug an belebten Stellen abzustellen**, wenn es nicht im Einsatz ist, ist dieser Vorgang nicht mehr dem Bereich der steuerbegünstigten Vermögensverwaltung zuzuordnen, sondern als **wirtschaftlicher Geschäftsbetrieb** zu qualifizieren.*

*Ein anderer Wohlfahrtsverband hat einen **Sponsor** gefunden, der bereit ist, ein Krankentransportfahrzeug unentgeltlich zur Verfügung zu stellen. Um bei ihm den Betriebsausgabenabzug sicherzustellen, soll die Schlüsselübergabe öffentlich bei einer kleinen Feier erfolgen. Vom Wohlfahrtsverband werden keine aktiven Leistungen, wie z.B. eine Werbung zugunsten des Sponsors, erwartet. Vielmehr beabsichtigt der Sponsor auf seine gute Tat anlässlich einer Pressekonferenz, an der kein Vertreter des Wohlfahrtsverbands teilnimmt, und in einer Anzeigenkampagne hinzuweisen. In diesem Falle erfolgt **keine aktive Mitwirkung des Wohlfahrtsverbands**; es liegt eine Maßnahme der Vermögensverwaltung vor. Die Grenzen sind allerdings im Einzelfall fließend. Die Finanzverwaltung hat die geltenden Grundsätze mit Sponsoringerlass in der Fassung vom 18.2.1998 (BStBl. I 1998 S. 212 f.) zusammengefasst.*

*Eine steuerbegünstigte **Stiftung schichtet** den ihr gehörenden **Wertpapierbestand häufig um, um Kursgewinne zu erzielen**. Nach Auffassung von Rader (a.a.O. S. 187) erhält eine derartige Gestaltung jedenfalls dann einen gewerblichen Anstrich, wenn das Wertpapiergeschäft nicht mit Mitteln der Körperschaft, sondern unter Ausnutzung von Krediten betrieben wird, oder wenn bei der Umschichtung des Wertpapierbesitzes um des Gewinnes willen wiederholt die Besteuerung nach § 23 EStG (**Spekulationsgeschäfte**, bei Wertpapieren Anschaffung und Veräußerung innerhalb eines Jahres) in*

*Kauf genommen wird. Nach dem BFH-Urteil vom 24.7.1996 (BStBl. II 1996 S. 583) dürfte allerdings nicht ausschlaggebend sein, mit welchen Mitteln eine derartige Vermögensverwaltung betrieben wird, sondern ob die Tätigkeit der steuerbegünstigten Körperschaft auf eine **Gewinnerzielung aus der Vermögensumschichtung** gerichtet ist und die Tätigkeit - im Gegensatz zur Vermögensnutzung - im Vordergrund steht. Nach dem BFH-Urteil vom 19.2.1997 (BStBl. II 1997 S. 399 ff.) sind Indizien für das Vorliegen eines Gewerbebetriebs das Unterhalten eines Büros oder einer Organisation zur Durchführung von Geschäften sowie die Ausnutzung eines Markts unter Einsatz beruflicher Erfahrungen. Danach ist die Fremdfinanzierung von Geschäften nur dann von entscheidender Bedeutung, wenn die Eigenfinanzierung eine Alternative ist.*

4. „Wirtschaftlicher Geschäftsbetrieb" als Oberbegriff

Der **Begriff des wirtschaftlichen Geschäftsbetriebs als Oberbegriff** ist in § 14 S. 1 und 2 AO wie folgt definiert:

„Ein wirtschaftlicher Geschäftsbetrieb ist eine selbstständige nachhaltige Tätigkeit, durch die Einnahmen oder andere wirtschaftliche Vorteile erzielt werden und die über den Rahmen einer Vermögensverwaltung hinausgeht. Die Absicht, Gewinn zu erzielen, ist nicht erforderlich."

Damit setzt die Prüfung der Frage, ob im Einzelfall ein steuerbegünstigter Zweckbetrieb oder ein steuerpflichtiger wirtschaftlicher Geschäftsbetrieb gegeben ist, voraus, dass eine **Tätigkeit** vorliegt, **die auf Einnahmenerzielung gerichtet** und **nicht mehr** der **Vermögensverwaltung** zuzuordnen ist.

Liegt im Einzelfall ein wirtschaftlicher Geschäftsbetrieb vor, so ist zu prüfen, ob es sich um einen

- **steuerbegünstigten Zweckbetrieb** (vgl. unten 5.) oder einen

- **steuerpflichtigen wirtschaftlichen Geschäftsbetrieb** (vgl. unten 6. S. 63 ff.)

handelt. Allerdings wird in der Literatur häufig unter dem Begriff des „wirtschaftlichen Geschäftsbetriebs" ausschließlich der **steuerpflichtige** wirtschaftliche Geschäftsbetrieb verstanden.

5. Steuerbegünstigte Zweckbetriebe

Im allgemeinen ist die Frage, ob ein steuerbegünstigter **Zweckbetrieb** oder ein steuerpflichtiger wirtschaftlicher Geschäftsbetrieb vorliegt, anhand der in **§ 65 AO** für den Zweckbetrieb niedergelegten Voraussetzungen zu prüfen (vgl. unten a)). Daneben enthält die Abgabenordnung in den §§ 66, 67 und 68 AO **zahlreiche Sonderregelungen** für einzelne steuerbegünstigte Zweckbetriebe (vgl. unten b) S. 58 ff.). Erfüllt eine Betätigung die Voraussetzungen eines Zweckbetriebs i.S.d. §§ 66 ff. AO, so sind die des § 65 AO nicht mehr zu prüfen. Daher empfiehlt es sich in der Praxis, zunächst die Sonderregelungen zu prüfen.

a) Zweckbetriebe i.S.d. § 65 AO

Eine allgemeine **Definition** des Zweckbetriebsbegriffs enthält § 65 AO:

„Ein Zweckbetrieb ist gegeben, wenn

1. der wirtschaftliche Geschäftsbetrieb in seiner Gesamtrichtung dazu dient, die steuerbegünstigten satzungsmäßigen Zwecke der Körperschaft zu verwirklichen,

2. die Zwecke nur durch einen solchen Geschäftsbetrieb erreicht werden können und

3. der wirtschaftliche Geschäftsbetrieb zu nicht begünstigten Betrieben derselben oder ähnlicher Art nicht in größerem Umfang in Wettbewerb tritt, als es bei Erfüllung der steuerbegünstigten Zwecke unvermeidbar ist."

Durch den Zweckbetrieb müssen zunächst die **satzungsmäßigen steuerbegünstigten** Zwecke verwirklicht werden. Damit reicht die Verfolgung anderer steuerbegünstigter Zwecke nicht aus.

Beispiele:

Ein **Wohlfahrtsverband veranstaltet** ein **Benefizkonzert** zugunsten der Sozialstation. Er gewinnt dafür ein steuerbegünstigtes Jugendorchester. Obwohl mit dem Benefizkonzert steuerbegünstigte Zwecke verfolgt werden (die Förderung von Kunst und Kultur), entsteht bei dem Wohlfahrtsverband ein steuerpflichtiger wirtschaftlicher Geschäftsbetrieb, weil das Benefizkonzert **nicht unmittelbar den steuerbegünstigten Zwecken des Wohlfahrtsverbands** (Förderung des Wohlfahrtswesens, mildtätigen Zwecken) dient.

Veranstaltet dagegen das steuerbegünstigte **Jugendorchester** das **Benefizkonzert zugunsten der Sozialstation**, so führt dies bei ihm, da es dem Satzungszweck entspricht, zum Entstehen eines steuerbegünstigten Zweckbetriebs nach § 68 Nr. 7 AO: Durch das Konzert werden die steuerbegünstigten Zwecke des Jugendorchesters gefördert. Die Weitergabe der Mittel vom Jugendorchester an den Wohlfahrtsverband ist nach § 58 Nr. 2 AO dann zulässig, wenn die Mittelverwendung des Jugendorchesters durch Weitergabe der Mittel an andere steuerbegünstigte Körperschaften nicht überwiegt.

Die **reine Mittelbeschaffung** rechtfertigt allerdings nicht die Annahme eines steuerbegünstigten Zweckbetriebs.

Beispiele:

Ein Wohlfahrtsverband veranstaltet in der Adventszeit einen **Wohltätigkeitsbazar**, bei dem selbst gebastelte Gegenstände, aber auch gebrauchte Textilien zugunsten des Kindergartens verkauft werden. Hier liegt kein steuerbegünstigter Zweckbetrieb, sondern ein steuerpflichtiger wirtschaftlicher Geschäftsbetrieb vor, weil lediglich der Gewinn aus der (Verkaufs-)Tätigkeit, nicht jedoch die Tätigkeit als solche unmittelbar steuerbegünstigten Zwecken zugute kommt (vgl. z.B. Kießling/Buchna a.a.O. S. 206).

Ein anderer Wohlfahrtsverband unterhält eine **Behindertenwerkstatt**, in der die Behinderten den Umgang mit dem Werkstoff Holz kennenlernen. Die Werkstatt dient damit auch und vor allem der Therapie. In der Werkstatt wird Holzspielzeug hergestellt und anlässlich eines Bazars verkauft. Hier dient der Verkauf unmittelbar der Verfolgung des steuerbegünstigten Zwecks, denn ohne Verkauf der hergestellten Spielwaren wäre der Betrieb der Werkstatt nicht möglich (vgl. z.B. Kießling/Buchna a.a.O. S. 206). Während die Finanzverwaltung Verkaufsstellen bzw. Läden von Behindertenwerkstätten früher nur dann als steuerbegünstigte Zweckbetriebe anerkannt hat, wenn in ihnen ausschließlich von Werkstätten für Behinderte hergestellte Produkte verkauft werden, gelten *diese strengen Voraussetzungen seit dem Erlass des Finanzministeriums Mecklenburg-Vorpommern vom 26.3.1998 (DB 1998 S. 905) nicht mehr. Danach lässt der Vertrieb zugekaufter Ware die Anerkennung als steuerbegünstigter Zweckbetrieb grundsätzlich unberührt. Der Weiterverkauf zugekaufter Ware bildet allerdings einen steuerpflichtigen wirtschaftlichen Geschäftsbetrieb.*

*Eine gemeinnützige GmbH beschäftigt und betreut **Langzeitarbeitslose** psychologisch und sozialpädagogisch. Ziel der GmbH ist es, die Langzeitarbeitslosen wieder ins Berufsleben einzugliedern und als Voraussetzung dafür ihre Persönlichkeit entsprechend zu festigen. Zur Zweckerfüllung nimmt die GmbH auch Aufträge von Industrieunternehmen an. Nach Auffassung des BFH (Urteil vom 26.4.1995 BStBl. II 1995 S. 767) liegt im Hinblick auf die psychologische und sozialpädagogische Betreuung ein steuerbegünstigter Zweckbetrieb vor. Reine Beschäftigungsförderungsgesellschaften ohne eine entsprechende Betreuung erfüllen diese Voraussetzungen allerdings nicht (vgl. z.B. Märkle a.a.O. S. 207).*

Der wirtschaftliche Geschäftsbetrieb muss zur Anerkennung als Zweckbetrieb für die Verwirklichung der steuerbegünstigten Zwecke **unbedingt erforderlich** sein (§ 65 Nr. 2 AO). Diesem Tatbestandsmerkmal wurde lange Zeit keine eigenständige Bedeutung beigemessen. Inzwischen ist allerdings davon auszugehen, dass ein **innerer Zusammenhang zwischen § 65 Nr. 2 AO und der Konkurrenzklausel des § 65 Nr. 3 AO** besteht. Im Zusammenhang mit beiden Regelungen muss das Interesse der steuerbegünstigten Körperschaft an dem wirtschaftlichen Geschäftsbetrieb im Hinblick auf die unmittelbare Verwirklichung steuerbegünstigter Zwecke gegen das Interesse Dritter im Hinblick auf die Vermeidung einer Wettbewerbsverzerrung gegeneinander abgewogen werden. **Ist ein wirtschaftlicher Geschäftsbetrieb** für die unmittelbare Erfüllung steuerbegünstigter Zwecke **unbedingt erforderlich, so wirkt sich dies auch auf die Prüfung der Frage aus** (§ 65 Nr. 3 AO), **ob der Wettbewerb unvermeidbar ist** (vgl. dazu insbesondere BFH Urt. vom 26.4.1995 BStBl. II 1995 S. 767).

Zu einer weiteren Beschränkung für steuerbegünstigte Zweckbetriebe führt schließlich die **Wettbewerbsklausel** (§ 65 Nr. 3 AO):

- Unschädlich ist zunächst die **Wettbewerbssituation ausschließlich zu steuerbegünstigten Betrieben**. Zu beachten ist allerdings, dass auch dann ein Verstoß gegen die Wettbewerbsklausel des § 65 Nr. 3 AO vorliegt, wenn nicht begünstigte Wettbewerber bei steuerlicher Gleichstellung mit der steuerbegünstigten Körperschaft die Leistung ebenfalls erbringen könnten (Kießling/Buchna a.a.O. S. 225).

Beispiel:

Im Landkreis L werden von den örtlichen Wohlfahrtsverbänden **Spülmobile** *vermietet. Angesichts ständig wechselnder Mieter geht diese Tätigkeit über eine reine Vermögensverwaltung hinaus. Die Wohlfahrtsverbände haben den Umweltschutz ausdrücklich als Vereinszweck in ihren Satzungen verankert. Da die Wohlfahrtsverbände die „Marktnische" zuerst entdeckt haben, gibt es keine gewerblichen Vermieter von Spülmobilen, obwohl auch der gewerbliche Betrieb ohne die Konkurrenz der Wohlfahrtsverbände gewinnbringend möglich wäre. Es liegt im Hinblick auf die Wettbewerbsklausel nach § 65 Nr. 3 AO bei den Wohlfahrtsverbänden jeweils ein steuerpflichtiger wirtschaftlicher Geschäftsbetrieb und kein steuerbegünstigter Zweckbetrieb vor.*

- Ausnahmsweise muss die Wettbewerbssituation hingenommen werden, und es ist ein steuerbegünstigter Zweckbetrieb anzunehmen, wenn der **Wettbewerb unvermeidbar** ist. Dabei ist auch zu prüfen, **ob und wie sehr der wirtschaftliche Geschäftsbetrieb für die steuerbegünstigte Körperschaft und ihre Zweckerfüllung unbedingt erforderlich ist.**

Der BFH hat mit Urteil vom 15.10.1997 (BStBl. II 1998 S. 63 ff.) anerkannt, dass § 5 Abs. 1 Nr. 9 KStG i.V.m. der Wettbewerbsklausel eine Norm ist, die auch Dritte schützt. In der genannten Entscheidung hat das Gericht erstmals eine **Konkurrentenklage** eines Mitbewerbers für zulässig gehalten. Allerdings sind die Anforderungen sehr hoch: Der Mitbewerber muss nicht nur darlegen, dass der wirtschaftliche Geschäftsbetrieb zu Unrecht als Zweckbetrieb nicht besteuert wurde. Vielmehr muss er konkret nachweisen, wie und in welchem Umfang er dadurch im Wettbewerb benachteiligt wurde.

b) *Zweckbetriebe i.S.d. §§ 66 ff. AO*

Sind im Einzelfall die Voraussetzungen für einen Zweckbetrieb im Sinne der §§ 66 ff. AO erfüllt, so sind die Voraussetzungen des § 65 AO nicht mehr zu prüfen.

Dies ist insbesondere im Hinblick auf die Wettbewerbsklausel des § 65 Nr. 3 AO von Bedeutung.

Die folgenden Ausführungen können die einzelnen Zweckbetriebe im Sinne der §§ 66 ff. AO nicht detailliert darstellen. Vielmehr soll lediglich ein Überblick über die wesentlichsten Zweckbetriebe und ihre Voraussetzungen gegeben werden.

Einrichtungen der Wohlfahrtspflege sind unter den Voraussetzungen des § 66 AO steuerbegünstigte Zweckbetriebe. Der Begriff der Wohlfahrtspflege ist in § 66 Abs. 2 AO wie folgt definiert:

„Wohlfahrtspflege ist die planmäßige, zum Wohle der Allgemeinheit und nicht des Erwerbes wegen ausgeübte Sorge für notleidende oder gefährdete Mitmenschen. Die Sorge kann sich auf das gesundheitliche, sittliche, erzieherische oder wirtschaftliche Wohl erstrecken und Vorbeugung oder Abhilfe bezwecken."

Nach § 66 Abs. 1, Abs. 3 AO ist eine Einrichtung der Wohlfahrtspflege ein Zweckbetrieb, wenn **ihre Leistungen in besonderem Maße** (mindestens zu 2/3) **den in § 53 AO genannten Personen dienen. Einzelheiten:**

- Die **Voraussetzungen des § 65 AO** sind **nicht zu prüfen**. Dies ist insbesondere im Hinblick auf eine Wettbewerbssituation (*Beispiel:* privates Pflegeheim) von Bedeutung.

- Der geförderte **Personenkreis** muss **entweder** nach § 53 Nr. 1 AO **persönlich oder** nach § 53 Nr. 2 AO **wirtschaftlich hilfsbedürftig** sein.

- Die Einrichtung muss **wohlfahrtspflegerische und keine eigenwirtschaftliche Zwecke** verfolgen (AEAO Nr. 2 zu § 66 AO).

- Die Begünstigung ist **nicht auf amtlich anerkannte Wohlfahrtseinrichtungen** (vgl. § 23 UStDV) **beschränkt**.

Unter diesen Voraussetzungen können **Einrichtungen der Wohlfahrtspflege** sein *(Beispiele)*:

- die Beförderung von Behinderten

- Flugrettungsdienste
- Mensa- und Cafeteriabetriebe von Studentenwerken
- Altentages- und -begegnungsstätten
- Kleiderkammern.

Als Zweckbetrieb steuerbegünstigt sind nach § 67 AO auch **Krankenhäuser**, die in den Anwendungsbereich der Bundespflegesatzverordnung fallen, wenn mindestens 40 v.H. der jährlichen Pflegetage auf Patienten entfallen, bei denen nur Entgelte für allgemeine Krankenhausleistungen im Sinne der Bundespflegesatzverordnung berechnet werden. Krankenhäuser, die nicht in den Anwendungsbereich der Bundespflegesatzverordnung fallen, sind dann steuerbegünstigte Zweckbetriebe, wenn mindestens 40 v.H. der jährlichen Pflegetage auf Patienten entfallen, bei denen für die Krankenhausleistungen kein höheres Entgelt berechnet wird, als nach der Bundespflegesatzverordnung zu berechnen wäre. Begünstigt sind allerdings nur solche Tätigkeiten, die unmittelbar mit dem Krankenhausbetrieb zusammenhängen.

Unterhält ein Krankenhausträger dagegen **weitere wirtschaftliche Aktivitäten, die mit dem eigentlichen Krankenhausbetrieb nicht unmittelbar zusammenhängen**, wie zum Beispiel eine Cafeteria, die auch Besuchern offensteht, eine Krankenhauswäscherei, die auch für andere Leistungen erbringt (vgl. z.B. BFH Urt. vom 19.7.1995 DB 1996 S. 1380), oder eine zentrale Apotheke auch für andere Krankenhäuser (BFH Urt. vom 18.10.1990 BStBl. II 1991 S. 268), **so werden derartige Aktivitäten nicht mehr von der Zweckbetriebsregelung des § 67 AO erfasst**. In derartigen Fällen ist dann jeweils zu prüfen, ob die Betätigung die Voraussetzungen einer anderen Sonderregelung der §§ 66 ff. AO oder die des § 65 AO erfüllt. Unter **Krankenhäusern** werden **Einrichtungen** verstanden, **in denen durch ärztliche und pflegerische Hilfeleistung Krankheiten, Leiden oder Körperschäden festgestellt, geheilt oder gelindert werden sollen oder Geburtshilfe geleistet wird und in denen die zu versorgenden Personen untergebracht und verpflegt werden können** (Kießling/Buchna a.a.O. S. 235).

Nach § 68 AO sind außerdem **Zweckbetriebe**

- **Alten-, Altenwohn- und Pflegeheime, Erholungsheime, Mahlzeitendienste,** wenn sie in besonderem Maße (zu mindestens 2/3) den in § 53 AO genannten Personen dienen (§ 68 Nr. 1 a) AO). Die persönliche Hilfsbedürftigkeit ist nach Auffassung der Finanzverwaltung (vgl. AEAO Nr. 3 zu § 53) bei **Personen, die das 75. Lebensjahr vollendet haben**, ohne Nachprüfung anzunehmen. Seit einer Änderung des Heimgesetzes ist auch die **Kurzzeitpflege begünstigt**.

Nach der neueren Rechtsprechung (vgl. z.B. OVG Frankfurt/Oder Beschl. vom 1.12.1999 NJW 2000 S. 1435 ff.) gelten die **Bestimmungen des Heimgesetzes häufig** auch **für Einrichtungen des betreuten Wohnens**, wenn der Betreuer neben der Unterkunft auch Verpflegung (z.B. Teilnahme am offenen Mittagstisch bei Bedarf) und/oder Betreuung (z.B. durch die hauseigene Sozialstation) bereit hält. Auch in derartigen Fällen dürfte ein **Altenwohnheim i.S.d. § 68 AO** vorliegen mit der Folge, dass insbesondere **für den Bau** auch **zeitnah zu verwendende Mittel** eingesetzt werden dürfen. In der Vergangenheit wurden die Einrichtungen des betreuten Wohnens als Vermietungstätigkeit dem Bereich der steuerbegünstigten Vermögensverwaltung zugerechnet.

- **Kindergärten, Kinder-, Jugend- und Studentenheime, Schullandheime und Jugendherbergen** (§ 68 Nr. 1 b) AO). Sie sind generell begünstigt, wenn sie der Förderung der Allgemeinheit dienen. Ein **Kindergarten, der nur Kinder von Angehörigen eines bestimmten Betriebs aufnimmt, ist daher nicht begünstigt** (insbesondere im Hinblick auf Großbetriebe umstritten, wie hier Kießling/Buchna a.a.O. S. 265).

- **landwirtschaftliche Betriebe und Gärtnereien, die der Selbstversorgung dienen** und dadurch die sachgemäße Ernährung und ausreichende Versorgung von Anstaltsangehörigen sichern, sowie **andere Einrichtungen, die für die Selbstversorgung von Einrichtungen erforderlich sind, wie Tischlereien, Schlossereien**, wenn die Lieferungen und sonstigen Leistungen dieser Betriebe, Gärtnereien und sonstigen Einrichtungen an Außenstehende dem Wert nach 20 v.H. der gesamten Lieferungen des Betriebes - einschließlich der an die Körperschaft selbst bewirkten - nicht übersteigen (§ 68 Nr. 2 AO).

Beispiel:

*Die **Küche des Krankenhauses** K ist nicht voll ausgelastet. Der Verwaltungsleiter vereinbart mit umliegenden Krankenhäusern sowie dem benachbarten Industriebetrieb die **Lieferung von Speisen**. Bei der Küche handelt es sich um eine Selbst-*

versorgungseinrichtung. Wird bei der Essenslieferung an die Krankenhäuser und den Betrieb die 20%-Grenze beachtet, so sind die entsprechenden Leistungen noch dem steuerbegünstigten Zweckbetrieb zuzurechnen.

- **Werkstätten für Behinderte,** die nach den Vorschriften des Arbeitsförderungsgesetzes förderungsfähig sind und Personen Arbeitsplätze bieten, die wegen ihrer Behinderung nicht auf dem allgemeinen Arbeitsmarkt tätig sein können, sowie Einrichtungen für Beschäftigungs- und Arbeitstherapie, die der Eingliederung von Behinderten dienen (§ 68 Nr. 3 AO). Die Umsätze mit Dritten sind nicht begrenzt. Insoweit **steuerbegünstigt** sind auch **Läden und Verkaufsstellen,** in denen die Erzeugnisse der Werkstätten für Behinderte verkauft werden. Werden daneben **nicht in Werkstätten für Behinderte hergestellte Produkte** vertrieben, so liegt insoweit ein gesonderter **steuerpflichtiger wirtschaftlicher Geschäftsbetrieb** vor (Erlass FinMin. Mecklenburg-Vorpommern vom 26.3.1998 DB 1998 S. 905).

- **Einrichtungen, die zur Durchführung der Blindenfürsorge und zur Durchführung der Fürsorge für Körperbehinderte unterhalten werden (§ 68 Nr. 4 AO).** Die Umsätze mit Dritten sind nicht begrenzt.

- **Einrichtungen der Fürsorgeerziehung und der freiwilligen Erziehungshilfe** (§ 68 Nr. 5 AO).

- von den zuständigen Behörden genehmigte **Lotterien und Ausspielungen,** die eine steuerbegünstigte Körperschaft zu ausschließlich gemeinnützigen, mildtätigen oder kirchlichen Zwecken veranstaltet (§ 68 Nr. 6 AO). **Bis zum 31. Dezember 2000** war die Begünstigung auf **höchstens zwei Lotterien** jährlich beschränkt. Durch das Gesetz zur Änderung des Investitionszulagengesetzes 1999 vom 20.12.2000 wurde diese Beschränkung mit Wirkung ab dem 1.1.2001 aufgehoben.

- **kulturelle Einrichtungen,** wie Museen, Theater, **und kulturelle Veranstaltungen**, wie Konzerte, Kunstausstellungen, sofern die Förderung von Kunst und Kultur Satzungszweck ist; dazu gehört nicht der Verkauf von Speisen und Getränken (§ 68 Nr. 7 AO).

- **Volkshochschulen und andere Einrichtungen,** soweit sie selbst **Vorträge, Kurse und andere Veranstaltungen wissenschaftlicher oder belehrender Art** durchführen (§ 68 Nr. 8 AO). Dies gilt auch, soweit sie den Teilnehmern der Veranstaltung selbst Beherbergung und Beköstigung gewähren.

- **bestimmte Forschungseinrichtungen** (§ 68 Nr. 9 AO) mit bestimmten Bereichen.

6. Steuerpflichtige wirtschaftliche Geschäftsbetriebe

Hat die Prüfung im Einzelfall ergeben, dass keine Maßnahme im ideellen Bereich vorliegt, keine Zuordnung zur steuerbegünstigten Vermögensverwaltung möglich ist und auch kein steuerbegünstigter Zweckbetrieb vorliegt, so ist ein steuerpflichtiger wirtschaftlicher Geschäftsbetrieb anzunehmen. Im folgenden sollen zunächst einige Erscheinungsformen steuerpflichtiger wirtschaftlicher Geschäftsbetriebe dargestellt werden (vgl. unten 6. a)), bevor auf die Rechtsfolgen eingegangen wird (vgl. unten 6. b) S. 66 ff.).

a) *Erscheinungsformen steuerpflichtiger wirtschaftlicher Geschäftsbetriebe*

Eine steuerbegünstigte Körperschaft kann den wirtschaftlichen Geschäftsbetrieb zunächst **selbst unmittelbar** betreiben.

Beispiele:

*Ein Wohlfahrtsverband verkauft im Rahmen seines **Weihnachtsbazars** Textilien, die ein Bekleidungshaus unentgeltlich zur Verfügung gestellt hat. Ein anderer Wohlfahrtsverband betreibt ein **Spülmobil**. Ein Sportverein betreibt ein **Vereinsheim**.*

Die steuerbegünstigte Körperschaft kann sich an einer **Mitunternehmerschaft** beteiligen. Mitunternehmerschaften sind **gewerblich tätige oder gewerblich geprägte Personengesellschaften**, bei denen die Gesellschafter Mitunternehmerrisiko (Ertrags- und Substanzrisiko) tragen und Mitunternehmerinitiative haben (§ 15 Abs. 1 Nr. 2 EStG, L. Schmidt, EStG, 19. Auflage 2000 § 15 Anm. 262). Gewerblich geprägte Personengesellschaften sind solche, bei denen ausschließlich eine oder mehrere Kapitalgesellschaften unbeschränkt persönlich haften und nur diese oder Personen, die nicht Gesellschafter sind, zur Geschäftsführung berechtigt sind (vgl. § 15 Abs. 3 Nr. 2 EStG).

Im Regelfall handelt es sich um Unternehmen in der Rechtsform der **GmbH & Co. KG**, um **Offene Handelsgesellschaften** und **Kommanditgesellschaften**. Aber auch **stille Beteiligungen** und die Beteiligung an **Gesellschaften des bürgerlichen Rechts** können die Voraussetzungen einer Mitunternehmerschaft erfüllen.

Beispiele:

*Ein steuerbegünstigter **Wohlfahrtsverband richtet gemeinsam mit anderen steuerbegünstigten Vereinen ein Stadtfest aus**. Der Gewinn wird unter die Vereine zu gleichen Teilen verteilt. Es liegt eine Gesellschaft bürgerlichen Rechts vor, an der die Vereine beteiligt sind. Der Art nach handelt es sich um eine gewerbliche Tätigkeit. Die Beteiligung an dieser Gesellschaft bürgerlichen Rechts führt bei den einzelnen Vereinen zu steuerpflichtigen wirtschaftlichen Geschäftsbetrieben.*

*Eine steuerbegünstigte **Stiftung erbt die Beteiligung an einer GmbH & Co. KG**, deren Zweck der Betrieb einer Maschinenfabrik ist. Mit dem Erbfall entsteht ein steuerpflichtiger wirtschaftlicher Geschäftsbetrieb, der - abhängig von den Verhältnissen des Einzelfalls - die Steuerbegünstigung insgesamt gefährden kann. Aus diesem Grunde muss die Beteiligung möglichst zeitnah in den Bereich der steuerbegünstigten Vermögensverwaltung - im Regelfall durch Einbringung der Beteiligung oder Umgestaltung der GmbH & Co. KG in eine GmbH, die bestimmte Voraussetzungen erfüllen muss (vgl. dazu unten) -, überführt werden. Dies ist nach § 20 UmwStG bis zu acht Monate rückwirkend zum Todestag möglich.*

*Die Hausbank rät einer steuerbegünstigten **Stiftung**, einen Teil ihres Vermögens in einem Fonds anzulegen. Die **Fondsgesellschaft** soll ein Flugzeug an eine Fluggesellschaft verleasen. Auf Nachfrage erfährt der Stiftungsvorstand, dass es sich bei der **Fondsgesellschaft** um eine **GmbH & Co. KG** handelt. Die von der Bank in den Vordergrund gestellte hohe Rendite basiert darauf, dass der Anleger in den ersten Jahren hohe Verlustzuweisungen erhält, die er mit seinen übrigen (hohen) Einkünften verrechnen kann. Der Veräußerungsgewinn bei Beendigung des Leasingverhältnisses sei dagegen später zu versteuern, so dass sich ein Zinsvorteil ergebe. Nach Rücksprache mit seinem Steuerberater lehnt der Stiftungsvorstand das Angebot der Bank ab: Zum einen hat die Stiftung keinen (anderen) steuerpflichtigen wirtschaftlichen Geschäftsbetrieb. Eine Verlustverrechnung ist damit nicht möglich. Schließlich würde eine entsprechende **Vermögensanlage** zu einem **Vermögenstransfer aus der steuerbegünstigten Vermögensverwaltung in den steuerpflichtigen wirtschaftlichen Geschäftsbetrieb** führen.*

Die **Beteiligung an einer nicht steuerbefreiten Kapitalgesellschaft** kann bei dem steuerbegünstigten Gesellschafter je nach Ausgestaltung der rechtlichen und tatsächlichen Verhältnisse dem Bereich der **steuerbegünstigten Vermögensverwaltung** zuzurechnen sein oder einen **steuerpflichtigen wirtschaftlichen Geschäftsbetrieb** bilden (vgl. dazu insbesondere Schick DB 1985 S. 1812 und DB 1999 S. 1187; Lex DB 1997 S. 349). **Ein steuerpflichtiger wirtschaftlicher Geschäftsbetrieb ist dann anzunehmen, wenn die steuerbegünstigte Körperschaft über die Beteiligung am allgemeinen wirtschaftlichen Verkehr teilnimmt.** Diese Voraussetzung ist erfüllt, wenn die Körperschaft **auf die laufende Geschäftsführung der Tochtergesellschaft tatsächlich Einfluss nimmt.** Davon geht die Finanzverwaltung aus, wenn die steuerbegünstigte Körperschaft die rechtliche und tatsächliche Möglichkeit dazu hat. Die Einflussnahme kann erfolgen

- durch **personenidentische Besetzung der Geschäftsführung** von steuerbegünstigter Körperschaft und nicht steuerbegünstigter Tochtergesellschaft,

- durch die **Ausübung von Weisungsrechten in der Gesellschafterversammlung.** Dies gilt für Tochtergesellschaften in der Rechtsform der GmbH (vgl. z.B. Lutter/Hommelhoff, GmbH-Gesetz, 15. Auflage 2000 § 37 Anm. 17), bei **Aktiengesellschaften** bestehen **keine Weisungsrechte** der Hauptversammlung **gegenüber dem Vorstand in Geschäftsführungsfragen.**

- dadurch, dass **in einem Beirat oder Aufsichtsrat, der Weisungsbefugnisse in Geschäftsführungsfragen hat, überwiegend Vorstands- bzw. Geschäftsführungsmitglieder des steuerbegünstigten Gesellschafters** vertreten sind.

Ein wirtschaftlicher Geschäftsbetrieb liegt auch vor, wenn die **Voraussetzungen einer Betriebsaufspaltung** erfüllt sind (vgl. z.B. Kießling/Buchna a.a.O. S. 203; AEAO Nr. 3 zu § 64). Dies setzt voraus, dass der steuerbegünstigte Gesellschafter der Gesellschaft, in der er seinen Willen durchsetzen kann (sog. personelle Verflechtung), eine wesentliche Betriebsgrundlage zur Nutzung überlässt (sog. sachliche Verflechtung).

b) Rechtsfolgen des steuerpflichtigen wirtschaftlichen Geschäftsbetriebs

Unterhält eine steuerbegünstigte Körperschaft einen steuerpflichtigen wirtschaftlichen Geschäftsbetrieb, so führt dies dazu, dass die steuerbegünstigte Körperschaft damit **partiell steuerpflichtig** wird (§ 64 Abs. 1 AO). Führen **alle steuerpflichtigen wirtschaftlichen Geschäftsbetriebe** in einem Kalenderjahr zu **Einnahmen** (einschließlich etwaiger Umsatzsteuer) **von höchstens DM 60.000,-- - ab 1. Januar 2002 von höchstens Euro 30.678,-- -**, so wird auf eine Besteuerung des steuerpflichtigen wirtschaftlichen Geschäftsbetriebs verzichtet (vgl. § 64 Abs. 3 AO). Dieser Betrag stellt eine **Freigrenze** und **keinen Freibetrag** dar, d.h. wird dieser Betrag auch nur um Euro 1,-- überschritten, so wird der gesamte steuerpflichtige wirtschaftliche Geschäftsbetrieb besteuert (vgl. Kießling/Buchna a.a.O. S. 215).

Dass trotz Unterschreitens dieser Freigrenze im Einzelfall ein steuerpflichtiger wirtschaftlicher Geschäftsbetrieb vorliegt, ist auch und vor allem für die **korrekte Mittelverwendung** (vgl. dazu unten V. S. 73) und die Ausstellung von Spendenbescheinigungen (vgl. dazu unten und VIII. S. 129 ff.) von Bedeutung. Wird eine **einheitliche steuerbegünstigte Körperschaft in mehrere steuerlich selbstständige Körperschaften** zur Vervielfältigung der Freigrenze **aufgeteilt**, so gilt dies als Gestaltungsmissbrauch, der steuerlich nicht anzuerkennen ist (§ 64 Abs. 4 AO).

Das Vorliegen eines steuerpflichtigen **wirtschaftlichen Geschäftsbetriebs** führt im einzelnen zu folgenden **Rechtsfolgen:**

- **Steuerbegünstigte Körperschaften** unterlagen mit ihren Einkünften aus steuerpflichtigen wirtschaftlichen Geschäftsbetrieben der **Körperschaftsteuer bis 31. Dezember 2000** mit **40 %** (§ 23 Abs. 2 KStG). Ab 1. Januar 2001 beträgt die Körperschaftsteuer 25 %. Dabei wird ein **Freibetrag** von DM 7.500,--, ab 1. Januar 2002 von Euro 3.835,-- gewährt (§ 24 KStG). Soweit allerdings - dem Gebot der zeitnahen Mittelverwendung entsprechend - **nach dem 31. Dezember 2000** erzielte **Gewinne aus dem steuerpflichtigen wirtschaftlichen Geschäftsbetrieb entnommen** werden, ist zweifelhaft, ob darüber hinausgehend eine **10%ige Kapitalertragsteuer** anfällt, die weder verrechnet noch vergütet werden kann (§§ 20 Abs. 1 Nr. 10 b) S. 3, 43 Abs. 1 Nr. 7 c), 43 a Nr. 6 EStG; dagegen spricht § 44 a Abs. 7, wonach bei steuerbegünstigten Körperschaften Abstand vom Kapitalertragsteuerabzug zu nehmen ist).

- Soweit es sich nicht um einen steuerpflichtigen wirtschaftlichen Geschäftsbetrieb im Bereich der Land- oder Forstwirtschaft handelt, unterliegt die steuerbegünstigte Körperschaft mit ihren Einkünften aus dem steuerpflichtigen wirtschaftlichen Geschäftsbetrieb auch der **Gewerbesteuer** (§ 3 Nr. 6 GewStG).

- Lieferungen und Leistungen, die ihm Rahmen eines steuerpflichtigen wirtschaftlichen Geschäftsbetriebs erbracht werden, unterliegen der **Umsatzsteuer** zum Regelsteuersatz (§ 12 Abs. 2 Nr. 8 a) UStG).

- Die steuerbegünstigte Körperschaft ist **nicht berechtigt, für Zuwendungen in einen steuerpflichtigen wirtschaftlichen Geschäftsbetrieb Zuwendungsbestätigungen auszustellen oder Spenden** in einem **steuerpflichtigen wirtschaftlichen Geschäftsbetrieb zu verwenden.**

- Umstritten ist - diese Frage wird von der Finanzverwaltung jedoch bejaht (Erbschaftsteuerrichtlinien R 47 Abs. 2, vgl. auch Thiel, DB 1993 S. 2452) -, ob Zuwendungen in einen steuerpflichtigen wirtschaftlichen Geschäftsbetrieb der **Erbschaft- und Schenkungsteuer** unterliegen (§ 13 Abs. 1 Nr. 16 b) ErbStG). Die **Zuwendung** eines **ganzen steuerpflichtigen wirtschaftlichen Geschäftsbetriebs** ist danach dagegen **von der Erbschaft- und Schenkungsteuer befreit**, wenn der steuerpflichtige wirtschaftliche Geschäftsbetrieb seine Überschüsse an den ideellen Bereich abgibt.

- Für Aufwandsentschädigungen an Übungsleiter und Personen, die nach § 3 Nr. 26 EStG eine vergleichbare Tätigkeit im steuerpflichtigen wirtschaftlichen Geschäftsbetrieb erbringen, wird der **Übungsleiterfreibetrag** nicht gewährt (Lohnsteuerrichtlinien Abschn. 17 Abs. 5).

Mehrere steuerpflichtige wirtschaftliche Geschäftsbetriebe einer steuerbegünstigten Körperschaft werden für die Besteuerung als *ein* **wirtschaftlicher Geschäftsbetrieb behandelt (§ 64 Abs. 2 AO).** Dies bedeutet, dass der **Gewinn eines steuerpflichtigen wirtschaftlichen Geschäftsbetriebs mit dem Verlust eines anderen steuerpflichtigen wirtschaftlichen Geschäftsbetriebs verrechnet** werden kann. Erzielt ein steuerpflichtiger wirtschaftlicher Geschäftsbetrieb nachhaltig Verluste und ein anderer nachhaltig Gewinne, so ist die **dauernde Verlustabdeckung durch die Gewinne des anderen steuerpflichtigen wirtschaftlichen Geschäftsbetriebs im Hinblick auf die**

Mittelverwendung zu steuerbegünstigten Zwecken **gemeinnützigkeitsrechtlich unschädlich** (so auch Kießling/Buchna a.a.O. S. 111).

Rücklagen dürfen **im steuerpflichtigen wirtschaftlichen Geschäftsbetrieb** nur aus versteuerten Gewinnen gebildet werden. Darüber hinaus sind die **Gewinne aus steuerpflichtigen wirtschaftlichen Geschäftsbetrieben grundsätzlich zeitnah** zu steuerbegünstigten Zwecken **zu verwenden**. Eine **Ausnahme** von diesem Grundsatz enthält der Anwendungserlass zur AO (AEAO) in Nr. 2 zu § 55 Abs. 1 Nr. 1 AO:

„Dies schließt die Bildung von Rücklagen im wirtschaftlichen Geschäftsbetrieb und im Bereich der Vermögensverwaltung nicht aus. Die Rücklagen müssen bei vernünftiger kaufmännischer Beurteilung wirtschaftlich begründet sein (entspr. § 14 Nr. 5 KStG). Für die Bildung einer Rücklage im wirtschaftlichen Geschäftsbetrieb muss ein konkreter Anlass gegeben sein, der auch aus objektiver unternehmerischer Sicht die Bildung der Rücklage rechtfertigt (z.B. eine geplante Betriebsverlegung, Werkserneuerung, Kapazitätsausweitung)."

Soweit die Voraussetzungen für die Bildung einer Rücklage im steuerpflichtigen wirtschaftlichen Geschäftsbetrieb im Einzelfall nicht erfüllt sind, sind die **Mittel zeitnah für steuerbegünstigte Zwecke zu verwenden oder einer im ideellen Bereich oder einem steuerbegünstigten Zweckbetrieb gebildeten zweckgebundenen Rücklage zuzuführen.**

Mit Urteil vom 13.11.1996 (DB 1997 S. 509) hat der BFH zur **Abdeckung von Verlusten im steuerpflichtigen wirtschaftlichen Geschäftsbetrieb** die Auffassung vertreten, dass ein Ausgleich von Verlusten eines steuerpflichtigen wirtschaftlichen Geschäftsbetriebs mit Mitteln des ideellen Tätigkeitsbereichs **nur dann kein Verstoß gegen das Mittelverwendungsgebot** sei, wenn die Verluste auf einer Fehlkalkulation beruhen **und die Körperschaft bis zum Ende des dem Verlustentstehungsjahr folgenden Wirtschaftsjahrs** - bei Rumpfgeschäftsjahren: innerhalb von zwölf Monaten nach Ende des Wirtschaftsjahrs, in dem der Verlust entstanden ist - **dem ideellen Tätigkeitsbereich wieder Mittel in entsprechender Höhe zuführt.** Die wieder **zugeführten Mittel** dürfen danach **weder aus Zweckbetrieben oder** dem Bereich der **Vermögensverwaltung noch aus Beiträgen oder anderen Zuwendungen** stammen, **die zur Förderung der steuerbegünstigten Zwecke bestimmt sind.**

Die **Finanzverwaltung** hat sich dieser engen Betrachtungsweise des BFH aber nicht in vollem Umfang angeschlossen. Nach dem BMF-Schreiben vom 19.10.1998 (BStBl. II 1998 S. 1423 f.) gelten nunmehr die folgenden **Grundsätze**:

* Zunächst sind **Gewinne und Verluste aus allen steuerpflichtigen wirtschaftlichen Geschäftsbetrieben**, die in **einem** Jahr entstanden sind, zu **saldieren**.

* Verbleibt nach der Saldierung ein **Verlust**, so **kann** er **mit** (saldierten) **Gewinnen der sechs vergangenen Jahre verrechnet** werden. Nach Auffassung von Kießling/Buchna (a.a.O. S. 113) mindern Rücklagen, die in diesen Jahren im steuerpflichtigen wirtschaftlichen Geschäftsbetrieb gebildet werden, das Verrechnungsvolumen

* Verbleibt auch **danach** noch ein **Verlustbetrag**, so muss er bis **spätestens nach Ablauf des auf die Verlustentstehung folgenden Jahres durch Gewinne steuerpflichtiger wirtschaftlicher Geschäftsbetriebe oder Zuwendungen Dritter**, für die **keine Zuwendungsbestätigungen** ausgestellt werden können, **ausgeglichen** werden.

Nach Auffassung der OFD Nürnberg (Verf. v. 11.9.2000 DB 2000 S. 2196) liegt eine **schädliche Mittelverwendung** im steuerpflichtigen wirtschaftlichen Geschäftsbetrieb **nicht** vor, **wenn** dem steuerpflichtigen wirtschaftlichen Geschäftsbetrieb die erforderlichen **Mittel durch Aufnahme eines betrieblichen Darlehens zugeführt** werden bzw. in dem Betrieb verwendete ideelle Mittel über ein Darlehen, das dem Betrieb zugeordnet wird, innerhalb der genannten Jahresfrist nach dem Ende des Verlustentstehungsjahrs zurückgegeben werden. Dann müssen aber Zins- und Tilgungsleistungen ausschließlich aus Mitteln des steuerpflichtigen wirtschaftlichen Geschäftsbetriebs aufgebracht werden.

Bei dem **Aufbau eines neuen steuerpflichtigen wirtschaftlichen Geschäftsbetriebs** ist eine Verwendung von Mitteln des ideellen Bereichs für den **Ausgleich von Verlusten** auch dann **unschädlich** für die Gemeinnützigkeit, **wenn** mit **Anlaufverlusten** zu rechnen war. Auch in diesem Fall muss aber die steuerbegünstigte Körperschaft in der Regel **innerhalb von drei Jahren** nach dem Ende des Entstehungsjahrs des Verlustes dem ideellen Bereich **wieder Mittel**, die gemeinnützigkeitsunschädlich dafür verwendet werden dürfen, **zuführen** (BMF Schreiben v. 19.10.1998 BStBl. I 1998 S. 1423 (1424)).

In die **Ermittlung des maßgeblichen Verlusts** sind auch die Abschreibungen des steuerpflichtigen wirtschaftlichen Geschäftsbetriebs mit einzubeziehen. Werden **Wirtschaftsgüter** jedoch **gemischt**, d.h. für einen steuerbegünstigten Zweckbetrieb und einen steuerpflichtigen wirtschaftlichen Geschäftsbetrieb **genutzt**, so ist nach dem BMF-Schreiben vom 19.10.1998 (BStBl. I 1998 S. 1423 f.) ein durch die Abschreibung bedingter Verlust unter folgenden Voraussetzungen gemeinnützigkeitsunschädlich:

* Das **Wirtschaftsgut** wurde **für** den **ideellen Bereich angeschafft** oder hergestellt und wird **nur zur besseren Kapazitätsauslastung und Mittelbeschaffung teil- oder zeitweise** für den **steuerpflichtigen wirtschaftlichen Geschäftsbetrieb genutzt**. Die Körperschaft **darf** nicht **schon im Hinblick auf** eine zeit- oder teilweise **Nutzung für** den steuerpflichtigen **wirtschaftlichen Geschäftsbetrieb** ein **größeres Wirtschaftsgut angeschafft** oder hergestellt **haben**, als es für die ideelle Tätigkeit notwendig war.

* Die Körperschaft verlangt für die Leistungen des steuerpflichtigen wirtschaftlichen Geschäftsbetriebs **marktübliche Preise**.

* Der steuerpflichtige wirtschaftliche Geschäftsbetrieb bildet **keinen eigenständigen Sektor eines Gebäudes**.

* Diese Grundsätze gelten entsprechend für die Berücksichtigung **anderer gemischter Aufwendungen** (z.B. zeitweiser Einsatz von Personal des ideellen Bereichs in einem steuerpflichtigen wirtschaftlichen Geschäftsbetrieb) bei der gemeinnützigkeitsrechtlichen Beurteilung von Verlusten.

Bei einem **Überwiegen des steuerpflichtigen wirtschaftlichen Geschäftsbetriebs** im Rahmen der Gesamtbetätigung der steuerbegünstigten Körperschaft entfällt die Steuerbefreiung insgesamt. Fraglich ist, welche **Kriterien** bei der Prüfung des „Überwiegens" zugrunde zu legen sind. Da die **Einnahmen** insbesondere im ideellen Bereich **kein tauglicher Maßstab** sind, wird man das Verhältnis der **Ausgaben** in allen steuerbegünstigten Bereichen zu den Ausgaben in allen steuerpflichtigen wirtschaftlichen Geschäftsbetrieben oder den **Personaleinsatz** (Zahl der eingesetzten Arbeitskräfte/Personal- bzw. Lohnaufwand, insbesondere bei Einsatz ehrenamtlicher Kräfte aber auch generell den jeweiligen Zeitaufwand) zugrunde legen müssen.

IV. Die Behandlung der vier Sphären im Überblick

Die folgenden Übersichten zeigen zusammenfassend - ausgehend von der Darstellung zur Prüfungsreihenfolge der vier Sphären (vgl. oben S. 48) - die steuerliche Behandlung der vier Sphären bei der Spendenempfangsberechtigung (vgl. unten) und bei der Umsatzsteuer (vgl. unten S. 72).

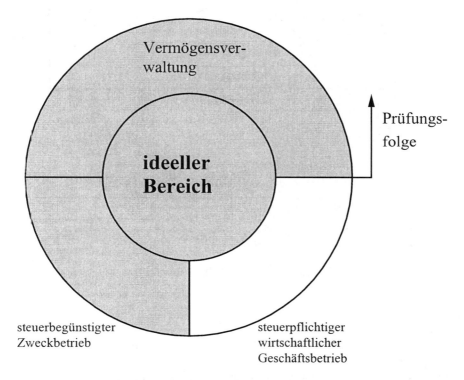

Übersicht: Behandlung der steuerbegünstigten Körperschaft bei der Spendenempfangsberechtigung (Überblick)

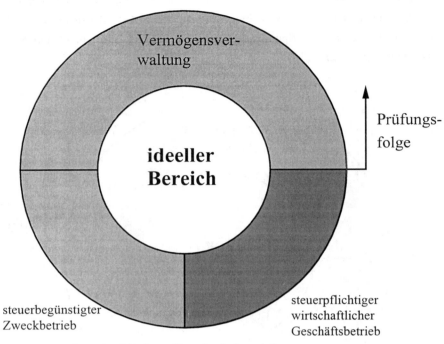

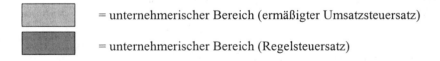 = unternehmerischer Bereich (ermäßigter Umsatzsteuersatz)

☐ = unternehmerischer Bereich (Regelsteuersatz)

- soweit keine besondere Umsatzsteuerbefreiung eingreift -

Übersicht: **Behandlung der steuerbegünstigten Körperschaft bei der Umsatzsteuer**

V. Die Mittelverwendung für steuerbegünstigte Zwecke

Die Anerkennung als steuerbegünstigte Körperschaft setzt voraus, dass die **Verwendung der eingesetzten Mittel für steuerbegünstigte Zwecke sichergestellt** ist (sog. **Grundsatz der Vermögensbindung**). Der Grundsatz der Vermögensbindung ergibt sich aus § 55 AO.

Die damit im Zusammenhang stehenden Fragen sind deshalb von besonderer Bedeutung, weil die zu beachtenden Grundsätze in der Praxis häufig zu Zweifelsfragen führen und bereits ein **einmaliger**, relativ geringfügiger **Verstoß** grundsätzlich den **Verlust der Steuerbegünstigung** - nach §§ 63 Abs. 2, 61 Abs. 3 AO **sogar rückwirkend bis zu zehn Jahren** - zur Folge haben kann.

Dabei sind insbesondere die allgemeinen Grundsätze zur **Mittel- und Vermögensbindung** bei steuerbegünstigten Körperschaften (vgl. unten V.1.), die zeitnahe **Mittelverwendung** bei steuerbegünstigten Körperschaften (vgl. unten V.2. S. 80) und die steuerlichen **Grundsätze der Vermögensverwaltung** bei steuerbegünstigten Körperschaften (vgl. unten V.3. S. 89) von wesentlicher Bedeutung.

1. Mittel- und Vermögensbindung bei steuerbegünstigten Körperschaften

Für die steuerbegünstigten Zwecke gebunden sind sämtliche „Mittel" der Körperschaft. Darunter fallen **sämtliche Vermögenswerte und Einnahmen** (vgl. Kießling/Buchna a.a.O. S. 92), insbesondere das **Ausstattungs- oder Stammkapital, Spenden, Beiträge, Zuschüsse, Erbschaften, Schenkungen, Vermögensmehrungen, steuerpflichtige Einkünfte (nach Steuern).**

Der Grundsatz der Vermögensbindung ist immer bei einem „**Wertetransfer**" zwischen der steuerbegünstigten Körperschaft und Mitgliedern, Gesellschaftern und Außenstehenden, aber auch zwischen den verschiedenen Sphären der steuerbegünstigten Körperschaft von Bedeutung. Er schließt zwar entsprechende Zahlungen und Leistungen der steuerbegünstigten Körperschaft nicht aus, fordert aber im Einzelfall eine genaue Prüfung der Angemessenheit von Rechtsbeziehungen.

a) *Wertetransfer von der steuerbegünstigten Körperschaft an ihre Mitglieder oder Gesellschafter*

Insoweit kommen insbesondere in Betracht

* **Vergütungen**
* **sonstige Vergünstigungen**.

§ 55 Abs. 1 Nr. 1 AO bestimmt, dass diese Personen keine Gewinnanteile und **in ihrer Eigenschaft als Mitglieder** auch keine sonstigen Zuwendungen erhalten dürfen. Nach dem Sinn und Zweck dieser Regelung sind damit allerdings **Zahlungen nicht ausgeschlossen, die als (angemessene) Gegenleistung für eine Leistung des Mitglieds bzw. Gesellschafters von der steuerbegünstigten Körperschaft erbracht werden.**

Beispiel:

*Vereinsmitglied V unterhält ein **Autohaus**. Der Wohlfahrtsverband benötigt ein neues **Fahrzeug für seine Sozialstation**. V bietet das Fahrzeug zu einem Preis an, der einen Preisabschlag auf den Listenpreis von 10 % beinhaltet.*

*Der Erwerb durch den Wohlfahrtsverband ist zulässig, weil seiner Leistung eine **angemessene Gegenleistung des Mitglieds** gegenüber steht.*

Außerdem zulässig sind **Annehmlichkeiten für die Mitglieder bzw. Gesellschafter** (AEAO Nr. 3 Satz 2 zu § 55). Dabei gelten die lohnsteuerlichen Grundsätze. Im allgemeinen werden Zuwendungen an Mitglieder bzw. Gesellschafter, die aufgrund eines besonderen Anlasses (wie z.B. bei einem Jubiläum des Mitglieds) erfolgen, von der Finanzverwaltung nicht beanstandet. Nach Auffassung der Finanzverwaltung in Baden-Württemberg fallen darunter Sachzuwendungen (z.B. Blumen, Geschenkkorb, Buch oder Schallplatte) bis zu einem Wert von jeweils DM 60,--. Zulässig sind auch solche Zuwendungen an Mitglieder, die im Rahmen besonderer Vereinsanlässe zur Pflege der Mitgliedschaft erfolgen. Hierunter fällt nach Auffassung der Finanzverwaltung in Baden-Württemberg die unentgeltliche oder verbilligte Bewirtung der Vereinsmitglieder bei der Weihnachtsfeier und der Mitgliederversammlung und die Bezuschussung des Vereinsausflugs bis zu einer Obergrenze von insgesamt höchstens DM 60,-- je teilnehmendem Vereinsmitglied im Jahr (vgl. dazu Märkle a.a.O. S. 162).

Beispiele:

*Der Wohlfahrtsverband W gibt eine **Zeitschrift** heraus, die sich speziell an die Mitglieder wendet.*

*Die Behinderteneinrichtung B veranstaltet jährlich einen Tag der offenen Tür, der auch der Begegnung der Mitglieder dient. An einem Nachmittag findet ein **Mitgliedertreffen** statt, bei dem die Mitglieder vom Verein zu Kaffee und Kuchen eingeladen werden.*

Voraussetzungen für die Zulässigkeit solcher Annehmlichkeiten sind nach dem Anwendungserlass zur Abgabenordnung (AEAO Nr. 3 zu § 55) die

* **Üblichkeit** der Zuwendung
* **Angemessenheit** der Zuwendung.

Bei **Sachleistungen** kann sich im Einzelfall die Frage stellen, ob die **Selbstkosten** der steuerbegünstigten Körperschaft **oder** der **Marktpreis** maßgebend sind. Da die Angemessenheit unter dem Gesichtspunkt der Vermögensbindung zu prüfen ist, dürften die dafür eingesetzten Vermögenswerte (die Selbstkosten) maßgebend sein.

Der **Grundsatz der Vermögensbindung** gilt jedoch **nicht nur für die laufende Geschäftsführung** einer fortbestehenden steuerbegünstigten Körperschaft, **sondern auch im Fall der Liquidation**. Für diesen Fall bestimmt § 55 Abs. 1 Nr. 4 Satz 1 AO:

„Bei Auflösung oder Aufhebung der Körperschaft oder bei Wegfall ihres bisherigen Zwecks darf das Vermögen der Körperschaft, soweit es die eingezahlten Kapitalanteile der Mitglieder und den gemeinen Wert der von den Mitgliedern geleisteten Sacheinlagen übersteigt, nur für steuerbegünstigte Zwecke verwendet werden."

Die **Rückgabe von Vermögenswerten**, die ein Gesellschafter auf die steuerbegünstigte Körperschaft übertragen hatte, ist damit im Rahmen der Liquidation **grundsätzlich möglich** (§ 55 Abs. 1 Nr. 2 AO). Zu beachten ist dabei allerdings, dass bei „Sacheinlagen" im Falle der Liquidation **nur *der* Wert der Sacheinlage** an das Mitglied bzw. den Gesellschafter erstattet werden darf, den die Sacheinlage **bei Übertragung auf die steuerbegünstigte Körperschaft** hatte. Dies bedeutet, dass eventuelle Wertsteigerungen steuerbegünstigten Zwecken zugute kommen müssen.

Die Frage, ob eine **Sacheinlage** i.S.d. § 55 Abs. 1 Nr. 2 AO **nur anzunehmen** ist, **wenn** bei einer Kapitalgesellschaft der **Gegenwert mit der Stammeinlageverpflichtung verrechnet wird**, wird von Finanzverwaltung (AEAO Nr. 14 zu § 55) und der Literatur (vgl. Kießling/Buchna a.a.O. S. 127) bejaht. Danach sind (Sach-)Einlagen i.S.d. § 55 nur Einlagen im Sinne des Handelsrechts. Dies setzt zum einen grundsätzlich die **Einlage in eine gemeinnützige Kapitalgesellschaft** und zum anderen die **Verrechnung mit** der **Einlageverpflichtung auf das Stammkapital** voraus. Nach § 55 Abs. 3 AO werden Einlagen in einen steuerbegünstigten Betrieb gewerblicher Art und die Vermögensausstattung von Stiftungen der Einlage in eine gemeinnützige Kapitalgesellschaft gleichgestellt. Eine vergleichbare Regelung für Vereine fehlt, so dass insoweit eine m.E. **systemwidrige Benachteiligung der Vereine** eintritt.

Der Zuwendende kann allerdings bei seiner Zuwendung auf die Rückübertragung verzichten. Dies wird man generell bei Spenden annehmen können. Der **Verzicht auf die Rückgewähr im Falle der Liquidation** ist die **Voraussetzung** dafür, **dass** der **Gesellschafter** einer gemeinnützigen GmbH oder ein Stifter **seine Zuwendung steuerlich als Spende geltend machen kann** (vgl. BFH Urt. vom 5.2.1992 BStBl. II 1992 S. 748).

b) Wertetransfer zwischen der steuerbegünstigten Körperschaft und Dritten

Angemessene Leistungsbeziehungen zwischen der steuerbegünstigten Körperschaft und Dritten sind selbstverständlich zulässig. Dabei ist allerdings § 55 Abs. 1 Nr. 3 AO zu beachten:

„Die Körperschaft darf keine Person durch Ausgaben, die dem Zweck der Körperschaft fremd sind, oder durch unverhältnismäßig hohe Vergütungen begünstigen."

Insoweit **zweifelhaft** ist die Zulässigkeit von **Aufwendungen zur Mitgliederwerbung** und die angemessene **Höhe des Verwaltungsaufwands**.

Hinsichtlich der Zulässigkeit von Aufwendungen für die **Mitgliederwerbung** vertritt die **Finanzverwaltung** (vgl. Märkle a.a.O. S. 161 und BMF-Schreiben vom 15.5.2000 NJW 2000 S. 3264) derzeit den Standpunkt, **Aufwendungen bis zu 10 % der Mitgliedsbeiträge** seien **nicht zu beanstanden**. Bei längeren Mitgliedschaften ist das voraussichtlich zu erwartende, durchschnittliche Aufkommen entscheidend.

Klare Richtlinien zur angemessenen **Höhe des Verwaltungsaufwands** bestehen nicht. Nach der Rechtsprechung (vgl. FG Baden-Württemberg Urt. vom 6.12.1990 - unveröffentlicht -) dürfte jedenfalls ein **Verwaltungsaufwand (einschließlich Kosten der Mitgliederwerbung) von mehr als 50 % der Ausgaben** der steuerbegünstigten Körperschaft **unangemessen** sein. Ihre Höhe ist im Einzelfall davon abhängig, in welcher Weise die steuerbegünstigte Körperschaft ihre Zwecke erfüllt. Nach Auffassung des **BFH** (Urt. vom 23.9.1998 DB 1998 S. 2249) kann in der **Aufbauphase**, d.h. in den **ersten vier Jahren**, gerechnet ab Errichtung der Körperschaft, auch eine **Überschreitung** dieser **Grenze** zulässig sein, wenn sich das Ausgabeverhalten der Körperschaft insgesamt als wirtschaftlich sinnvoll darstellt.

In der Praxis bereitet darüber hinaus die **Abgrenzung von allgemeinem Verwaltungsaufwand und** dem **projektbezogenen Verwaltungsaufwand**, d.h. dem Verwaltungsaufwand, der einem konkreten Einzelprojekt zugeordnet werden kann, besondere Schwierigkeiten.

c) Wertetransfer von den Mitgliedern bzw. Gesellschaftern an die steuerbegünstigte Körperschaft

In diesen Bereich fallen vor allem

* Spenden
* Zustiftungen
* Vermächtnisse, Erbschaften.

d) Wertetransfer innerhalb der verschiedenen Sphären der steuerbegünstigten Körperschaft

aa) Der **Wertetransfer aus dem ideellen Bereich, der Vermögensverwaltung und/ oder einem steuerbegünstigten Zweckbetrieb in einen steuerpflichtigen wirtschaftlichen Geschäftsbetrieb** ist **grundsätzlich unzulässig**. In der Literatur werden die folgenden **Ausnahmen von diesem Grundsatz** (Zwischenfinanzierung des steuerpflichtigen wirtschaftlichen Geschäftsbetriebs) anerkannt, wobei jedoch der

dauerhafte Ausgleich von Verlusten aus wirtschaftlichen Geschäftsbetrieben aus Mitteln des ideellen Bereichs, der Vermögensverwaltung oder eines steuerbegünstigten Zweckbetriebs auch danach **nicht zulässig** ist:

* Die eingesetzten **Mittel** stehen für die satzungsmäßigen Zwecke weiterhin kurzfristig zur Verfügung (Kießling/Buchna a.a.O. S. 116) bzw. **fließen kurzfristig zurück** (z.B. Vorfinanzierung eines Vereinsfestes, vgl. Herbert BB 1991 S. 186).

* Die **Mittel** sind **im steuerpflichtigen wirtschaftlichen Geschäftsbetrieb** erwirtschaftet worden und müssten eigentlich zeitnah im steuerbegünstigten Bereich ausgegeben werden. Insoweit ist das Zurückhalten dieser Mittel im Rahmen einer **zulässigen Rücklage im Bereich des steuerpflichtigen wirtschaftlichen Geschäftsbetriebs zulässig** (vgl. dazu AEAO Nr. 2 S. 3 ff. zu § 55 AO).

* Der **wirtschaftliche Geschäftsbetrieb** ist **nur steuerpflichtig, weil** er **für** die Zweckverfolgung **nicht erforderlich** ist **oder in vermeidbarem Wettbewerb** mit einem steuerpflichtigen Anbieter **steht**. Denn auch in einem solchen Falle ist die **Mittelverwendung für steuerbegünstigte Zwecke** gesichert (problematisch; wie hier Herbert BB 1991 S. 178 ff.).

* Die Mittel sind **dem Gebot zeitnaher Mittelverwendung entzogen**. Dies betrifft vor allem die Vermögensausstattung einer Stiftung und Mittel, die zulässigerweise in einer freien Rücklage aus Vermögensverwaltung nach § 58 Nr. 7 a) AO angesammelt worden sind (vgl. Kießling/Buchna a.a.O. S. 116; Herbert a.a.O. h.M., nicht unumstritten). Nach dieser Auffassung dürfen diese **Mittel** nur im **steuerpflichtigen wirtschaftlichen Geschäftsbetrieb** nicht „**verbraucht**" werden i.S. einer Verlustabdeckung (unklar insoweit Märkle a.a.O. S. 164, wonach der Einsatz gemeinnützigkeitsrechtlich gebundener Mittel in einem steuerpflichtigen wirtschaftlichen Geschäftsbetrieb „problematisch" ist und steuerpflichtige wirtschaftliche Geschäftsbetriebe „strenggenommen" über Darlehen oder Mitgliederumlagen finanziert werden müssten, die keine Spenden sind).

* Die **Mittel** sind der steuerbegünstigten Körperschaft **zur Verwendung im steuerpflichtigen wirtschaftlichen Geschäftsbetrieb** zweckgebunden **zugewendet** worden. In derartigen Fällen hat die Zweckbindung des Zuwendenden Vorrang (vgl. Herbert a.a.O.). Allerdings scheidet ein Spendenabzug beim Zuwendenden aus.

Der **Ausgleich von Verlusten aus steuerpflichtigen wirtschaftlichen Geschäftsbetrieben** mit gemeinnützigkeitsrechtlich gebundenen Mitteln ist allerdings **nur unter sehr engen Voraussetzungen** (vgl. S. 69) **zulässig**. Damit ist der **Wertetransfer** in den steuerpflichtigen wirtschaftlichen Geschäftsbetrieb **zur Finanzierung von der Verlustabdeckung strikt zu trennen**. Daraus ergibt sich die **Gefahr, dass** nach den oben dargestellten Grundsätzen **Mittel zulässigerweise im steuerpflichtigen wirtschaftlichen Geschäftsbetrieb eingesetzt wurden, dann aber durch eine schlechte Ertragslage des steuerpflichtigen wirtschaftlichen Geschäftsbetriebs nicht mehr** in den steuerbegünstigten Bereich **zurückfließen** können (also im steuerpflichtigen wirtschaftlichen Geschäftsbetrieb verbraucht werden) und damit **im Ergebnis** der **gemeinnützigkeitsschädlichen Verlustabdeckung** im steuerpflichtigen wirtschaftlichen Geschäftsbetrieb dienen.

bb) Der Wertetransfer **aus dem ideellen Bereich oder einem steuerbegünstigten Zweckbetrieb in den Bereich der Vermögensverwaltung** ist **grundsätzlich unzulässig**. Insoweit werden jedoch folgende **Ausnahmen** von diesem Grundsatz anerkannt:

* Die **zeitnahe Mittelverwendung** ist **dennoch möglich** (vgl. z.B. Herbert a.a.O.).

Beispiel:

*Die **vorübergehende Geldanlage auf Girokonto** oder als Festgeldkonto (insbesondere als Monatsgeld).*

* Die **vermögensverwaltende Tätigkeit** ist **unmittelbar gemeinwohlfördernd**. Zu dieser Problematik hat die Finanzverwaltung im Anwendungserlass zur AO (AEAO Nr. 11 ff. zu § 55) den Grundsatz aufgestellt, dass die Darlehensvergabe, z.B. an Bedürftige, **kein satzungsmäßiger Zweck** sein kann. Zulässig ist es aber, wenn eine steuerbegünstigte Körperschaft, die z.B. mildtätige Zwecke oder die Berufsausbildung fördert, anstelle einer Zuschussgewährung den satzungsmäßig begünstigten Personenkreis durch die Gewährung zinsgünstiger Darlehen unterstützt. In einem solchen Falle ist die **Darlehensgewährung** nicht satzungsmäßiger Zweck der steuerbegünstigten Körperschaft, sondern das **Mittel zur Erreichung dieses Zwecks**.

Weitere Voraussetzung für eine entsprechende Darlehensgewährung aus zeitnah zu verwendenden Mitteln zur Verwirklichung satzungsmäßiger Zwecke sind die **Darlehensgewährung zu Konditionen, die unter** dem **Geldmarktniveau liegen**, sowie die exakte und nachprüfbare **Erfassung** der in dieser Weise **gewährten Darlehen**. Werden derartige Darlehen von den Begünstigten zurückbezahlt, so sind sie entweder wiederum zu den entsprechenden Konditionen als Darlehen oder zeitnah zu steuerbegünstigten Zwecken zu verwenden.

* Die Verwendung von Mitteln aus dem ideellen Bereich oder einem Zweckbetrieb im Bereich der Vermögensverwaltung ist ferner dann zulässig, wenn der **Mitteleinsatz für die Erhaltung des Vermögens in seinem Bestand erforderlich** ist.

    Beispiel:

    Der Wohlfahrtsverband W unterhält einen **Rettungsdienst**. *Seine sämtlichen* **Vermögenswerte** *sind - **abgesehen von** einem **Mietwohnhaus** - in diesem steuerbegünstigten Zweckbetrieb gebunden. Der Rettungsdienst soll aufgrund geänderter wirtschaftlicher Rahmenbedingungen verkleinert werden. Der **Verkauf von Fahrzeugen** ist beabsichtigt. Zur gleichen Zeit stellt sich heraus, dass das Dach des Mietwohnhauses undicht ist.*

    Der Wohlfahrtsverband darf den **Erlös aus dem Verkauf der Fahrzeuge zur Finanzierung der Dachreparatur** *verwenden (AEAO Nr. 2 zu § 55 Abs. 1).*

* Sofern die Maßnahme zur Vermögenserhaltung noch nicht unmittelbar ansteht, sondern sich ihre Notwendigkeit konkret abzeichnet, kann dafür auch eine **zweckgebundene Rücklage** im Bereich der Vermögensverwaltung gebildet werden, wenn für die Durchführung der Maßnahme konkrete Zeitvorstellungen bestehen (AEAO Nr. 2 zu § 55).

2. Zeitnahe Mittelverwendung bei steuerbegünstigten Körperschaften

Der Grundsatz der Vermögensbindung für steuerbegünstigte Zwecke umfasst **nicht nur** die **Verpflichtung**, die gemeinnützigkeitsrechtlich gebundenen **Mittel** überhaupt **für steuerbegünstigte Zwecke zu verwenden, sondern auch** ihre **zeitnahe Verwendung** für steuerbegünstigte Zwecke. Damit sollen auch solche Körperschaften von der Steuerbegünstigung ausgenommen werden, deren eigentlicher Zweck in der Ansammlung von Vermögen besteht. Der **Grundsatz der zeitnahen Mittelverwendung**, dessen Einzelheiten bisher im Anwendungserlass zur AO geregelt waren (vgl. insbesondere AEAO Nr. 8 zu § 55), wurde durch das Gesetz zur weiteren steuerlichen Förderung von Stiftungen vom 14.7.2000 (BGBl. I 2000 S. 1034) mit **Wirkung für alle steuerbegünstigten Körperschaften** inhaltsgleich **in § 55 Abs. 1 Nr. 5 AO aufgenommen.**

Der **Grundsatz der zeitnahen Mittelverwendung** verlangt zunächst, dass die zugeflossenen Mittel **im Jahr des Zuflusses oder spätestens im darauffolgenden Jahr für steuerbegünstigte Zwecke** verwendet werden. Dies ist in einer sog. Mittelverwendungsrechnung, die Bestandteil der Jahresrechnung bzw. des Jahresabschlusses sein muss, in geeigneter Form nachzuweisen (zu den Einzelheiten vgl. unten VI. 3. S. 118). Dabei ist allerdings auch zu beachten, dass eine **Verwendung von Mitteln für steuerbegünstigte Zwecke nicht nur** vorliegt, **wenn** dadurch die steuerbegünstigte **Körperschaft „ärmer" wird, sondern bereits dann, wenn Geld oder geldwerte Vermögensgegenstände** von der steuerbegünstigten Körperschaft **ausgegeben werden**, d.h. wenn sie verwendet werden. Dies soll an folgenden *Beispielen* verdeutlicht werden:

*Der DRK-Bundesverband stellt eine **Hilfslieferung für das Katastrophengebiet in K** zur Verfügung. Hier wird der DRK-Bundesverband durch die Hilfslieferung tatsächlich ärmer.*

*Ein ASB-Landesverband beschafft **aus Spendenmitteln ein Rettungsfahrzeug**. An die Stelle zuvor vorhandener liquider Spendenmittel tritt das Wirtschaftsgut „Rettungsfahrzeug", das unmittelbar für steuerbegünstigte Zwecke eingesetzt wird. Der ASB-Landesverband wird durch die Anschaffung des Fahrzeugs nicht „ärmer", gleichwohl liegt eine Mittelverwendung vor.*

Einen **Sonderfall** bildet die **Darlehensgewährung, wenn durch sie unmittelbar die steuerbegünstigten Zwecke verfolgt werden.** Diese Voraussetzung ist beispielsweise dann erfüllt, wenn ein Schuldnerberatungsverein einem hoch verschuldeten Arbeitslosen ein zinsloses oder niedrig verzinsliches Darlehen gewährt, damit er seine Bankschulden tilgen kann. Insoweit lässt die Finanzverwaltung nach dem Anwendungserlass zur AO (AEAO Nr. 11 ff. zu § 55) die **Darlehensgewährung aus zeitnah zu verwendenden Mitteln** zu, wenn die Darlehensgewährung unmittelbar zur Förderung satzungsmäßiger Zwecke erfolgt, eine Verzinsung vereinbart wird, die unter dem üblichen Zinssatz liegt, und die Darlehensgewährung sowie die Rückzahlung in der Mittelverwendungsrechnung (vgl. dazu unten VI. 3. S. 118) gesondert kenntlich gemacht werden. **Werden derartige Darlehen getilgt, so sind die zurückfließenden Mittel wiederum zeitnah für entsprechende Darlehen zu verwenden oder zeitnah für andere steuerbegünstigte Zwecke auszugeben.**

Das Gemeinnützigkeitsrecht kennt allerdings verschiedene **Ausnahmen** von diesem Grundsatz:

* **Nicht** dem Grundsatz der zeitnahen Mittelverwendung unterliegen **solche Vermögensbestandteile, die** vor allem **im Hinblick** auf eine entsprechende **Zweckbestimmung des Zuwendenden nicht zur Ausgabe** bestimmt sind. Hierzu zählen insbesondere das **Ausstattungskapital** bzw. **Grundstockvermögen von Stiftungen**, das **Stammkapital einer gemeinnützigen GmbH, Zustiftungen und Erbschaften**. Werden aufgrund eines **Spendenaufrufs zur Stärkung des Vermögens** einer steuerbegünstigten Körperschaft Zuwendungen gemacht, so können diese ebenfalls dem Vermögen zugeführt werden und brauchen nicht zeitnah für steuerbegünstigte Zwecke ausgegeben zu werden (§ 58 Nr. 11 AO i.d.F. des Gesetzes zur weiteren steuerlichen Förderung von Stiftungen).

* Eine weitere ausdrückliche gesetzliche **Ausnahme** wurde speziell **für Stiftungen** durch das Gesetz zur weiteren steuerlichen Förderung von Stiftungen vom 14.7.2000 mit Wirkung vom 1.1.2000 in § 58 Nr. 12 AO eingefügt. Danach ist es gemeinnützigkeitsunschädlich, wenn eine Stiftung **im Jahr ihrer Errichtung und in** den **zwei folgenden Kalenderjahren Überschüsse aus** der **Vermögensverwaltung und** die Gewinne aus wirtschaftlichen Geschäftsbetrieben (steuerbegünstigter **Zweckbetriebe sowie** - nach Versteuerung - **steuerpflichtiger wirtschaftlicher Geschäftsbetriebe**) ganz oder teilweise **ihrem Vermögen zuführt**. Zeitnah zu verwendende Spenden dürfen allerdings nicht dem Vermögen zugeführt werden.

* Eine Verpflichtung der steuerbegünstigten Körperschaft, ihre Mittel zeitnah für steuerbegünstigte Zwecke auszugeben, besteht außerdem **nicht, soweit** sie eine **Rücklage** bilden kann. Dabei ist **der Begriff der Rücklage nicht deckungsgleich mit der Rücklage nach Handelsrecht. Die in eine Rücklage gestellten Mittel kennzeichnen** lediglich solche Vermögenswerte, die nicht zeitnah ausgegeben werden sol-

len. Dabei sind nach der Vermögenssphäre, in der die Rücklage gebildet wird, die folgenden Fallgruppen zu unterscheiden:

In **allen vier Sphären** können sog. **Betriebsmittelrücklagen** gebildet werden. Die Betriebsmittelrücklage soll eine **Vorsorge für den Fall** ermöglichen, **dass feste Ausgabenverpflichtungen bestehen, die zu erwartenden Einnahmen jedoch unsicher sind.** Ihre **Höhe** richtet sich daher **nach den in einem bestimmten Zeitraum voraussichtlich zu erwartenden Ausgaben** der steuerbegünstigten Körperschaft. Im Hinblick auf diesen Vorsorgecharakter und die Unsicherheit von Einnahmen lassen sich allgemein gültige Aussagen zur Reichweite einer zulässigen Rücklage nicht treffen. Dabei gilt der **Grundsatz: Je unsicherer die Einnahmen sind, desto höher ist die zulässige Rücklage.** Im allgemeinen wird es **von der Finanzverwaltung nicht beanstandet, wenn** eine **Betriebsmittelrücklage in Höhe der in den nächsten drei bis sechs Monate zu erwartenden Ausgaben gebildet wird. In Einzelfällen** kann aber auch eine Betriebsmittelrücklage **in Höhe der in den nächsten zwölf bis vierundzwanzig Monaten zu erwartenden Ausgaben** zulässig sein (vgl. auch Märkle a.a.O. S. 178).

Beispiel:

*Stiftung S unterhält ein **Krankenhaus**. Ihr **Vermögen** besteht im wesentlichen aus der **Beteiligung** an einem Unternehmen in der Rechtsform der **GmbH**. Die GmbH hat in der Vergangenheit erhebliche Gewinne ausgeschüttet. Außerdem ist noch ein größerer Gewinnvortrag vorhanden. Die Geschäftsführung der GmbH beabsichtigt, angesichts einer in der Branche immer größer werdenden Konkurrenz in größerem Umfang zu investieren. Im Hinblick auf diese Konkurrenzsituation und die Belastung des Ergebnisses der GmbH infolge der Investitionen kann in den nächsten Jahren nicht mehr mit Gewinnausschüttungen gerechnet werden. Der vorhandene Gewinnvortrag soll jedoch noch an die Stiftung ausgeschüttet werden. Da die Stiftung längerfristige Verpflichtungen eingegangen ist, ihre künftigen Einnahmen jedoch unsicher sind, ist die Bildung einer höheren Betriebsmittelrücklage (in Höhe der Ausgaben von evtl. zwölf Monaten?) zulässig.*

Im ideellen Bereich, im Bereich der Vermögensverwaltung und im Bereich des steuerbegünstigten Zweckbetriebs ist nach § 58 Nr. 6 AO die **Bildung zweckgebundener Rücklagen** zulässig. Danach wird die Steuerbegünstigung nicht dadurch ausgeschlossen, dass eine Körperschaft ihre Mittel ganz oder teilweise einer Rücklage zuführt, soweit dies erforderlich ist, um ihre steuerbegünstigten satzungsmäßigen Zwecke nachhaltig erfüllen zu können. Hierzu zählen vor allem **Projektrücklagen**, aber auch **Rücklagen im Bereich der Vermögensverwaltung, die zur Vermögenserhaltung - nicht -mehrung - unbedingt erforderlich sind**. Insoweit ist allerdings zweifelhaft, ob es sich dabei um eine zweckgebundene Rücklage i.S.d. § 58 Nr. 6 AO oder um eine bloße Ausnahme vom Gebot der zeitnahen Mittelverwendung handelt (so Märkle a.a.O. S. 179 für die entsprechende Problematik bei Bildung einer freien Rücklage im steuerpflichtigen wirtschaftlichen Geschäftsbetrieb, AEAO Nr. 2 zu § 55 AO). Die Bildung einer **zweckgebundenen Rücklage setzt voraus**, dass eine **konkrete Zweckbestimmung** festgelegt ist, **konkrete Zeitvorstellungen** für die Durchführung der Maßnahme bestehen und die **Mittelverwendung** (Einstellung in die/ Entnahme aus der Rücklage sowie Verwendung der entnommenen Mittel) **nachprüfbar** ist. Um das Vorliegen dieser Voraussetzungen für die Finanzverwaltung klar zu dokumentieren, ist die **Fassung entsprechender Beschlüsse** durch die zuständigen Gremien mit **Angabe des Zwecks der Rücklage und der voraussichtlichen Durchführung der Maßnahme** unbedingt zu empfehlen. Zweifelhaft ist die Beantwortung der Frage, ob die voraussichtlich benötigten Mittel dann abzuzinsen sind, wenn sich die Rücklagenzuführung auf einen längeren Zeitraum erstreckt.

Beispiele:

*Die Johanniter-**Krankenhäuser** beabsichtigen die **Anschaffung** eines **Großgeräts**, das nicht oder nicht vollständig förderungsfähig ist.*

*Der Caritasverband C sammelt Spenden, mit denen er ein neues **Gebäude** für seine **Sozialstation** erwerben will.*

Im **Bereich der Vermögensverwaltung** kann nach § 58 Nr. 7 b) AO darüber hinaus eine **Rücklage zum Erwerb von Gesellschaftsrechten zur Erhaltung der prozentualen Beteiligung an Kapitalgesellschaften** (nicht zur erstmaligen Beteiligung) gebildet werden. Diese **mindert** die zulässige **freie Rücklage nach § 58 Nr. 7 a) AO**. Eine Verwendung von Mitteln bzw. die Bildung einer Rücklage zur Erhöhung der prozentualen Beteiligungsquote ist jedoch nach § 58 Nr. 7 b) AO nicht zulässig. Nicht abschließend geklärt ist die Frage, ob die Mittelverwendung bzw. Rücklagenbildung nach § 58 Nr. 7 b) AO auch dann zulässig ist, wenn die steuerbegünstigte Körperschaft die Durchführung der Kapitalerhöhung aufgrund ihrer Beteiligungsquote verhindern könnte. Dabei wird man davon ausgehen können, dass die steuerbegünstigte Körperschaft die Durchführung der Kapitalerhöhung jedenfalls dann nicht verhindern muss, wenn die Kapitalerhöhung betriebswirtschaftlich begründet ist.

Eine **freie Rücklage** in Höhe von einem Drittel (bis 31.12.1999 einem Viertel) des Überschusses der Einnahmen über die Unkosten (d.h. Werbungskosten im Sinne des Einkommensteuerrechts) **aus der Vermögensverwaltung** kann nach § 58 Nr. 7 a) AO gebildet werden. Dabei ist zunächst zu beachten, dass in die Berechnung lediglich Einnahmen und Unkosten **aus Vermögensverwaltung** einbezogen werden können bzw. müssen. Durch das Gesetz zur weiteren steuerlichen Förderung von Stiftungen vom 14.7.2000 (BGBl. I 2000 S. 1034) wurde nicht nur der Prozentsatz für die Zuführung des Überschusses aus der Vermögensverwaltung von einem Viertel auf ein Drittel erhöht. Gleichzeitig wurde auch die **Möglichkeit** eröffnet, **10 % der übrigen zeitnah zu verwendenden Mittel** der Körperschaft (Zweckbetriebsüberschüsse, Gewinne steuerpflichtiger wirtschaftlicher Geschäftsbetriebe nach Versteuerung sowie Spenden) **der freien Rücklage zuzuführen**.

Dabei ist aber zu beachten, dass **eine in einem Jahr möglich gewesene, nicht erfolgte Rücklagenbildung oder -zuführung in Folgejahren nicht nachgeholt werden darf**. Die Mittel aus einer freien Rücklage sind nicht zeitnah zu verwenden und dürfen in allen vier Sphären, also grundsätzlich auch im steuerpflichtigen wirtschaftlichen Geschäftsbetrieb, eingesetzt werden. **Nicht zulässig** ist insoweit lediglich die **Abdeckung von Verlusten** aus einem **steuerpflichtigen wirtschaftlichen Geschäftsbetrieb** (unklar insoweit Märkle a.a.O. S. 164).

Von besonderer praktischer Bedeutung ist eine freie Rücklage vor allem dann, wenn die steuerbegünstigte Körperschaft **nicht zeitnah zu verwendende Mittel** (insbesondere **für die Beteiligung an** einer **nicht steuerbegünstigten Tochterkapitalgesellschaft**) benötigt.

Beispiel:

*Der Malteser-Hilfsdienst unterhält einen Fuhrpark, den er teilweise für nicht steuerbegünstigte Krankenfahrten einsetzen will. Um die **steuerpflichtigen Aktivitäten*** *von seinem ideellen Bereich und seinem steuerbegünstigten Zweckbetrieb zu trennen, beabsichtigt er die **Gründung einer nicht gemeinnützigen GmbH**. Deren Geschäftsanteile will er im Bereich der steuerbegünstigten Vermögensverwaltung halten. Die Leistung der Stammeinlage aus zeitnah zu verwendenden Mitteln wäre nicht zulässig; der Malteser-Hilfsdienst entnimmt deshalb den entsprechenden Betrag seiner freien Rücklage.*

Im **steuerpflichtigen wirtschaftlichen Geschäftsbetrieb** können nach AEAO Nr. 2 zu § 55 Abs. 1 Nr. 1 AO **freie Rücklagen** gebildet werden, **die bei vernünftiger kaufmännischer Beurteilung wirtschaftlich begründet** sind. Es muss ein **konkreter Anlass** für die Bildung der Rücklage gegeben sein, **der auch aus objektiver unternehmerischer Sicht die Bildung der Rücklage rechtfertigt**, wie z.B. eine geplante Betriebsverlegung, Werkserneuerung, Kapazitätsausweitung. Im steuerpflichtigen wirtschaftlichen Geschäftsbetrieb erzielte Gewinne sind jedoch vor der Rücklagenzuführung zunächst zu versteuern. Bei dieser Rücklage handelt es sich somit **nicht** um eine **steuerfreie Rücklage**!

Sämtliche **Rücklagen** müssen in der **Rechnungslegung klar nachgewiesen** werden (Mittelverwendungsrechnung, vgl. unten IV. 3. S. 118), insbesondere im Hinblick auf Rücklagenbildung, Rücklagenzuführungen, Rücklagenentnahmen, Rücklagenauflösung und nachfolgende Mittelverwendung.

Nicht eindeutig zu beantworten ist die Frage, in welcher **Form der Ausweis verwendeter Mittel** zu erfolgen hat, wenn die Verwendung nicht zu einer Vermögensminderung bei der steuerbegünstigten Körperschaft geführt hat. Die Tatsache, dass die **Mittel verwendet wurden, muss zunächst in der Mittelverwendungsrechnung als Bestandteil der Jahresrechnung bzw. des Jahresabschlusses**, jedoch im Regelfall in einem gesonderten Rechenwerk, erfolgen.

Beispiele:

*Der Wohlfahrtsverband W hat für etwaige **Katastrophenfälle** Mittel in einer **Rücklage** angesammelt. Die Mittel sollen der Erstversorgung der Bevölkerung mit Nahrung, Medikamenten und Kleidung dienen. W hat in einer Nebenrechnung zur Einnahmen-Überschussrechnung die Bildung der Rücklage und die Zuführungen dokumentiert. Im Jahr 3 nach der erstmaligen Rücklagenbildung tritt der Katastrophenfall ein. Bei einem*

Erdbeben in Asien werden die Häuser zerstört, die Menschen werden obdachlos. Verheerende Überschwemmungen vernichten die Ernte.

*Der Wohlfahrtsverband versendet Nahrung, Medikamente und Kleidung zur Verteilung in die Katastrophenregion. Gleichzeitig beschließen seine Gremien, angesichts der bisherigen, sehr schlechten hygienischen Verhältnisse ein **Krankenhaus zu bauen, das dauerhaft von dem Wohlfahrtsverband betrieben werden soll.***

Soweit aus der Katastrophenrücklage Mittel für Nahrung, Medikamente und Kleidung entnommen und unter die Bedürftigen verteilt werden, vermindert sich dadurch das Vermögen des Wohlfahrtsverbands; der Entnahme aus der Rücklage steht eine entsprechende Ausgabe (= Mittelabfluss) gegenüber. Der entnommene Betrag wirkt sich künftig in der Jahresrechnung bzw. im Jahresabschluss nicht mehr aus.

*Da das Krankenhaus jedoch weiterhin im Eigentum des Wohlfahrtsverbands steht, erfolgt die **Entnahme aus der Rücklage** (= **Mittelabfluss zu steuerbegünstigten Zwecken und damit Mittelverwendung**) **zur Anschaffung von Wirtschaftsgütern** (= Krankenhaus mit Einrichtung). Damit ist eine Erfassung in einer Rücklage nicht mehr möglich. Ein **Ausweis unter „Eigenkapital"** ist jedoch **insoweit irreführend, als** damit üblicherweise **die Vermögensbestandteile** bezeichnet sind, **die aus nicht zeitnah zu verwendenden Mitteln gebildet** und regelmäßig dem Bereich der Vermögensverwaltung zuzurechnen sind. Die unterschiedliche Behandlung wird jedoch vor allem im Falle der Veräußerung offenkundig: Verkauft der Wohlfahrtsverband W im Bereich der Vermögensverwaltung gehaltene Wertpapiere, so darf er den Erlös wiederum im Bereich der Vermögensverwaltung anlegen, da es sich nicht um zeitnah zu verwendende Mittel handelt. Verkauft er jedoch sein Krankenhaus in Asien an einen örtlichen Wohlfahrtsverband, so sind die ihm zufließenden Mittel wiederum zeitnah für steuerbegünstigte Zwecke zu verwenden.*

Deshalb sollten derartige, verwendete Mittel, deren Verwendung nicht zu einer Vermögensminderung geführt haben, gesondert ausgewiesen werden. Hierzu könnte etwa die Bezeichnung **gebundene Eigenmittel, gebundene Rücklagen oder nutzungsgebundenes Kapital** verwendet werden (vgl. dazu grundlegend Thiel DB 1992 S. 1900).

Letztlich **noch nicht abschließend geklärt ist die Frage, ob eine steuerbegünstigte Körperschaft in Höhe der Abschreibungen von Wirtschaftsgütern, die unmittelbar den steuerbegünstigten satzungsmäßigen Zwecken dienen, eine zweckgebundene Rücklage für Wiederbeschaffung bilden darf.** Diese Frage dürfte dann **zu bejahen** sein, **wenn** nach den Verhältnissen des Einzelfalles **davon auszugehen** ist, **dass die steuerbegünstigte Körperschaft tatsächlich eine Ersatzinvestition** vornehmen wird, wenn das Wirtschaftsgut verbraucht ist (umstritten, wie hier: Kießling/Buchna a.a.O. S. 149).

Von besonderer Bedeutung ist die **Reichweite des Mittelverwendungszwangs.** Wie bereits ausgeführt, erfasst der Grundsatz der zeitnahen Mittelverwendung **grundsätzlich alle Einnahmen** der steuerbegünstigten Körperschaft, **ausgenommen** lediglich solche **Zuwendungen, die zu einer kapitalmäßigen Stärkung der steuerbegünstigten Körperschaft bestimmt sind** (Stiftungsvermögen, Zustiftungen, Stammkapital, Erbschaften, Vermächtnisse) **oder** die zulässigerweise in eine freie oder zweckgebundene **Rücklage** gestellt werden dürfen. Bei Vermögensmehrungen / -zuflüssen aus dem Bereich der Vermögensverwaltung ist damit strikt zwischen Gewinnen bzw. Verlusten aus Vermögensumschichtungen und Vermögenserträgen zu unterscheiden. Während **Vermögenserträge grundsätzlich zeitnah** zu steuerbegünstigten Zwecken **auszugeben** sind und eine Rücklagenbildung im wesentlichen nur im Rahmen des § 58 Nr. 7 a) AO (freie Rücklage in Höhe von einem Drittel, bis 31.12.1999 einem Viertel des Überschusses der Einnahmen über die Unkosten aus Vermögensverwaltung) zulässig ist, unterliegen **Gewinne aus Vermögensumschichtungen nicht dem Grundsatz der zeitnahen Mittelverwendung** (AEAO Nr. 10 zu § 55 AO). Allerdings ist zu beachten, dass **Verluste aus Vermögensumschichtungen** eine steuerbegünstigte Körperschaft **nicht berechtigen**, einen entsprechenden **Betrag aus zeitnah zu verwendenden Mitteln zurückzubehalten**. Insoweit kommt allenfalls die Verwendung von Erträgen aus Vermögensverwaltung zur Wiederauffüllung des Stiftungsvermögens in Betracht (vgl. dazu Kießling/Buchna a.a.O. S. 115). Nach Auffassung von Kießling/Buchna (a.a.O. S. 115 m.w.N., insbesondere OFD Cottbus Verf. vom 10.9.1996 DB 1996 S. 2004, auch in der Finanzverwaltung nicht unstreitig) gelten auch für den **Ausgleich von Verlusten aus Vermögensverwaltung dieselben** engen **Grundsätze wie für den Ausgleich von Verlusten** eines **steuerpflichtigen wirtschaftlichen Geschäftsbetriebs.**

In der Praxis von besonderer Bedeutung sind die **Folgen bei einem Verstoß gegen den Grundsatz der zeitnahen Mittelverwendung.** Denn die Frage, ob eine Rücklage zulässigerweise gebildet wurde, wird von der Finanzverwaltung häufig erst Jahre nach ihrer Bildung gestellt, so dass die steuerbegünstigte Körperschaft keinerlei Gestaltungsspielraum mehr hat. Insoweit kann die Finanzverwaltung nach § 63 Abs. 4 AO eine **angemessene Frist für** die **Mittelverwendung** setzen. In der Praxis wird **regelmäßig** eine Frist von **ca. drei bis vier Jahren** (Märkle a.a.O. S. 159: höchstens fünf Jahre) eingeräumt. Allerdings ist zu beachten, dass es sich bei dieser Fristsetzung um eine Ermessensentscheidung handelt. **Häufig** wird **davon auszugehen** sein, **dass sich das Ermessen** dann **auf Null reduziert**, wenn die Zulässigkeit der Rücklagenbildung selbst schon zweifelhaft ist und eine zeitnahe Mittelverwendung für die steuerbegünstigten Zwecke ohne weiteres in Betracht kommt. Hiervon kann allerdings vor allem dann nicht ohne weiteres ausgegangen werden, wenn die steuerbegünstigte Körperschaft bereits in anderen Fällen wiederholt gegen den Grundsatz der zeitnahen Mittelverwendung verstoßen hat. In der Praxis empfiehlt es sich daher, den Grundsatz der zeitnahen Mittelverwendung möglichst sorgfältig einzuhalten, um spätere Auseinandersetzungen mit der Finanzverwaltung zu vermeiden.

3. Steuerliche Grundsätze der Vermögensverwaltung bei steuerbegünstigten Körperschaften

Die steuerlichen Grundsätze der ordnungsmäßigen Vermögensverwaltung sind insbesondere **bei der Darlehensgewährung und bei** der **Übernahme von Gesellschaftsbeteiligungen von Bedeutung**. Dabei gelten für die Vermietung von Wirtschaftsgütern durch die steuerbegünstigte Körperschaft vergleichbare Grundsätze wie für die Darlehensgewährung.

Bei der **Gewährung von Darlehen und der Vermietung von Wirtschaftsgütern** muss zunächst grundsätzlich auf eine angemessene Verzinsung bzw. Miete geachtet werden. Wird eine nicht marktübliche, zu niedrige Verzinsung bzw. Miete vereinbart, so verstößt die steuerbegünstigte Körperschaft dadurch gegen den Grundsatz der Vermögensbindung (als Teil der Selbstlosigkeit nach § 55 Abs. 1 AO). Bei einer Darlehensgewährung dürfte als Vergleichsmaßstab im Regelfall der Mittelwert zwischen dem banküblichen Soll- und Habenzins für eine entsprechende Geldanlage heranzuziehen sein. Für die Angemessenheit der Miete für Wirtschaftsgüter ist die marktübliche bzw. ortsübliche Vergleichsmiete heranzuziehen. Dabei ist bei der Darlehensgewährung außerdem die Form und Bonität der Besicherung mitzuberücksichtigen. Grundsätzlich sollte im Hinblick auf diese Grundsätze auf eine angemessene **Absicherung** durch Grundschuld oder in ähnlicher Weise bei der Darlehensgewährung und durch Mieterkautionen bei Mietverträgen geachtet werden. Dies ist zwar nicht zwingende Voraussetzung der

Darlehensgewährung bzw. Vermietung, erleichtert aber eine etwaige Auseinandersetzung mit der Finanzverwaltung.

Eine **unterdurchschnittliche Verzinsung von Darlehen ist ausnahmsweise in folgenden Fällen zulässig:**

* **Das Darlehen wird in Erfüllung des steuerbegünstigten Zwecks gewährt.** Wegen der Darlehensgewährung aus zeitnah zu verwendenden Mitteln kann auf die Ausführungen oben (vgl. S. 79) verwiesen werden. Der Einsatz zeitnah zu verwendender Mittel ist dann zulässig, wenn bei Rückfluss der Mittel wiederum der zeitnahe Einsatz gewährleistet ist und der Mittelfluss in der Mittelverwendungsrechnung nachgewiesen wird. Ob und in welchem Umfang eine unterdurchschnittliche Verzinsung zulässig ist, hängt vom Zweck der steuerbegünstigten Körperschaft und dem Darlehensnehmer ab.

    Beispiele:

    Der Wohlfahrtsverband W unterhält eine **Schuldnerberatungsstelle***. Der Arbeitslose A ist völlig überschuldet und ohne fremde Hilfe nicht mehr in der Lage, eine Existenz aufzubauen. Anstelle einer Zuschussgewährung kommt auch eine Darlehensgewährung in Betracht, wobei außerdem auf eine Absicherung verzichtet werden kann.*

    Das DRK leistet Hilfe im **Katastrophengebiet***. Neben einer Soforthilfe unterstützt das DRK den Wiederaufbau von Häusern und gewährt dazu zinslose Darlehen.*

* **Die steuerbegünstigte Körperschaft ist an einer Gesellschaft beteiligt und gewährt dieser ein Darlehen.** Hier ist zunächst zu unterscheiden, ob die Beteiligung bei der steuerbegünstigten Körperschaft dem Bereich der steuerbegünstigten **Vermögensverwaltung oder** einem **steuerpflichtigen wirtschaftlichen Geschäftsbetrieb** zuzurechnen ist. Dabei ist nach Auffassung der Finanzverwaltung bei der Beteiligung an einer **Mitunternehmerschaft** (gewerbliche oder gewerblich geprägte Personengesellschaft) **im Regelfall** ein **steuerpflichtiger wirtschaftlicher Geschäftsbetrieb** anzunehmen (nur ausnahmsweise kommt das Vorliegen eines steuerbegünstigten Zweckbetriebs in Betracht). Die Beteiligung an einer **Kapitalgesellschaft** ist dann dem Bereich der steuerbegünstigten Vermögensverwaltung zuzurechnen, wenn die steuerbegünstigte Körperschaft keinen Einfluss auf die laufende Geschäftsführung nimmt (zu den Einzelheiten vgl. oben S. 64 ff.).

Wird die Beteiligung (an einer Mitunternehmerschaft oder an einer Kapitalgesellschaft mit Einfluss auf die laufende Geschäftsführung) in einem **steuerpflichtigen wirtschaftlichen Geschäftsbetrieb** gehalten und der Gesellschaft ein **zinsloses oder niedrig zu verzinsendes Darlehen** gewährt, so ist dies zunächst als **verdeckte Einlage** zu bewerten. Wird durch die fehlende oder niedrige Verzinsung das **Entstehen eines Verlustes** bei der Gesellschaft **vermieden oder** der **Verlust reduziert**, so führt die fehlende oder niedrige Verzinsung im Ergebnis zur Abdeckung eines Verlusts aus gemeinnützigkeitsrechtlich gebundenen Mitteln und damit zu einem **Verstoß gegen** den **Grundsatz der Vermögensbindung**. Außerdem ist zu beachten, dass möglicherweise die **Darlehensforderung selbst „im Risiko" ist mit den genannten steuerlichen Gefahren**. Nach anderer Auffassung ist die Gewährung eines zinslosen oder niedrig zu verzinsenden Darlehens selbst dann gemeinnützigkeitsschädlich, wenn dafür nicht zeitnah zu verwendende Mittel eingesetzt werden (vgl. Märkle a.a.O. S. 164).

Wird die **Beteiligung** ausnahmsweise im Bereich eines **steuerbegünstigten Zweckbetriebs** gehalten - zwei Wohlfahrtsverbände gründen eine Gesellschaft bürgerlichen Rechts zum Betrieb eines Altenheims - so ist **weder** die **unterdurchschnittliche Verzinsung noch** die **Gewährung von Zuschüssen gemeinnützigkeitsrechtlich problematisch**, da die Mittelverwendung insoweit steuerbegünstigten satzungsmäßigen Zwecken dient.

Wird die **Beteiligung** schließlich im Bereich der **steuerbegünstigten Vermögensverwaltung** gehalten, so stellt sich die Frage, ob die Darlehensgewährung bzw. Mittelverwendung den gemeinnützigkeitsrechtlichen **Grundsätzen ordnungsmäßiger Vermögensverwaltung** entspricht. Werden nur vorübergehend Verluste aus Vermögensverwaltung ausgeglichen, um den Bestand und die Ertragsfähigkeit des Vermögens zu sichern, so dürfte dies gemeinnützigkeitsrechtlich zulässig sein (nicht unstreitig, vgl. Kießling/Buchna a.a.O. S. 115 m.w.N.). Dies gilt jedoch nicht, wenn die steuerbegünstigte Körperschaft ihrer Tochtergesellschaft niedrigverzinsliche Darlehen oder Gesellschafterzuschüsse gewährt, obwohl bei objektiver Betrachtungsweise nicht mit einem dauerhaften Fortbestand der Tochtergesellschaft und der Wiederherstellung der Ertragsfähigkeit gerechnet werden kann. Im Hinblick auf die Folgen eines Verstoßes gegen den Grundsatz der Vermögensbindung für steuerbegünstigte Zwecke - die bis zu 10 Jahren zurückwirkende Steuerpflicht - ist in

Zweifelsfällen unbedingt eine vorherige Abklärung mit der Finanzverwaltung zu empfehlen.

* **Das Darlehen wird an Arbeitnehmer gewährt.** Bei einem Zinsvorteil aus der Darlehensgewährung ist dieser als Lohnbestandteil anzusehen und ebenso wie dieser zu behandeln. Dies bedeutet insbesondere, dass zunächst die **Angemessenheit der Gesamtbezüge** einschließlich des Zinsvorteils zu prüfen ist. Sind die Löhne und Gehälter unter Berücksichtigung des Zinsvorteils angemessen, so ist der **Zinsvorteil** der **Lohnsteuer** zu unterwerfen. Sind diese Voraussetzungen erfüllt, so ist die Darlehensgewährung gemeinnützigkeitsrechtlich zulässig (vgl. dazu AEAO Nr. 12 zu § 55 Abs. 1 Nr. 1). Ergeben sich **durch** die **zinsgünstige Darlehensgewährung unangemessen hohe Bezüge** des Arbeitnehmers, so ist eine **angemessene Darlehensverzinsung vorzusehen**, da die zinsgünstige Darlehensgewährung ansonsten zu einem Verstoß gegen den Grundsatz der Vermögensbindung für steuerbegünstigte Zwecke verstoßen würde mit der Folge einer bis zu 10 Jahre zurückwirkenden Steuerpflicht.

- **Bei einer Beteiligung an Gesellschaften und der Teilnahme an Kapitalerhöhungen ist stets zu prüfen, ob sie den Grundsätzen ordnungsmäßiger Vermögensverwaltung entspricht.** Wird die **Beteiligung in** einem **steuerpflichtigen wirtschaftlichen Geschäftsbetrieb** gehalten, so sind die Grundsätze des **BMF-Schreibens** vom **19.10.1998** (BStBl. I 1998 S. 1423 f., vgl. auch oben S. 69) zu beachten. Ob diese Grundsätze auch für den **Ausgleich von Verlusten aus Vermögensverwaltung** gelten, ist - auch in der Finanzverwaltung - umstritten (bejahend Kießling/Buchna a.a.O. S. 115 m.w.N.).

Die Übernahme von Anteilen an einer verlustträchtigen Gesellschaft ist jedoch dann **zulässig, wenn** die **Beteiligung in einem steuerbegünstigten Zweckbetrieb gehalten wird.**

Die häufige **Umschichtung von Wertpapieren** kann **ausnahmsweise** zum Entstehen eines **steuerpflichtigen wirtschaftlichen Geschäftsbetriebs** führen, wenn insbesondere im Hinblick auf Intensität, Häufigkeit und Organisation besondere Umstände hinzutreten (vgl. auch oben S. 53). Werden die **Umschichtungsgewinne in** einem **steuerpflichtigen wirtschaftlichen Geschäftsbetrieb** erzielt, so sind sie - nach Versteuerung - **zeitnah** für steuerbegünstigte Zwecke **zu verwenden**. Im Bereich der steuerbegünstigten **Vermögensverwaltung erzielte Umschichtungsgewinne** unterliegen dagegen **nicht** dem Gebot der **zeitnahen Mittelverwendung** (AEAO Nr. 10 zu § 55 AO).

VI. Die Rechnungslegung bei steuerbegünstigten Körperschaften

Im Gegensatz zur Buchführung und Bilanzierung nach Handelsrecht (bei Personenhandels- und Kapitalgesellschaften) verfolgt die Rechnungslegung bei steuerbegünstigten Körperschaften die unterschiedlichsten Zwecke:

- Wie bei Kapitalgesellschaften dient die Buchführung und Bilanzierung dem **Gläubigerschutz.** Da die Tätigkeit steuerbegünstigter Körperschaften jedoch nicht im gleichen Maße wie die von Personenhandels- und gewerblich tätigen Kapitalgesellschaften auf eine Beteiligung am allgemeinen wirtschaftlichen Verkehr ausgerichtet ist, ist der Gläubigerschutz nur eines von mehreren Kriterien für die Rechnungslegung. Soweit es sich bei der **steuerbegünstigten Körperschaft** jedoch um eine **Kapitalgesellschaft** - vor allem gemeinnützige GmbH - handelt, unterliegt diese kraft Rechtsform (auch) der **Buchführungs- und Bilanzierungspflicht nach Handelsrecht**.

- Die Rechnungslegung muss es den Mitgliedern oder Gesellschaftern sowie den Organen der steuerbegünstigten Körperschaft ermöglichen, die ordnungsmäßige Mittelverwendung zu überprüfen **(Rechenschaft gegenüber Mitgliedern/Gesellschaftern und Organen)**. Aus diesem Grunde sehen Vereinssatzungen üblicherweise nicht nur die **Aufstellung und Form der Rechnungslegung** (regelmäßig Einnahmenüberschussrechnung, Vermögensübersicht und Geschäftsbericht) vor, **sondern auch** die **Prüfung durch Rechnungsprüfer**. Bei großen steuerbegünstigten Körperschaften wird häufig zusätzlich die Prüfung durch einen Wirtschaftsprüfer oder eine Wirtschaftsprüfungsgesellschaft vorgesehen. Während der Wirtschaftsprüfer vor allem die Richtigkeit und Vollständigkeit der Verbuchung von Geschäftsvorfällen - zunehmend im Rahmen eines entsprechenden Auftrags bei großen Einrichtungen aber auch das Vorhandensein eines Risikofrüherkennungssystems - überprüft, besteht die Aufgabe der Rechnungsprüfer im Regelfall zumindest auch in der Prüfung der Frage, ob die Tätigkeit der Vereinsorgane den Vereinsbeschlüssen und der Satzung entsprochen hat (eingeschränkte Zweckmäßigkeitskontrolle).

Entsprechendes gilt für die **Kontrolle der Mittelverwendung** bei Stiftungen durch die **Stiftungsaufsichtsbehörden**. Bei Stiftungen kommen ferner die Stifter, die

Zustifter, die Empfänger von Stiftungsleistungen sowie die interessierte Öffentlichkeit als Adressaten der Rechnungslegung in Betracht.

Ebenfalls der **Kontrolle des Trägers** dient die Rechnungslegung bei **steuerbegünstigten Betrieben gewerblicher Art von Körperschaften des öffentlichen Rechts** (z.B. das von einem Landkreis betriebene Krankenhaus, das von einer Gemeinde unterhaltene Altenheim, die von einer Kirchengemeinde unterhaltene, rechtlich unselbstständige Sozialstation). Insoweit richtet sich die **Form der Rechnungslegung** (in der Regel Kameralistik) **nach den für den Träger geltenden** (vor allem kommunal- und kirchenrechtlichen) **Grundsätzen**. Im kommunalen Bereich ist dabei wiederum zwischen Regie- und Eigenbetrieben zu unterscheiden, da der Begriff des Betriebs gewerblicher Art ein steuerlicher Begriff ist und beide öffentlich-rechtliche Organisationsformen umfassen kann. Während der Eigenbetrieb rechtlich unselbstständig, aber organisatorisch in gewissem Umfang verselbstständigt ist und über eine eigene Rechnungslegung verfügt, sind die Geschäftsvorfälle des rechtlich und organisatorisch unselbstständigen Regiebetriebs unmittelbar in der Rechnungsführung der Kommune unter den jeweiligen Haushaltstiteln zu erfassen.

- Bei **spendensammelnden Organisationen** muss die Rechnungslegung zudem im Interesse der Spender eine Kontrolle der ordnungsmäßigen Spendenverwendung ermöglichen.

- Für steuerliche Zwecke muss die Rechnungslegung zunächst eine **Überprüfung der gemeinnützigkeitsrechtlich ordnungsgemäßen Mittelverwendung** ermöglichen. Dies beinhaltet zunächst die Prüfung der Frage, ob die steuerbegünstigte Körperschaft bei ihrer **tatsächlichen Geschäftsführung** ihre **Satzungsbestimmungen eingehalten** hat, soweit diese einen gemeinnützigkeitsrechtlichen Bezug haben. Zum anderen muss die Prüfung möglich sein, ob die gemeinnützigkeitsrechtlichen Bestimmungen eingehalten wurden.

Neben dieser allgemeinen Überprüfung der Ordnungsmäßigkeit der Geschäftsführung dient die Rechnungslegung der steuerbegünstigten Körperschaft der **Ergebnisermittlung bei steuerpflichtigen wirtschaftlichen Geschäftsbetrieben** (vgl. unten VI. 2. S. 114 ff.).

Außerdem müssen im Hinblick auf den Grundsatz der zeitnahen Mittelverwendung der Zeitpunkt des Zuflusses von Mitteln und ihre Verwendung in einer **Mittelverwendungsrechnung** (vgl. unten VI. 3. S. 118 ff.) dargestellt werden.

- **Zusätzliche Sonderregelungen** sind - je nach Zweck der steuerbegünstigten Körperschaft - nach entsprechenden gesetzlichen Regelungen, wie z.B. im Krankenhaus- sowie im Heimbereich, zu beachten.

Damit sind die Aufgaben, die die Rechnungslegung bei steuerbegünstigten Körperschaften erfüllen muss, sehr vielschichtig. Soweit sich die Rechtsquellen aus zivilrechtlichem oder öffentlich-rechtlichem Organisationsrecht ergeben (Vereinsrecht, Stiftungsrecht, Gesellschafts- und Handelsrecht, Kommunalrecht und Kirchenrecht), bestehen teilweise sehr unterschiedliche Lösungsansätze, deren Darstellung den Rahmen einer Einführung in das Gemeinnützigkeitsrecht überschreiten würde. Dies gilt insbesondere für die handels-, kommunal- und kirchenrechtlichen Bestimmungen. Die nachfolgenden Ausführungen beschränken sich daher auf eine Darstellung der Gesichtspunkte, die nach vereins- und stiftungsrechtlichen Grundsätzen (vgl. unten S. 97 ff.) zu beachten sind. Außerdem soll kurz auf die für spendensammelnde Organisationen vom Institut der Wirtschaftsprüfer (IdW) aufgestellten Grundsätze (vgl. unten S. 106) eingegangen werden. Im übrigen werden lediglich die Schnittstellen zwischen den handels- bzw. kommunal- und kirchenrechtlichen Regelungen und den steuerrechtlichen Anforderungen dargestellt.

1. Buchführung und Bilanzierung/Erstellung einer Einnahmenüberschussrechnung bei steuerbegünstigten Körperschaften

a) Rechnungslegung bei Kaufleuten

Ist die steuerbegünstigte Körperschaft **Kaufmann**, so richtet sich ihre Buchführungs- und Bilanzierungspflicht nach den handelsrechtlichen Bestimmungen (insbesondere §§ 238 ff. HGB, bei entsprechender Größe ggf. auch nach §§ 1 ff. PublG). Da **Kapitalgesellschaften** als Handelsgesellschaften nach § 6 Abs. 1 HGB Kaufleute kraft Rechtsform sind, finden auf sie, **gleichgültig welchen Zweck sie verfolgen**, die **handels-**

rechtlichen Buchführungs- und Bilanzierungsgrundsätze Anwendung. Dabei sind ergänzend die für Kapitalgesellschaften geltenden Bestimmungen des HGB anzuwenden (also insbesondere auch die Prüfungs- und - bei entsprechender Größe- die Veröffentlichungspflicht).

Beispiele:

*Ein Wohlfahrtsverband (Landesverband) erwirbt die von den Kreisverbänden gesammelten **Altkleider** und verkauft sie für jährlich Euro 300.000,-- an ein Recyclingunternehmen. Der Wohlfahrtsverband ist Kaufmann.*

*Der Zweck des Vereins V ist darauf gerichtet, einen **Verlag** zu betreiben, in dem ausschließlich religiöse Schriften erscheinen. Der Verein betreibt ein Grundhandelsgewerbe.*

*Die gemeinnützige GmbH G betreibt eine **Sozialstation**. Als GmbH ist sie Kaufmann kraft Rechtsform und nach den handelsrechtlichen Bestimmungen buchführungs- und bilanzierungspflichtig.*

b) *Rechnungslegung bei öffentlich-rechtlichen Einrichtungen*

Bei öffentlich-rechtlichen Einrichtungen (Betrieben gewerblicher Art von Körperschaften des öffentlichen Rechts, wie insbesondere Kommunen, Kirchen, aber auch kommunalen Stiftungen des öffentlichen und bürgerlichen Rechts) ergeben sich die Form und Verpflichtungen zur Rechnungslegung aus **öffentlich-rechtlichem Haushaltsrecht (insbesondere Kommunal- und Kirchenrecht).**

c) *Rechnungslegung bei Stiftungen*

Für **Stiftungen** enthalten die **Landesstiftungsgesetze** die Verpflichtung zur **laufenden ordnungsgemäßen Buchführung** (so z.B. § 7 Abs. 3 StiftG BW, Art. 25 BayStiftG, § 12 Abs. 1 StiftG Bbg., § 9 Abs. 3 StiftG MV, § 10 Abs. 1 StiftG NRW, § 17 Abs. 2 StiftG RhPf., § 5 Abs. 1 Saarl.StiftG, § 4 Abs. 2 StiftG SH) sowie die Verpflichtung zur **Aufstellung einer Jahres(ab)rechnung oder eines Jahresabschlusses** (so z.B. § 9 Abs. 2 Ziff. 2 StiftG BW, Art. 25 BayStiftG, § 8 Abs. 1 Ziff. 2 StiftG Bln, § 12 Abs. 1

StiftG Bbg, § 12 Abs. 2 Ziff. 2 StiftG Bremen, § 13 Abs. 1 c) HambAGBGB, § 7 Ziff. 2 HessStiftG, § 15 Abs. 2 StiftG MV, § 11 Abs. 2 Ziff. 2 Nds. StiftG, § 10 Abs. 1 StiftG NRW, § 11 Abs. 2 Ziff. 2 Saarl. StiftG, § 14 Abs. 4 StiftG RhPf., § 10 Abs. 2 Ziff. 2 StiftG SH), wobei die **Landesstiftungsgesetze** die **Form, in der Rechnung zu legen ist, offen lassen**. Ergänzt werden diese Rechnungslegungsvorschriften durch das Bundesrecht gewordene **DDR-Stiftungsgesetz** für die Bundesländer Sachsen, Sachsen-Anhalt und Thüringen um eine **Verpflichtung zur ordnungsgemäßen Wirtschaftsführung** (§ 14 Abs. 3 StiftG DDR). Der **Hauptfachausschuss des Instituts der Wirtschaftsprüfer** schlägt dazu die Einhaltung der **folgenden Grundsätze** (IdW Stellungnahme zur Rechnungslegung: Rechnungslegung von Stiftungen, IdW RS HFA 5 IdW-Fachnachrichten 2000 S. 129 sowie WPg 2000 S. 391) vor:

aa) Allgemeines

Die **Grundsätze gelten für alle rechtsfähigen Stiftungen** des bürgerlichen Rechts.

- Bei der Rechnungslegung von Stiftungen ist die **Einhaltung des** tatsächlichen oder mutmaßlichen **Stifterwillens** zu beachten. Dies wirkt sich vor allem im Zusammenhang mit der Erhaltung des Stiftungsvermögens (Verpflichtung zur - realen - Erhaltung des Stiftungsvermögens, Überprüfung der Substanzerhaltung), der zweckentsprechenden Verwendung des Stiftungsvermögens und der Erträgnisse aus.

- Die **Überschuldung** muss aufgrund der Rechnungslegung **feststellbar** sein (Insolvenzgrund nach § 86 i.V.m. § 42 BGB).

- Stiftungen sind berechtigt, auch dann anstelle einer Einnahmen-/Ausgabenrechnung **auf freiwilliger Grundlage einen Jahresabschluss** zu erstellen, wenn das jeweilige Landesstiftungsgesetz die Aufstellung einer Jahres(ab)rechnung vorsieht.

- **Konkrete Vorgaben für die Rechnungslegung** von Stiftungen ergeben sich **nicht nur aus** den **Stiftungsgesetzen, sondern auch aus** der **Stiftungssatzung**. Darüber hinaus sind **die für Kaufleute geltenden Bestimmungen zu beachten**, wenn die Stiftung die **Kaufmannseigenschaft** erfüllt.

- **Dokumentations- und Informationsfunktionen** sind die wesentlichen Rechnungslegungszwecke einer Stiftung. Die Rechnungslegung von Stiftungen erfüllt ihre Zwecke nur, wenn sie ein **zutreffendes, vollständiges und klares Bild der Erzielung von Erträgen und deren Verwendung sowie** insbesondere **der Vermögenslage der Stiftung** vermittelt.

- Für Stiftungen gelten die folgenden **allgemeinen Grundsätze:**

* Grundsatz der **Richtigkeit und Willkürfreiheit**
* Grundsatz der **Klarheit und Übersichtlichkeit** (§ 243 Abs. 2 HGB)
* Grundsatz der **Vollständigkeit** und **Saldierungsverbot** (§ 246 HGB)
* Grundsatz der **Einzelbewertung** der Vermögens- und Schuldposten (§ 252 Abs. 1 Nr. 3 HGB)
* **vorsichtige Bewertung** von Vermögen und Schulden (§ 252 Abs. 1 Nr. 4 HGB)
* **Bewertungs- und Gliederungsstetigkeit** (§§ 252 Abs. 1 Nr. 6, 265 Abs. 1 HGB)
* **Fortführung der Tätigkeit.**

- Die **Einnahmen-/Ausgabenrechnung** stellt nur auf die der Stiftung zugeflossenen und die von ihr abgeflossenen **Zahlungsströme** ab. Aus ihr werden Zahlungen nicht erkennbar, die für mehrere Perioden geleistet oder empfangen wurden, weshalb nach Auffassung des IdW die Einnahmen-/Ausgabenrechnung und die damit verbundene Vermögensrechnung die Zufälligkeiten der Periodenverschiebung nicht zutreffend abbildet. Deshalb empfiehlt das IdW die **Einnahmen-/Ausgabenrechnung nur für leicht überschaubare Verhältnisse**, in denen sich die sich aus den Zahlungsströmen ergebenden Schwankungen nicht wesentlich auswirken. **Nur eine periodengerechte Zuordnung** der Einnahmen und Ausgaben **gewährleiste, dass Stiftungsmittel nicht vorzeitig verwendet werden**. Deshalb empfiehlt das **IdW im Regelfall die Bilanzierung bei Stiftungen**, wobei **nur für kleinere Stiftungen** die **für kleine Kapitalgesellschaften geltenden Bestimmungen entsprechend anzuwenden** seien. Bei **größeren Stiftungen** solle dagegen die Rechnungslegung zumindest auf der Grundlage des für alle Kaufleute geltenden Ersten Abschnitts des Dritten Buchs des HGB (§§ 238 bis 263 HGB), besser noch nach den für Kapitalgesellschaften geltenden Bestimmungen (§§ 264 ff. HGB) erfolgen. Da die Größenmerkmale „Umsatz" und „Arbeitnehmerzahl" für Stiftungen nur selten von praktischer Bedeutung seien, solle im Regelfall **für** die **Einordnung auf die Bilanzsumme**, die **erhaltenen Zuwendungen** bzw. **Erträge aus Vermögensverwaltung abgestellt** werden. Nach Auffassung des IdW ist das Merkmal maßgeblich, das für sich genommen zur Einordnung in die höhere Größenklasse führt.

bb) Bilanz und Gewinn- und Verlustrechnung bei Stiftungen

Zur **Gliederung der Bilanz und der Gewinn- und Verlustrechnung** empfiehlt das IdW grundsätzlich das **Gesamtkostenverfahren**. Nur **bei unternehmerisch tätigen Stiftungen** sei das **Umsatzkostenverfahren** zu empfehlen. Dabei sind insbesondere ggf. empfangene Spenden und Zuschüsse sowie die stiftungsbezogene Mittelverwendung zu berücksichtigen.

Sofern **Stiftungen nicht nach** den **Grundsätzen für Kapitalgesellschaften Rechnung** legen, entspricht es nach Auffassung des IdW den Grundsätzen ordnungsmäßiger Rechnungslegung, in der Bilanz das Anlage- und Umlaufvermögen, das Eigenkapital, die Schulden sowie die Rechnungsabgrenzungsposten gesondert auszuweisen und hinreichend aufzugliedern.

Im Jahresabschluss ist das Stiftungsvermögen unter Beachtung des **Anschaffungskostenprinzips** zu bewerten. Sofern die Stiftung ihr Vermögen abweichend hiervon zu Zeitwerten bewertet, ist dies deutlich zum Ausdruck zu bringen. Gleichzeitig ist bilanztechnisch durch Einstellung in eine Neubewertungsrücklage sicherzustellen, dass Scheingewinne aufgrund von Preissteigerungen nicht zum verwendungsfähigen Ergebnis gehören. Außerdem setzt die Bilanzierung zu Zeitwerten voraus, dass alle Vermögensgegenstände und Schulden zu Zeitwerten bewertet werden.

Für die **Gliederung des Eigenkapitals** empfiehlt das IdW die folgenden Positionen:

* **Stiftungskapital.** Dieses soll grundsätzlich dem sog. Grundstockvermögen, d.h. dem bei Errichtung der Stiftung gewidmeten Vermögen, entsprechen. Spätere Zustiftungen und Zuführungen aus den Ergebnisrücklagen sind dem Stiftungskapital zuzuschreiben. Das Stiftungskapital kann nach Auffassung des IdW untergliedert werden in Grundstockvermögen einschließlich Zustiftungen, Zuführungen aus der Ergebnisrücklage und Ergebnisse aus Vermögensumschichtungen.

* **Ergebnisrücklagen.** Diese werden ausschließlich aus dem erwirtschafteten Ergebnis gebildet. Nach Ansicht des IdW ist die Ergebnisrücklage zu untergliedern in eine **Kapitalerhaltungsrücklage** und **sonstige Ergebnisrücklagen**. Mehr- oder Minderwerte aus Vermögensumschichtungen sind gesondert im Stiftungskapital auszuweisen. Die **sonstigen Ergebnisrücklagen** können beispielsweise **nach Projekten oder anderen Zweckbindungen aufgegliedert** werden. Durch die Bildung der **Kapitalerhaltungsrücklage** wird im Rahmen einer Bilanzierung nach den Anschaffungskosten **eine über die nominale Erhaltung hinausgehende Erhaltung des Stiftungskapitals bewirkt**. Sie muss somit den Anforderungen einer planmäßigen Vermögensverwaltung genügen. Insoweit sind allerdings zugleich die sich aus dem **Gemeinnützigkeitsrecht** ergebenden **Beschränkungen** im Hinblick auf den **Mittelverwendungszwang** (Grundsatz der zeitnahen Mittelverwendung) zu beachten. Dies bedeutet, dass eine Dotierung der **Kapitalerhaltungsrücklage** grundsätzlich nur aus solchen **Überschüssen** in Betracht kommt, die **aus einer Umschichtung des Stiftungsvermögens** herrühren, sowie einer **freien Rücklage** nach § 58 Nr. 7 a) AO - ggf. auch einer **Rücklage zum Erwerb von Gesellschaftsrechten zur Erhaltung der prozentualen Beteiligung** an Kapitalgesellschaften nach § 58 Nr. 7 b) AO - entnommen werden.

Die **Gewinn- und Verlustrechnung**, die sämtliche Aufwendungen und Erträge zu erfassen hat, sollte nach Auffassung des IdW durch eine **Darstellung der Ergebnisverwendung** ergänzt werden. Dementsprechend seien nach dem „Jahresüberschuss/Jahresfehlbetrag" die folgenden Posten auszuweisen:

---

* Mittelvortrag aus dem Vorjahr

* Änderungen des Stiftungskapitals aus realisierten Vermögensumschichtungen

* Entnahmen aus der Kapitalerhaltungsrücklage

* Einstellungen in die Kapitalerhaltungsrücklage

* Entnahmen aus sonstigen Ergebnisrücklagen

* Einstellungen in sonstige Ergebnisrücklagen

* Mittelvortrag.

Satzungsgemäße Leistungen sind in ihrer Wirkung auf die Bilanz nach den allgemeinen Grundsätzen zu erfassen. In der **Gewinn- und Verlustrechnung** hat ein **gesonderter Ausweis der satzungsgemäßen Leistungen** zu erfolgen. Eine **dem Grunde und der Höhe nach bestimmte und verpflichtende Zusage** an den Leistungsempfänger ist **als Verbindlichkeit** zu erfassen. Hat sich die Stiftung zur Erbringung satzungsmäßiger Leistungen gegenüber einem Dritten **verpflichtet** und ist diese Leistung hinsichtlich ihrer **Höhe ungewiss**, so sind **Rückstellungen** nach allgemeinen handelsrechtlichen Grundsätzen **zu bilden**.

Verwaltet eine **rechtsfähige Stiftung** ihrerseits eine **unselbstständige Stiftung**, so sind die der unselbstständigen Stiftung zugeordneten **Vermögensgegenstände und Schulden entweder** als **gesonderte Posten** als jeweils **letzte Bilanzposition des Stiftungsträgers oder** aber **unter der Bilanz** („unter dem Strich") auszuweisen.

cc) Einnahmen-/Ausgaben- und Vermögensrechnung bei Stiftungen

Für **Einnahmen-/Ausgaben- und Vermögensrechnungen** gilt nach Auffassung des IdW folgendes:

* Einnahmen und Ausgaben sind **alle Zu- und Abflüsse** an Geldmitteln. Dies gilt auch für Geldbewegungen aus reinen Finanzierungsvorgängen, wie z.B. aus der Aufnahme und Tilgung von Darlehen. Einnahmen und Ausgaben aus reinen Finanzierungsvorgängen und aus Investitionsvorgängen sowie im Namen und für Rechnung eines Dritten vereinnahmte und verausgabte Beträge sind in der Einnahmen-/Ausgabenrechnung gesondert nachzuweisen.

* Für die **Gliederung der Einnahmen-/Ausgabenrechnung** von Stiftungen empfiehlt das IdW das folgende Schema:

Mustergliederung einer Einnahmen/-Ausgabenrechnung von Stiftungen nach IdW
1.   Einnahmen aus laufender Tätigkeit
2. - Ausgaben aus laufender Tätigkeit
3. = Einnahmen-/Ausgabenüberschuss aus laufender Tätigkeit
4.   Einnahmen aus Abgängen von Gegenständen des Anlagevermögens mit Ausnahme der Finanzanlagen
5. - Ausgaben für Investitionen in das Anlagevermögen mit Ausnahme der Finanzanlagen
6. = Einnahmen-/Ausgabenüberschuss aus der Investitionstätigkeit
7.   Finanzierungsfreisetzung/-bedarf (Summe der Zeilen 3 und 6)
8.   Einnahmen aus dem Finanzbereich
9. - Ausgaben aus dem Finanzbereich
10. = Einnahmen-/Ausgabenüberschuss aus dem Finanzbereich
11.   Erhöhung/Verminderung des Bestandes an Geldmitteln im engeren Sinne (Summe der Zeilen 7 und 10)
12 + Bestand der Geldmittel im engeren Sinne am Anfang der Periode
13. = Bestand der Geldmittel im engeren Sinne am Ende der Periode

Bei Anwendung dieses Schemas ist zu beachten, dass **Schenkungen, Erbschaften und Vermächtnisse** in Abhängigkeit vom Willen des Leistenden entweder eine Spende oder eine Zustiftung sein können.

Ausgaben sollten nach Auffassung des IdW mindestens unterteilt werden in

- satzungsgemäße Leistungen
- Personalausgaben
- Sachausgaben
- sonstige Ausgaben.

* Die Vermögensrechnung hat **alle Vermögensgegenstände und Schulden** zu enthalten. Hierzu gehören auch Rentenverpflichtungen gegenüber Destinatären und Pensionsverpflichtungen.

* Der Ansatz von **Rückstellungen in der Vermögensrechnung beschränkt sich** nach Auffassung des IdW **auf ungewisse Verbindlichkeiten**. Eine **darüber hinausgehende Bildung von Rückstellungen** (Rückstellungen für drohende Verluste aus schwebenden Geschäften, Aufwandsrückstellungen) ist im Rahmen der Vermögensrechnung **nicht möglich**, da es sich nicht um zum Abschlussstichtag bestehende (realisierte) Schulden handelt.

* **Für die Gliederung der Vermögensrechnung** empfiehlt das IdW das folgende Schema:

Mustergliederung einer Vermögensrechnung von Stiftungen nach IdW

Vermögensgegenstände

immaterielle Vermögensgegenstände

Grundstücke und grundstücksgleiche Rechte einschließlich Bauten

übrige Sachanlagen

Finanzanlagen

Vorräte

Wertpapiere, soweit nicht unter Finanzanlagen auszuweisen

Schecks, Kassenbestand, Bundesbankguthaben, Guthaben bei Kreditinstituten

Forderungen und übrige Vermögensgegenstände

Stiftungskapital und Schulden

Stiftungskapital

Kapitalerhaltungsrücklage

sonstige Rücklagen

Mittelvortrag (Mittelüberschuss/-fehlbetrag)

Verbindlichkeiten aus erteilten Zusagen

ungewisse Verbindlichkeiten

Verbindlichkeiten gegenüber Kreditinstituten

übrige Verbindlichkeiten

* Ergänzend zur Vermögensrechnung empfiehlt das IdW die Erstellung einer **Mittelverwendungsrechnung**, die auch aus gemeinnützigkeitsrechtlichen Gründen - vgl. unten VI. 3. S. 118 - erforderlich ist.

	zu verwendende Mittel	Verwendung	Mittelvortrag
Vorjahr	Euro	Euro	Euro
lfd. Jahr	Euro	Euro	Euro

Übersicht: Schema des IdW für Mittelverwendungsrechnungen

dd) Bericht über die Erfüllung des Stiftungszwecks

Ebenfalls aus gemeinnützigkeitsrechtlichen Gründen sollte ein **Bericht über die Erfüllung des Stiftungszwecks** erstellt werden, auch soweit dies das Landesstiftungsrecht nicht zwingend vorschreibt. Darin sollte eine **Erläuterung der geförderten Zwecke** (ggf. weiter untergliedert nach geplanten, durchgeführten und abgewickelten einzelnen Projekten oder Tätigkeiten), der **Höhe der** entsprechend verplanten, bewilligten und ausgezahlten **Mittel sowie der Leistungsempfänger** enthalten sein. Darüber hinaus kommen nach Auffassung des IdW auch **Angaben über die Erfüllung von Auflagen und Nachlassverbindlichkeiten** sowie die **Unterhaltung des Stifters und seiner nahen Angehörigen** in Betracht.

d) Rechnungslegung bei spendensammelnden Organisationen

Für **spendensammelnde Organisationen** hat das Institut der Wirtschaftsprüfer mit der Stellungnahme seines Hauptfachausschusses (HFA. 4/95, IdW-Fachnachrichten 1995 S. 415 sowie WPg 1995 S. 698) folgende Grundsätze aufgestellt:

aa) Allgemeines

Die Rechnungslegungsgrundsätze gelten **für alle spendensammelnde Organisationen**, gleich welcher Rechtsform (insbesondere in den Rechtsformen des Vereins, der Stiftung und der Kapitalgesellschaft). **Spendensammelnde Organisationen sind** solche **Organisationen, deren Tätigkeit ganz oder teilweise darauf gerichtet ist, Geld- und gegebenenfalls Sachmittel als freigebige Zuwendungen, d.h. ohne Gegenleistung, entgegenzunehmen und sie für die in der Satzung bestimmten Förderzwecke einzusetzen.**

Ziel der Rechnungslegung ist die **Dokumentation** und die **Information**. Die Rechnungslegung muss der interessierten Öffentlichkeit - insbesondere Spendern und potentiellen Spendern - ein zutreffendes, klares und vollständiges Bild über das Spendenaufkommen und dessen Verwendung sowie insbesondere die Vermögenslage der Organisation vermitteln.

bb) Grundsätze für die Rechnungslegung spendensammelnder Organisationen

Dabei sind im einzelnen die folgenden **Grundsätze** zu beachten:

* **Grundsatz der Richtigkeit und Willkürfreiheit**

* **Grundsatz der Klarheit und Übersichtlichkeit** (§ 243 Abs. 2 HGB)

* **Grundsatz der Vollständigkeit und das Saldierungsverbot** (§ 246 HGB)

* **Einzelbewertung der Vermögens- und Schuldposten** (§ 252 Abs. 1 Nr. 3 HGB)

* **vorsichtige Bewertung** von Vermögen und Schulden (§ 252 Abs. 1 Nr. 4 HGB)

* **Bewertungs- und Gliederungsstetigkeit** (§§ 252 Abs. 1 Nr. 6, 265 Abs. 1 HGB)

* **Fortführung der Tätigkeit.**

Dabei sind **für die externe Rechnungslegung** nach diesen Grundsätzen zunächst **steuerliche Vorgaben nicht von Bedeutung.** Diese sind - vgl. dazu die Ausführungen unten S. 114, 118 - noch zusätzlich zu erfüllen.

cc) Einzelheiten zur Erstellung des Jahresabschlusses bei spendensammelnden Organisationen

Dabei gelten die folgenden **Einzelheiten zur Erstellung des Jahresabschlusses**:

* **Spenden** erfolgen **nicht** im Rahmen eines **Leistungsaustauschs.** Sie führen daher beim Empfänger nicht zu Umsätzen. Die Gewinn- und Verlustrechnung ist daher nicht nach dem Umsatzkostenverfahren (§ 275 Abs. 1 S. 1 und Abs. 3 HGB), sondern nach dem **Gesamtkostenverfahren** zu gliedern (§ 275 Abs. 2 HGB).

* Sofern **Sachspenden** der dauernden Nutzung durch die empfangende Organisation zur **Verwirklichung ihres steuerbegünstigten Zwecks** dienen (z.B. ein von einem Autohaus gespendetes Fahrzeug), so ist ein Ausweis im **Anlagevermögen** geboten. Beabsichtigt der Spendenempfänger jedoch, die **Sachspende an einen Hilfsempfänger weiterzugeben**, so ist die Sachspende unter „Vorratsvermögen" auszuweisen.

* Der **Bewertung von Sachspenden** ist ein **vorsichtig geschätzter Verkehrswert** zugrunde zu legen. Sofern eine Zuwendungsbestätigung erteilt wird, kann der in der Zuwendungsbestätigung angegebene Wert eine Grundlage bilden. Dies gilt allerdings nicht, sofern Sachspenden zu ihrem Buchwert aus einem Betriebsvermögen entnommen wurden. Denn in derartigen Fällen ist als Wert des gespendeten Wirtschaftsguts höchstens der Buchwert in der Zuwendungsbestätigung anzugeben. Für die Rechnungslegung nach den Grundsätzen des IdW ist dagegen vom (ggf. höheren) Verkehrswert auszugehen. Sofern die **Sachspende** in einer **unentgeltlichen Leistung** des Spenders (z.B. Dienstleistung, Nutzungsüberlassung von Gegenständen) bestanden hat, kommt eine **Erfassung als Spende** nur in Betracht, **wenn** ein **Anspruch des Spenders bestanden hatte, auf den dieser verzichtet hat.**

* **Sachspenden** sind **in der Gewinn- und Verlustrechnung** als Ertrag, verwendete Sachspenden als Aufwand zu erfassen.

* Für **noch nicht verwendete Spenden** ist eine **Verbindlichkeit** zu passivieren, **sofern** von einer **Rückzahlungspflicht** gegenüber dem Zuwendenden **bei nicht zweckentsprechender Mittelverwendung** auszugehen ist.

* Soweit am Bilanzstichtag bereits **Vermögensgegenstände des Anlagevermögens durch** den **Einsatz entsprechend zweckgebundener Mittel finanziert** sind, empfiehlt sich der **Ausweis eines gesonderten Passivpostens** (Sonderposten für zweckgebundene Spenden zum Anlagevermögen), der **entsprechend** dem **Abschreibungsverlauf aufgelöst** wird und damit zu einer zeitlichen Verteilung des Ertrags aus dem Spendenerhalt nach Maßgabe des Wertverzehrs des betreffenden Vermögensgegenstandes führt.

* Aus **noch nicht ausgegebenen Spenden erzielte Zinsen** teilen im Zweifel hinsichtlich des Zwecks und der Verwendung das Schicksal der Spende. Dies gilt auch für eine etwaige Rückzahlungspflicht.

* Das IdW empfiehlt außerdem **Angaben zu noch nicht ausgegebenen Spenden im Anhang**.

* **Zweckgebundene Spenden ohne Rückzahlungsverpflichtung** sind in einer **Gewinnrücklage** auszuweisen.

* **Mitgliedsbeiträge** sind unter Berücksichtigung ihrer Einbringlichkeit zu bewerten.

* **Sponsorenleistungen** sind nur dann **gesondert** auszuweisen, **wenn** ein **ausdrückliches Gegenleistungsverhältnis besteht. Im übrigen** sind sie selbst dann als **Spenden** zu erfassen, wenn sie steuerlich einem steuerpflichtigen wirtschaftlichen Geschäftsbetrieb zugeordnet werden.

* Bei **wesentlichen unmittelbar zweckgebundenen Beträgen** ist ein Hinweis auf die unmittelbare Verwendung unter „sonstige betriebliche Aufwendungen" empfehlenswert. Die Einbeziehung allgemeiner Verwaltungskosten ist dabei nicht zulässig.

dd) Einnahmen-/Ausgaben- und Vermögensrechnung bei spendensammelnden Organisationen

Für die **Einnahmen-/Ausgaben- und Vermögensrechnung** gelten die folgenden allgemeinen Grundsätze:

* **Einnahmen und Ausgaben** sind **alle Zu- und Abflüsse, auch Geldbewegungen aus** reinen **Finanzierungsvorgängen** (z.B. Aufnahme und Tilgung von Darlehen) sowie die **Einnahme und Ausgabe von Spenden**. Einnahmen und Ausgaben aus Finanzierungsvorgängen sowie solche, die im Namen und für Rechnung Dritter bewirkt werden, müssen gesondert ausgewiesen werden.

* Das IdW hält eine **teilweise projektbezogene Rechnungslegung** für sinnvoll.

* Für die **Einnahmen-/Ausgabenrechnung** empfiehlt das IdW die Verwendung der auf S. 111 wiedergegebenen **Mustergliederung**.

* Der **Ansatz von Vermögenswerten und Schuldposten** hat in der **Vermögensrechnung** grundsätzlich **in entsprechender Anwendung der handelsrechtlichen Bestimmungen** zu erfolgen.

* **Rückstellungen** dürfen **nur für ungewisse Verbindlichkeiten** gebildet werden.

Mustergliederung einer Einnahmen-/Ausgabenrechnung spendensammelnder Organisationen nach IdW

1. Einnahmen aus laufender Tätigkeit (Spenden, Mitgliedsbeiträge, öffentliche Zuschüsse, Schenkungen, Erbschaften, Vermächtnisse, Bußgelder, Einnahmen aus Vermögensanlagen, Leistungsentgelte, übrige Einnahmen)
2. - Ausgaben aus laufender Tätigkeit (satzungsmäßige Mittelzuweisung an Dritte, Personalausgaben, Sachausgaben, sonstige Ausgaben)

3. = Einnahmen-/Ausgabenüberschuss aus laufender Tätigkeit

4. Einnahmen aus Abgängen von Gegenständen des Anlagevermögens mit Ausnahme der Finanzanlagen
5. - Ausgaben für Investitionen in das Anlagevermögen mit Ausnahme der Finanzanlagen

6. = Einnahmen-/Ausgabenüberschuss aus Investitionstätigkeit
7. Finanzierungsfreisetzung/-bedarf (Summe der Zeilen 3 und 6)

8. Einnahmen aus dem Finanzbereich
9. - Ausgaben aus dem Finanzbereich

10. = Einnahmen-/Ausgabenüberschuss aus dem Finanzbereich

11. Erhöhung/Verminderung des Bestands an Geldmitteln im engeren Sinne (Summe der Zeilen 7 und 10)
12. + Bestand der Geldmittel im engeren Sinne am Anfang der Periode

13. = Bestand der Geldmittel im engeren Sinne am Ende der Periode

ee) Prüfung der Jahresabschlüsse spendensammelnder Organisationen

Nach Auffassung des IdW gelten folgende Grundsätze: Soweit die Prüfung spendensammelnder Organisationen gesetzlich nicht geregelt ist, kann der **Prüfungsgegenstand und -umfang im freien Ermessen** zwischen dem Prüfer und dem Auftraggeber **festgelegt** werden. Soll ein **dem handelsrechtlichen Bestätigungsvermerk vergleichbares Testat** erteilt werden, so umfasst die Prüfung die Buchführung, den Jahresabschluss und den Anhang sowie einen gegebenenfalls zu erstellenden Lagebericht. Die Prüfung von Einnahmen-/Ausgabenrechnungen und Vermögensrechnungen kann nach Auffassung des IdW nicht ohne eine Prüfung der zugrunde liegenden Buchführung erfolgen.

Ein Auftrag zur **Prüfung der Rechnungslegung** umfasst die Prüfung der **Ordnungsmäßigkeit der Geschäftsführung**, der **satzungs- und bestimmungsgemäßen Mittelverwendung** sowie **werblicher Aussagen** der spendensammelnden Organisationen. Die Einhaltung des steuerlichen Gemeinnützigkeitsrechts wird nur insoweit geprüft, als sich konkrete Anhaltspunkte für Verstöße gegen maßgebliche Bestimmungen ergeben oder solche Prüfungshandlungen wegen möglicher Auswirkungen auf die Rechnungslegung (vor allem im Hinblick auf etwaige Steuerrückstellungen) erforderlich sind. Aus einer vereinbarten Ergänzung kann sich ein darüber hinausgehender Prüfungsumfang ergeben.

e) Allgemeine Rechnungslegungsgrundsätze, vor allem für Vereine

Soweit eine steuerbegünstigte Körperschaft weder als Kapitalgesellschaft noch als Stiftung oder spendensammelnde Organisation nach den oben dargestellten Grundsätzen zur Rechnungslegung verpflichtet ist, besteht eine **allgemeine Rechenschaftspflicht nach § 259 Abs. 1 BGB.** Diese Bestimmung ist insbesondere für Vereine von Bedeutung, soweit deren Satzungen keine entsprechenden Regelungen enthalten. Nach § 259 Abs. 1 BGB hat derjenige, der verpflichtet ist, über eine mit Einnahmen und Ausgaben verbundene Verwaltung Rechenschaft abzulegen, dem Berechtigten eine die geordnete Zusammenstellung von Einnahmen und Ausgaben enthaltende Rechnung mitzuteilen und, soweit üblicherweise Belege vorgelegt werden, Belege vorzulegen.

f) Steuerliche Buchführungs- und Bilanzierungspflichten

aa) Allgemeine Grundsätze

Auch für die steuerbegünstigten Körperschaften gelten die **allgemeinen steuerrechtlichen Buchführungs- und Bilanzierungspflichten.** Diese ergeben sich aus § 141 AO. Erforderlich ist insoweit, dass die steuerbegünstigte Körperschaft als gewerblicher Unternehmer, Land- oder Forstwirt tätig wird. Dabei sind lediglich wirtschaftliche Geschäftsbetriebe (für gewerbliche Betätigung) sowie die Land- und Forstwirtschaft einzubeziehen. Für die Ermittlung der Größengrenzen des § 141 AO sind zwar grundsätzlich die entsprechenden Größen für jeden einzelnen Gewerbebetrieb zu ermitteln, und jeder einzelne Gewerbebetrieb muss diese Voraussetzungen erfüllen, doch gilt für steuerbegünstigte Körperschaften auch insoweit § 64 AO (AEAO Nr. 4 zu § 141 AO). Dies bedeutet, dass für Zwecke der Besteuerung einer steuerbegünstigten Körperschaft alle steuerpflichtigen wirtschaftlichen Geschäftsbetriebe als **ein** wirtschaftlicher Geschäftsbetrieb gelten.

Die Buchführungs- und Bilanzierungspflicht nach § 141 AO setzt voraus, dass gewerbliche Unternehmer bzw. Land- und Forstwirte eines der folgenden Größenmerkmale überschreiten:

* Die **Umsätze** einschließlich der steuerfreien Umsätze betragen mehr als DM 500.000,--, ab dem 1. Januar 2002 Euro 260.000,-- je Kalenderjahr. Nicht zu berücksichtigen sind dabei allerdings die nach § 4 Nr. 8 bis 10 UStG von der Umsatzsteuer befreiten Umsätze.

* Selbstbewirtschaftete **land- und forstwirtschaftliche Flächen** haben einen **Wirtschaftswert** von mehr als DM 40.000,--, ab dem 1. Januar 2002 von mehr als Euro 20.500,--.

* Der **Gewinn aus Gewerbebetrieb** beträgt mehr als DM 48.000,-- im Wirtschaftsjahr, ab dem 1. Januar 2002 mehr als Euro 25.000,--.

* Der **Gewinn aus Land- und Forstwirtschaft** beträgt mehr als DM 48.000,-- im Kalenderjahr, ab dem 1. Januar 2002 mehr als Euro 25.000,--.

Nach § 141 Abs. 2 AO ist diese Verpflichtung vom Beginn des Wirtschaftsjahres an zu erfüllen, das auf die entsprechende Aufforderung durch die Finanzverwaltung folgt.

bb) Für steuerbegünstigte Körperschaften geltende Grundsätze

Nach § 63 Abs. 3 AO hat die steuerbegünstigte Körperschaft den Nachweis, dass ihre tatsächliche Geschäftsführung den gemeinnützigkeitsrechtlichen Grundsätzen entspricht, durch **ordnungsgemäße Aufzeichnungen über ihre Einnahmen und Ausgaben** zu führen. Hierfür gelten die vom IdW für die Einnahmen-/Ausgabenrechnung von Stiftungen und spendensammelnden Organisationen aufgestellten Grundsätze entsprechend, sofern sie nicht stiftungsspezifische Besonderheiten bzw. Besonderheiten einer spendensammelnden Organisation aufweisen. Allerdings ist unter gemeinnützigkeitsrechtlichen Gesichtspunkten darüber hinaus zu beachten, dass die **Zuordnung** der entsprechenden Einnahmen und Ausgaben **zu den jeweiligen Sphären der steuerbegünstigten Körperschaft** aus der Jahresrechnung ersichtlich sein muss. Darüber hinaus ist auch im Hinblick auf die gemeinnützigkeitsrechtliche Beurteilung erforderlich, dass ein **Tätigkeits- oder Geschäftsbericht** erstellt wird, aus dem sich die Verwirklichung der steuerbegünstigten Zwecke und die dazu vorgenommenen Maßnahmen ersehen lassen (vgl. zum ganzen Kießling/Buchna a.a.O. S. 174 ff.). Zur Mittelverwendungsrechnung vgl. unten S. 118 ff.

2. Ergebnisermittlung bei steuerpflichtigen wirtschaftlichen Geschäftsbetrieben

Im Rahmen der Rechnungslegung für steuerliche Zwecke hat die steuerbegünstigte Körperschaft auch die **Einnahmen und Ausgaben, die einem steuerpflichtigen wirtschaftlichen Geschäftsbetrieb zuzuordnen sind**, zu **verzeichnen**. Die Ergebnisermittlung hat für jeden steuerpflichtigen wirtschaftlichen Geschäftsbetrieb einzeln zu erfolgen, obwohl mehrere steuerpflichtige wirtschaftliche Geschäftsbetriebe nach § 64 Abs. 2 AO als **ein** wirtschaftlicher Geschäftsbetrieb behandelt werden. Die **Zusammenrechnung** der steuerpflichtigen wirtschaftlichen Geschäftsbetriebe einer steuerbegünstigten Körperschaft ist dabei **insbesondere im Hinblick auf die Saldierung von Ge-**

winnen und Verlusten der steuerpflichtigen wirtschaftlichen Geschäftsbetriebe **von Bedeutung**.

Die Zuordnung von Einnahmen und Ausgaben zu einem steuerpflichtigen wirtschaftlichen Geschäftsbetrieb ist dabei nicht nur für die in dem steuerpflichtigen wirtschaftlichen Geschäftsbetrieb etwa anfallenden **Ertragsteuern (Körperschaftsteuer, Gewerbesteuer)** von Bedeutung. Auch die **Übernahme von Verlusten** aus einem steuerpflichtigen wirtschaftlichen Geschäftsbetrieb ist im Hinblick auf den Grundsatz der Vermögensbindung **gemeinnützigkeitsschädlich**. Aus diesen Gründen muss es das Ziel jeder steuerbegünstigten Körperschaft sein, Verluste aus steuerpflichtigen wirtschaftlichen Geschäftsbetrieben grundsätzlich zu vermeiden und steuerpflichtige Gewinne durch Zurechnung von Aufwand zum steuerpflichtigen wirtschaftlichen Geschäftsbetrieb zu minimieren.

Zur Ergebnisermittlung steuerpflichtiger wirtschaftlicher Geschäftsbetriebe hat der **BFH** mit Urteil vom 27.3.1991 (DB 1991 S. 2117) **grundlegend Stellung genommen**. Die **Finanzverwaltung wendet** diese **Grundsätze** allerdings **nicht in vollem Umfang an**. Der Vollständigkeit halber werden nachfolgend zunächst die von der Rechtsprechung aufgestellten Grundsätze dargestellt, bevor auf die Praxis der Finanzverwaltung eingegangen wird.

a) Auffassung der Rechtsprechung

Für die **Zuordnung von Einnahmen** zu einem steuerpflichtigen wirtschaftlichen Geschäftsbetrieb gilt danach folgender Grundsatz:

„Eine Einnahme gehört zu einem steuerpflichtigen wirtschaftlichen Geschäftsbetrieb, wenn sie durch die den Geschäftsbetrieb begründende Tätigkeit veranlasst ist."

Für die **Zuordnung von Ausgaben** gilt nach der Rechtsprechung folgende Grundregel:

„Ausgaben - mit Ausnahme von Spenden, für die andere Zuordnungsregeln gelten - gehören zu einem steuerpflichtigen wirtschaftlichen Geschäftsbetrieb, wenn er der Anlass für ihr Entstehen ist. Beruht das Entstehen einer Ausgabe auf mehreren, steuerlich unterschiedlich zu beurteilenden Tätigkeiten, setzt die Zuordnung der Ausgabe eine Gewichtung der verschiedenen Anlässe ihrer Entstehung voraus."

Bei einer **Verursachung durch mehrere Anlässe** spricht nach Auffassung des Bundesfinanzhofs im Hinblick auf die gemeinnützige Zweckbestimmung der steuerbegünstigten Körperschaft eine Vermutung dafür, dass die steuerbefreite Tätigkeit der primäre Anlass für die Entstehung der Ausgabe ist. Daraus folgt, dass die steuerbefreite Tätigkeit dann allein maßgebend ist, wenn die Ausgabe auch ohne den steuerpflichtigen wirtschaftlichen Geschäftsbetrieb entstanden wäre. Damit kommt eine Berücksichtigung derartiger Ausgaben bei der Ergebnisermittlung des steuerpflichtigen wirtschaftlichen Geschäftsbetriebs nicht in Betracht. Dies gilt auch dann, wenn sich der steuerpflichtige wirtschaftliche Geschäftsbetrieb auf die Höhe der Ausgabe nicht ausgewirkt hat.

Beispiele:

Herr Rührig, Geschäftsführer eines Wohlfahrtsverbandes, organisiert einen **Ball***, der der Gewinnung von Sponsoren dienen soll. Eine besondere Vergütung für seinen Einsatz bekommt er nicht. Da die Geschäftsführungskosten ohnehin in entsprechender Höhe angefallen wären, dürfen sie nach der Rechtsprechung nicht - auch nicht anteilig - bei der Ermittlung des Ergebnisses des Balls berücksichtigt werden.*

Geschäftsführer Rührig ist im Hinblick auf seine Arbeitsbelastung nicht in der Lage, die Vorbereitungsarbeiten allein zu erledigen, und auch seine Sekretärin ist ohnehin überlastet. Deshalb beauftragt er ein Zeitarbeitsunternehmen, das ihm für die Vorbereitung eine Mitarbeiterin zur Verfügung stellt. Die von dem Zeitarbeitsunternehmen in Rechnung gestellten Kosten sind dem steuerpflichtigen wirtschaftlichen Geschäftsbetrieb zuzuordnen und damit steuerlich abzugsfähig, da die Kosten ohne die Veranstaltung nicht angefallen wären.

Sofern nach diesen Grundsätzen eine **Aufteilung bei Verursachung durch mehrere Anlässe** vorzunehmen ist, gilt nach der Rechtsprechung folgender Aufteilungsmaßstab:

„Wäre die Ausgabe ohne den steuerpflichtigen wirtschaftlichen Geschäftsbetrieb geringer gewesen, ist sie nach einem objektiven und sachgerechten Maßstab aufzuteilen. Eine Aufteilung entsprechend dem Verhältnis der durch die verschiedenen Tätigkeiten erzielten Einnahmen ist nur dann sachgerecht, wenn Anhaltspunkte dafür vorliegen, dass die Einnahmen und Ausgaben ihrer Höhe nach direkt voneinander abhängen und dass diese Abhängigkeit für jede der Tätigkeiten gleich hoch ist."

Diese Zuordnung bereitet in der Praxis die größten Probleme. Dazu folgendes

Beispiel:

*Ein Wohlfahrtsverband verlegt eine **Verbandszeitschrift**. Ein Viertel der Seiten ist mit Werbung für Unternehmen bedruckt. Die Anzeigenwerbung erfüllt, da sie durch den Wohlfahrtsverband selbst erfolgt, die Voraussetzungen für einen steuerpflichtigen wirtschaftlichen Geschäftsbetrieb. Der Wohlfahrtsverband ist der Auffassung, ein Viertel der Herstellungs- und Versandkosten einschließlich Portokosten sei dem steuerpflichtigen wirtschaftlichen Geschäftsbetrieb zuzuordnen mit der Folge, dass insoweit ein Betriebsausgabenabzug mit steuerlicher Wirkung möglich ist. Diese Auffassung widerspricht der o.g. Rechtsprechung, weil dieser Aufwand auch ohne die Werbung angefallen wäre. Denn der redaktionelle Teil der Zeitschrift dient der Information der Mitglieder und ist damit dem ideellen Bereich oder einem steuerbegünstigten Zweckbetrieb zuzuordnen. Dem steuerpflichtigen wirtschaftlichen Geschäftsbetrieb sind danach lediglich die durch ihn unmittelbar entstehenden Mehrkosten zuzuordnen, wie insbesondere die Herstellungskosten der Druckseiten mit Werbung und das durch ein höheres Versandgewicht bedingte Mehrporto. Seit dem 1. Januar 2001 kann allerdings nach § 64 Abs. 6 Nr. 1 AO der Besteuerung derartiger Werbetätigkeiten ein Gewinn von 15 v.H. der Einnahmen aus der Werbetätigkeit zugrundegelegt werden, so dass sich die Problematik im Zusammenhang mit der Besteuerung eines steuerpflichtigen wirtschaftlichen Geschäftsbetriebs „Werbung" entschärft hat..*

b) Praxis der Finanzverwaltung

Nach **Auffassung der Finanzverwaltung** (BMF-Schreiben vom 19.10.1998 BStBl. I 1998 S. 1423) gelten diese Grundsätze nicht für die Fälle, in denen **Wirtschaftsgüter gemischt genutzt** werden, aber in erster Linie für die Verwirklichung steuerbegünstigter Zwecke angeschafft wurden. Dann sind die Kosten - insbesondere Absetzungen für Abnutzung (AfA) des Wirtschaftsguts sowie Personalkosten - **anteilig dem steuerpflichtigen wirtschaftlichen Geschäftsbetrieb zuzuordnen**, wenn - hiervon geht die Finanzverwaltung in der Regel aus - eine Aufteilung nach objektiven Maßstäben möglich ist. **Zeiten, in denen das Wirtschaftsgut nicht genutzt wird**, sind dabei **dem steuerbegünstigten Bereich** (ideellen Bereich, Vermögensverwaltung, steuerbegünstigten Zweckbetrieb) **zuzuordnen**. Als solche objektiven Maßstäbe kommen insbesondere ein Flächenanteil oder ein zeitlich bemessener Nutzungsanteil in Betracht. Entsprechendes gilt auch für sonstige gemischte Aufwendungen.

Daneben bestehen **Sonderregelungen** zur **Pauschalierung des Gewinns** steuerpflichtiger wirtschaftlicher Geschäftsbetriebe im Sinne eines Wahlrechts für die steuerbegünstigte Körperschaft nach § 64 Abs. 5 AO für die **Verwertung unentgeltlich erworbenen Altmaterials** und (eingefügt durch das Gesetz zur Änderung des Investitionszulagengesetzes 1999 vom 20.12.2000) für die **Werbung für Unternehmen**, die **im Zusammenhang mit** der steuerbegünstigten Tätigkeit einschließlich steuerbegünstigten Zweckbetrieben steht, für **Totalisatorbetriebe** und die **zweite Fraktionierungsstufe** der Blutspendedienste (§ 64 Abs. 6 AO).

3. Mittelverwendungsrechnung bei steuerbegünstigten Körperschaften

Wie bereits oben S. 80 ff. ausgeführt, haben steuerbegünstigte Körperschaften ihre Mittel **zeitnah für die steuerbegünstigten Zwecke zu verwenden**. Dabei gilt ein **weiter Mittelbegriff**. Darunter fallen nach Thiel (DB 1992 S. 1900) **sämtliche Vermögenswerte, die zur Erfüllung des Satzungszwecks geeignet sind**. Eine zeitnahe Mittelverwendung liegt dann vor, wenn die Mittel im Jahr ihres Zuflusses oder spätestens im Folgejahr verwendet werden.

Die Mittelverwendung setzt nicht voraus, dass die steuerbegünstigte Körperschaft „ärmer" wird. Vielmehr reicht ein **Liquiditätsabfluss für steuerbegünstigte Zwecke** aus (so jetzt auch § 55 Abs. 1 Nr. 5 Satz 2 AO i.d.F. des Gesetzes zur weiteren steuerlichen Förderung von Stiftungen vom 14.7.2000).

Nicht zeitnah zu verwenden sind nur solche Mittel, die aufgrund ihrer Zweckbestimmung - insbesondere nach dem Willen des Zuwendenden, vor allem bei Zustiftungen - **nicht zeitnah zu verwenden sind** (vgl. dazu oben S. 82). Außerdem dürfen unter bestimmten Voraussetzungen - vor allem nach § 58 Nr. 6 und 7 AO - Rücklagen gebildet werden (vgl. dazu oben S. 83 ff.). Werden zur Erfüllung satzungsmäßiger Zwecke

Darlehen gewährt (zur Zulässigkeit und den Voraussetzungen vgl. oben S. 90), so sind die zurückbezahlten Darlehen ebenfalls zeitnah zu steuerbegünstigten Zwecken zu verwenden oder - sofern die Voraussetzungen im Zeitpunkt des Rückflusses erfüllt sind - in eine Rücklage zu stellen.

Da die Einhaltung des Grundsatzes der zeitnahen Mittelverwendung als Bestandteil des Gebots der Selbstlosigkeit von der Finanzverwaltung jederzeit nachprüfbar sein muss, erfordert die Regelung des § 63 Abs. 3 AO auch entsprechende **Aufzeichnungen der Vorgänge im Zusammenhang mit der Jahresrechnung** bzw. Bilanzierung von steuerbegünstigten Körperschaften. Dies hat in einer sog. **Mittelverwendungsrechnung** zu erfolgen, aus der Zufluss, Abfluss, Zuführung zu und Verwendung von Rücklagen sowie ein Vortrag noch nicht verwendeter, aber zeitnah zu verwendender Mittel (Mittelvortrag) ersichtlich sein müssen.

Nach dem **Vorschlag von Thiel** (DB 1992 S. 1900 (1905)) könnte eine **Mittelverwendungsrechnung,** die diese Voraussetzungen erfüllt, etwa **wie folgt gegliedert** werden:

Mittel	Mittel-Verwendungsrechnung für 01 (Muster)	Bindung
1. Zugeflossene Mittel (= zugeflossene Vermögenswerte) a) ... b) ... c) ... 2. Verwendungsüberhang	1. Ausstattungskapital 2. Nutzungsgebundenes Kapital 3. Rücklagen a) nach § 58 Nr. 6 AO b) nach § 58 Nr. 7 a AO c) nach § 58 Nr. 7 b AO d) im wirtschaftl. Geschäftsbetrieb e) .... 4. Abschreibungen 5. Verbindlichkeiten 6. Mittelverwendung (1) Mittelvortrag aus 00 ... (2) verwendet in 01 ... (3) Rückstände aus 00 ... (4) zu verwenden aus 01 ... (5) verwendet in 01 ... (6) Mittelvortrag 01	
Summe		Summe

Thiel weist in seinem Aufsatz darauf hin, dass die Mittelverwendungsrechnung als reine Bestandsübersicht keine Buchführung voraussetze. Sie sei **der Form nach** als **Vermögensübersicht** ausgestaltet.

Die **zugeflossenen Vermögenswerte (Mittel)** sind danach **auf der Aktivseite** auszuweisen. Die **Passivseite** zeigt die **Bindung oder Verwendung der Mittel**. Werden Zuwendungsbestätigungen für Zwecke ausgestellt, für die der erhöhte Spendenabzug nach § 10 b Abs. 1 EStG gewährt wird, so ist die zweckentsprechende Verwendung der Zuwendung und ggf. ihrer Erträge in der Mittelverwendungsrechnung nachzuweisen. Ein **Überhang an zeitnah zu verwendenden Mitteln** wird als Saldo auf der Passivseite unter der Position 6 (3) „**Rückstand aus dem Vorjahr**" und/oder unter der Position 6 (6) „**Mittelvortrag**" gezeigt. Thiel weist darauf hin, dass diese Zweiteilung deshalb erforderlich sei, weil ein im folgenden Veranlagungszeitraum nicht ausgeglichener „Mittelvortrag aus dem Vorjahr" zum „Rückstand" wird.

Mit „**Nutzungsgebundenes Kapital**" bezeichnet Thiel die **Mittel, die für investive Maßnahmen im ideellen Bereich oder in einem Zweckbetrieb verwendet wurden**. In der Literatur (vgl. insbesondere Hardorp BB 1985 S. 566) werden teilweise auch die Begriffe „**gebundene Eigenmittel**" oder „**gebundene Rücklagen**" verwendet.

Beispiel:

Die Johanniter-Seniorendienste haben 2000 einen größeren **Geldbetrag für** *ein neues* **Altenheim** *gesammelt. Daneben wurden* **nicht zweckgebundene Spenden** *eingeworben. Die für das Altenheim vorgesehenen Mittel werden sofort in eine zweckgebundene Rücklage nach § 58 Nr. 6 AO gestellt, da insoweit eine entsprechende Beschlusslage der zuständigen Gremien besteht. Die übrigen Spenden werden in der Jahresrechnung 2000 als noch nicht verwendete Mittel (Mittelvortrag 2000, „Passivseite" Ziffer 6 (6) der Mustergliederung von Thiel) erfasst. 2001 gehen weitere, nicht zweckgebundene Spenden ein. Die Johanniter-Seniorendienste bauen das Altenheim im Jahr 2002.*

Zunächst tritt durch die **Verwendung der zweckgebundenen Rücklage** *eine* **Umgliederung von der zweckgebundenen Rücklage** *nach § 58 Nr. 6 AO - „Passivseite" Ziffer 3 a) des Musters für eine Mittelverwendungsrechnung nach Thiel - in*

„nutzungsgebundenes Kapital" - Ziffer 2 der „Passivseite" des Musters für eine Mittelverwendungsrechnung nach Thiel - ein.

Die nicht verwendeten Spenden aus dem Jahr 2000 sind in der Jahresrechnung 2001 unter „Mittelvortrag aus 2000" auszuweisen und bis Ende 2001 zu verwenden. Dabei kommt auch eine Rücklagenzuführung in Betracht, wenn die Voraussetzungen dafür vorliegen. Denkbar wäre aber auch eine Mittelverwendung für das Altenheim mit der Folge, dass die Spenden in „nutzungsgebundenes Kapital" einzustellen wären.

Im Hinblick auf die **2001 eingegangenen Spenden** ist zu beachten, dass **bei** einem **nicht vollständigen Verbrauch der in den Jahren 2000 und 2001 eingegangenen Spenden zunächst** die **2000 eingegangenen Mittel** als **verwendet** gelten.

Bei **bilanzierenden Körperschaften** ergibt sich die **Mittelverwendung**, die grundsätzlich vom Zu- und Abflussprinzip ausgeht, **nicht** ohne weiteres unmittelbar **aus** dem **Abschluss**. **Thiel** (Stiftung&Sponsoring 1998, Die ROTEN SEITEN S. 4) hält es aber für vertretbar, insoweit eine **Ausnahme vom Zu- und Abflussprinzip** zuzulassen.

4. Bilanzierung bei einem Wechsel in die Steuerpflicht bzw. Steuerbefreiung (Überblick)

Besonderheiten im Zusammenhang mit der Buchführung und Bilanzierung steuerbegünstigter Körperschaften ergeben sich dann, wenn ein Wechsel in die Steuerpflicht bzw. in die Steuerbefreiung eintritt. Diese Fälle sind in § 13 KStG geregelt. Allgemein gilt der Grundsatz, dass **solche stillen Reserven, die während der Steuerbefreiung entstanden sind, nicht versteuert werden müssen**. Sie unterliegen dafür dem Grundsatz der Vermögensbindung für steuerbegünstigte Zwecke. Es gelten **die folgende Grundsätze:**

- **Wird eine steuerpflichtige Körperschaft, Personenvereinigung oder Vermögensmasse von der Körperschaftsteuer befreit**, so hat sie nach § 13 Abs. 1 KStG auf den Zeitpunkt, in dem die Steuerpflicht endet, eine **Schlussbilanz** aufzustellen. In der Schlussbilanz sind die Wirtschaftsgüter nach § 13 Abs. 3 und 4 KStG mit ihren **Buchwerten** anzusetzen, **wenn** die **Körperschaft** nach § 5 Nr. 9 KStG steuerbefreit wird, weil sie **gemeinnützige, mildtätige oder kirchliche Zwecke verfolgt** und deshalb als steuerbegünstigte Körperschaft anzuerkennen ist.

- **Wird eine von der Körperschaftsteuer befreite Körperschaft, Personenvereinigung oder Vermögensmasse steuerpflichtig und ermittelt sie ihren Gewinn durch Betriebsvermögensvergleich**, so hat sie auf den Zeitpunkt, in dem die Steuerpflicht beginnt, nach § 13 Abs. 2 KStG eine **Anfangsbilanz** aufzustellen. In dieser sind die Wirtschaftsgüter **mit dem Wert** anzusetzen, **der sich bei ununterbrochener Steuerpflicht nach den Vorschriften über die steuerliche Gewinnermittlung ergeben würde** (§ 13 Abs. 3 und 4 KStG).

- Diese Grundsätze gelten auch für den **teilweisen Beginn und das teilweise Erlöschen der Steuerbefreiung** (§ 13 Abs. 5 KStG). Dies gilt nach neuerer Auffassung der Finanzverwaltung auch für die Aufgabe steuerpflichtiger wirtschaftlicher Geschäftsbetriebe, nicht aber für die Veräußerung steuerpflichtiger wirtschaftlicher Geschäftsbetriebe (Beschluss der Körperschaftsteuer-Referenten des Bundes und der Länder aus dem Jahr 1996; die Regelungen in Körperschaftsteuerrichtlinien Abschnitt 47 Abs. 12, wonach die Veräußerung und die Aufgabe eines steuerpflichtigen wirtschaftlichen Geschäftsbetriebs zur Aufdeckung der stillen Reserven führen, wurden dagegen nicht geändert). Dies bedeutet, dass bei Veräußerung steuerpflichtiger wirtschaftlicher Geschäftsbetriebe **nach Auffassung der Finanzverwaltung** eine **Versteuerung stiller Reserven** eintritt und bei **Aufgabe steuerpflichtiger wirtschaftlicher Geschäftsbetriebe** die **steuerliche Behandlung vor** der **Betriebsaufgabe** unbedingt **mit** der **Finanzverwaltung** im Wege der verbindlichen Auskunft **abgeklärt** werden sollte.

- Zu beachten ist allerdings, dass diese Regelungen **nicht für** die **Entnahme von Wirtschaftsgütern aus einem steuerpflichtigen wirtschaftlichen Geschäftsbetrieb** gelten. Diese richtet sich nach § 6 EStG, d.h. sie sind grundsätzlich mit ihrem Teilwert anzusetzen. Da das sog. **Buchwertprivileg** nach § 6 Abs. 1 Nr. 4 EStG, das eine Entnahme aus Betriebsvermögen ohne Versteuerung stiller Reserven ermöglicht (vgl. dazu insbesondere S. 19), voraussetzt, dass das betreffende Wirtschaftsgut unmittelbar nach seiner Entnahme einer steuerbegünstigten Körperschaft zugewendet wird, gilt diese **Begünstigung nach Auffassung der Finanzverwaltung nicht für die Entnahme mit anschließender Verwendung durch die steuerbegünstigte Körperschaft selbst!**

VII. Verfahrensfragen im Zusammenhang mit der Anerkennung der Steuerbegünstigung von Körperschaften und ihrem Entzug

Im folgenden wird zunächst das Antrags- und Überwachungsverfahren im Überblick dargestellt (vgl. unten 1.), bevor auf die Voraussetzungen für den Erwerb einer vorläufigen Bescheinigung der Gemeinnützigkeit bzw. eines Freistellungsbescheides eingegangen wird (vgl. unten 2. S. 125). Am Ende dieses Abschnitts (vgl. unten 3. S. 127) steht schließlich das Verfahren bei Aberkennung der Gemeinnützigkeit.

1. Antrags- und Überwachungsverfahren bei steuerbegünstigten Körperschaften

Die **erstmalige Anerkennung der Steuerbegünstigung** erfolgt regelmäßig mit einer sogenannten **vorläufigen Bescheinigung der Gemeinnützigkeit**. Diese kann spätestens dann beantragt werden, wenn die Stiftungssatzung unterzeichnet, der Verein gegründet oder die Errichtung der (gemeinnützigen) GmbH beurkundet ist. Da der noch nicht im Vereinsregister eingetragene, aber bereits gegründete Verein als **Vorverein** die Voraussetzungen eines nichtrechtsfähigen Vereins erfüllt, ist er schon in diesem Zeitraum Steuersubjekt, das bei Vorliegen der satzungsmäßigen und tatsächlichen Voraussetzungen auch **als gemeinnützig anerkannt** werden kann. Auch die **GmbH ist von der Beurkundung des Gesellschaftsvertrags an Steuersubjekt, das bei Vorliegen der Voraussetzungen der §§ 51 ff. AO als steuerbegünstigte Körperschaft** anerkannt werden kann. Im Gegensatz dazu **entsteht** die **rechtsfähige Stiftung** erst **mit der Genehmigung des Stiftungsgeschäfts**. Trotzdem wird in der Literatur (vgl. beispielsweise Kießling/Buchna a.a.O. S. 28) überwiegend die Auffassung vertreten, auf die Stiftung seien in der Zeit von der Unterzeichnung des Stiftungsgeschäfts bis zu seiner Genehmigung die **Grundsätze des Vorvereins entsprechend anwendbar**. Im Hinblick darauf, dass der noch nicht eingetragene Verein als (nichtrechtsfähiger) Vorverein bereits Steuersubjekt ist, bei der Stiftung jedoch kein entsprechendes Übergangsstadium besteht, ist die Übertragbarkeit dieser Grundsätze auf die **Stiftung zweifelhaft**. Von Bedeutung ist die Frage, wann die steuerbegünstigte Körperschaft beginnt, vor allem für die **Berechtigung zur Ausstellung von Zuwendungsbestätigungen.**

Beispiel:

*S möchte einer von ihm zu gründenden **mildtätigen Körperschaft** den Betrag von Euro 1,5 Mio. zukommen lassen. Er entschließt sich deshalb im Dezember 2001, eine Stiftung, einen Verein oder eine gemeinnützige GmbH zu errichten. Da er im Jahre 2000 ein sehr hohes Einkommen erzielte, legt er auf die steuerliche Erfassung der Zuwendung 2001 mit der **Möglichkeit zum Spendenrücktrag** (zum Spendenrücktrag vgl. unten VIII. 6. S. 137) in das Jahr 2000 großen Wert. Die Stiftung wird voraussichtlich im Jahre 2001 nicht mehr genehmigt, der Verein bzw. die GmbH nicht mehr in das Vereins- bzw. Handelsregister eingetragen.*

Errichtet S eine Stiftung, indem er noch 2001 das Stiftungsgeschäft unterzeichnet, so ist die Abzugsfähigkeit der Zuwendung im Jahr 2000 zumindest zweifelhaft. Gründet er dagegen zusammen mit anderen 2001 einen Verein oder errichtet er eine GmbH, so ist eine steuerliche Erfassung der Zuwendung noch 2001 mit der Möglichkeit zum Spendenrücktrag in das Jahr 2000 gewährleistet. Allerdings wird ihm dann der zusätzliche Abzugsbetrag von DM 600.000,-- bei Neuerrichtung einer Stiftung (ab 1. Januar 2002 Euro 307.000,--, vgl. Gesetz zur weiteren steuerlichen Förderung von Stiftungen) nicht gewährt.

Liegen die **satzungsmäßigen Voraussetzungen** für die Anerkennung der Gemeinnützigkeit vor (vgl. dazu unten 2. S. 125), so stellt das zuständige Finanzamt die **vorläufige Bescheinigung der Gemeinnützigkeit** aus. Diese enthält neben den Angaben zur begünstigten Körperschaft auch die Aussage, **welchen steuerbegünstigten Zweck** die Körperschaft verfolgt und **ob sie zur Ausstellung von Zuwendungsbestätigungen berechtigt** ist.

Da die Finanzverwaltung die (künftige) tatsächliche Geschäftsführung als weitere Voraussetzung für die Anerkennung der Gemeinnützigkeit (noch) nicht beurteilen kann, **prüft** das **Finanzamt lediglich, ob** die **eingereichte Satzung die gemeinnützigkeitsrechtlichen Anforderungen erfüllt**. Daher erfolgt die vorläufige Bescheinigung der Gemeinnützigkeit **vorbehaltlich der tatsächlichen Geschäftsführung**. Die vorläufige Bescheinigung der Gemeinnützigkeit hat **nicht den Rechtscharakter eines** mit Rechtsmitteln anfechtbaren **Verwaltungsaktes**, sondern lediglich den einer **(unverbindlichen) Auskunft** (vgl. insbesondere Märkle a.a.O. S. 243 m.w.N.). Nach der **neueren Rechtsprechung** (vgl. BFH. Urt. vom 23.9.1999 BStBl. II 2000 S. 533) kann allerdings der **Antrag, festzustellen, ob** und in welchem Umfang ein **Verein befugt** ist, **Zuwendungs-**

bestätigungen auszustellen, Gegenstand einer Feststellungsklage sein. Die vorläufige Bescheinigung wird in der Regel **auf 18 Monate befristet**. Die **endgültige Entscheidung** über die Steuerbegünstigung wird **im Rahmen des Freistellungsverfahrens** getroffen. Aus diesem Grunde ist es **zu empfehlen, die gemeinnützigkeitsrechtliche Zulässigkeit vorgesehener Aktivitäten** der steuerbegünstigten Körperschaft bereits **im Vorfeld im Wege der sog. verbindlichen Auskunft gesondert abzuklären.**

Die **laufende Überwachung der steuerbegünstigten Körperschaft** durch die Finanzverwaltung erfolgt in der Weise, dass die steuerbegünstigte Körperschaft im Abstand von jeweils 3 Jahren eine sog. **Freistellungserklärung** abzugeben hat. In dieser sind die **Aktivitäten** der steuerbegünstigten Körperschaft, **gegliedert nach den vier steuerlichen Sphären der Betätigung** der steuerbegünstigten Körperschaft (ideeller Bereich, Vermögensverwaltung, steuerbegünstigter Zweckbetrieb, steuerpflichtiger wirtschaftlicher Geschäftsbetrieb), unter jeweiliger Zuordnung von Einnahmen und Ausgaben detailliert **anzugeben**. Außerdem sind der Freistellungserklärung die **Einnahmen-/Ausgabenrechnung einschließlich Vermögensübersicht und ein Tätigkeitsbericht** beizufügen, aus dem sich die Art und Weise, in der die steuerbegünstigte Körperschaft ihren Zweck erfüllt hat, ergibt. Für die **dazwischen liegenden Jahre** sind die **Einnahmen-/Ausgabenrechnungen, die Vermögensübersichten sowie die Tätigkeitsberichte** einzureichen.

2. Voraussetzungen für den Erwerb einer vorläufigen Bescheinigung der Gemeinnützigkeit und eines Freistellungsbescheides

Sowohl für den Erwerb einer vorläufigen Bescheinigung der Gemeinnützigkeit als auch für den eines Freistellungsbescheides muss die **Satzung** der Körperschaft zunächst **die Voraussetzungen der §§ 51 ff. AO** erfüllen (sog. **satzungsmäßige Gemeinnützigkeit**). Dabei muss die Satzung aus gemeinnützigkeitsrechtlicher Sicht zumindest Regelungen über die folgenden Grundsätze enthalten:

* **Angabe des steuerbegünstigten Zwecks sowie der Aktivitäten, mit denen der Zweck verwirklicht werden soll** (vgl. oben S. 25 ff.). Diese müssen so genau angegeben werden, dass die Finanzverwaltung später nachprüfen kann, ob die Körperschaft bei ihrer Betätigung ihre Satzung eingehalten hat (§ 60 Abs. 1 AO).

Beispiel:

"Der Verein verfolgt mildtätige Zwecke. Er unterstützt Personen, die infolge ihres körperlichen, geistigen oder seelischen Zustands auf die Hilfe anderer angewiesen sind. Der Vereinszweck wird insbesondere verwirklicht durch den Betrieb eines Altenpflegeheims."

* **Ausschließlichkeit der Erfüllung des steuerbegünstigten Zwecks** (vgl. oben S. 39).

* **Unmittelbarkeit der Erfüllung des steuerbegünstigten Zwecks** (vgl. oben S. 41). **Ausnahme**: Bei **Spendensammelvereinen** i.S.d. § 58 Nr. 1 AO muss in der Satzung nur allgemein festgelegt werden, welche gemeinnützigen Zwecke durch die andere steuerbegünstigte Körperschaft gefördert werden sollen (Märkle a.a.O. S. 170).

* **Selbstlosigkeit der Zweckerfüllung** (vgl. oben S. 35) mit dem Zusatz „Die Körperschaft verfolgt nicht in erster Linie eigenwirtschaftliche Zwecke." Der völlige Ausschluss eigenwirtschaftlicher Zwecke durch die Satzung ist deshalb gefährlich, weil bei einer solchen Regelung auch ein - ansonsten zulässiger - untergeordneter steuerpflichtiger wirtschaftlicher Geschäftsbetrieb gegen die Satzung verstößt und damit zum Verlust der Steuerbegünstigung führen kann.

* **Mittelverwendung für steuerbegünstigte Zwecke (Grundsatz der Vermögensbindung**, vgl. oben S. 73). Eine Präzisierung entsprechend des Musters der Finanzverwaltung ist erforderlich.

* **Vermögensanfall**. Insoweit ist festzulegen, dass die Mittel der steuerbegünstigten Körperschaft auch im Falle ihrer Liquidation zu steuerbegünstigten Zwecken zu verwenden sind.

Eine **Ausnahme von der Verpflichtung, die Vermögensbindung in die Satzung aufzunehmen**, besteht nach § 62 AO für Betriebe gewerblicher Art von Körperschaften des öffentlichen Rechts, für staatlich beaufsichtigte Stiftungen, für die von einer Körperschaft des öffentlichen Rechts verwalteten unselbstständigen Stiftungen und geistlichen Genossenschaften.

Die Anforderungen, die die Satzung hinsichtlich der gemeinnützigkeitsrechtlichen Bestimmungen erfüllen muss, sind in den **Mustersatzungen der Finanzverwaltung** - Anlage 1 zu § 60 AEAO, - zusammengefasst.

Zum Erwerb eines Freistellungsbescheids ist darüber hinaus erforderlich, dass die steuerbegünstigte Körperschaft bei ihrer **tatsächlichen Geschäftsführung** die in Abgabenordnung und Satzung niedergelegten Grundsätze befolgt. Dies bedeutet u.a. auch, dass die steuerbegünstigte Körperschaft keine anderen (steuerbegünstigten) Zwecke als die in ihrer Satzung angegebenen verfolgen darf.

3. Aberkennung der Steuerbegünstigung

Verstößt eine steuerbegünstigte Körperschaft gegen die Grundsätze der **satzungsmäßigen Gemeinnützigkeit** (vgl. §§ 60 f. AO, oben S. 125) oder gegen die **für die tatsächliche Geschäftsführung geltenden gemeinnützigkeitsrechtlichen Grundsätze (§ 63 AO)**, so führt dies zum Verlust der Steuerbegünstigung. Da das Vorliegen der Voraussetzungen der §§ 51 ff. AO für jeden Veranlagungszeitraum, d.h. für jedes Kalenderjahr, geprüft wird, erfolgt die Entziehung **grundsätzlich nur für das betreffende Kalenderjahr** (vgl. z.B. Kießling/Buchna a.a.O. S. 174). Es ist damit denkbar, dass eine Körperschaft beispielsweise 2000 gemeinnützig war, ihr für 2001 die Gemeinnützigkeit aberkannt wird und für 2002 die Voraussetzungen für die Anerkennung als gemeinnützig wiederum vorliegen.

Verstößt die Körperschaft gegen den **Grundsatz der Vermögensbindung** - entweder dadurch, dass die **Satzungsbestimmung** über die Vermögensbindung nachträglich so geändert wird, dass sie die gemeinnützigkeitsrechtlichen Anforderungen nicht mehr erfüllt, oder dadurch dass die **tatsächliche Geschäftsführung** gegen den Grundsatz der Vermögensbindung verstößt -, so gilt die **Vermögensbindung als von Anfang an nicht ausreichend** (§§ 61 Abs. 3, 63 Abs. 2 AO). Dann kann die Finanzverwaltung nach § 61 Abs. 3 S. 2 AO **Steuerbescheide** erlassen, aufheben oder ändern, **soweit sie Steuern betreffen, die innerhalb der letzten zehn Kalenderjahre vor dem Verstoß gegen den Grundsatz der Vermögensbindung entstanden sind.**

Hat die steuerbegünstigte Körperschaft dadurch **gegen** den **Grundsatz der zeitnahen Mittelverwendung verstoßen**, dass sie **Mittel angesammelt** hat, obwohl die Voraussetzungen für eine Rücklagenbildung nicht vorlagen, so kann das Finanzamt **nach § 63 Abs. 4 AO eine angemessene Frist für die Mittelverwendung** einräumen. Auch eine solche Geschäftsführung verstößt gegen die gemeinnützigkeitsrechtlichen Vorschriften und **rechtfertigt grundsätzlich die Aberkennung der Steuerbegünstigung**. Außerdem ist die Möglichkeit, eine angemessene Frist für die Mittelverwendung zu setzen, als Ermessensbestimmung ausgestaltet. Man wird jedoch davon ausgehen können, dass die Finanzverwaltung von diesem Ermessen durch Setzung einer angemessenen Frist dann Gebrauch machen muss, wenn damit zu rechnen ist, dass die steuerbegünstigte Körperschaft die Mittel in dieser Frist verwendet und künftig den Grundsatz der zeitnahen Mittelverwendung einhalten wird (vgl. zum ganzen Kießling/Buchna a.a.O. S. 183; Märkle a.a.O. S. 159, der von einer Frist von längstens fünf Jahren ausgeht).

Da jede Aberkennung der Steuerbegünstigung grundsätzlich das **satzungsmäßige Anfallrecht** (Auflösung des Vereins, der gemeinnützigen GmbH oder Stiftung, Auskehrung des für steuerbegünstigte Zwecke gebundenen Vermögens an den sog. Anfallberechtigten) auslöst, müsste eigentlich auch jede Fortführung der steuerbegünstigten Körperschaft nach einer vorübergehenden Aberkennung der Gemeinnützigkeit zu einem Verstoß gegen den Grundsatz der Vermögensbindung mit rückwirkender Steuerpflicht für zehn Jahre führen. Da dies über den Gesetzeszweck hinausgehen würde, zieht die Finanzverwaltung diese Konsequenz in der Regel nicht. Vielmehr erfolgt eine **rückwirkende Besteuerung regelmäßig dann, wenn eine Satzungsänderung gegen den Grundsatz der Vermögensbindung verstößt oder eine unmittelbar gegen den Grundsatz der Vermögensbindung verstoßende tatsächliche Geschäftsführung vorliegt.**

VIII. Spenden

Für steuerbegünstigte Körperschaften in der Praxis von besonderer Bedeutung ist die Befugnis, Zuwendungsbestätigungen ausstellen zu dürfen. Dabei sind zunächst der **Spendenbegriff** (unten 1.) sowie die verschiedenen Arten der Spenden (**Durchlaufspenden**, unten 2. S. 132, **Direktspenden**, unten 3. S. 133, **Geldspenden und Sachspenden**, unten 4. S. 134) von Bedeutung. **Sonderregelungen** wurden durch das Gesetz zur weiteren steuerlichen Förderung von Stiftungen vom 14.7.2000 speziell **für Stiftungen** geschaffen (vgl. unten 5. S. 136). Anschließend werden die **steuerlichen Begünstigungen einer Zuwendung insgesamt** - bezogen auf die jeweiligen steuerbegünstigten Zwecke - in einem Überblick dargestellt (unten 6. S. 136). Es folgt ein **Überblick** über die **formalen Anforderungen** an Zuwendungsbestätigungen (vgl. unten 7. S. 139). In besonderen Situationen bzw. unter besonderen Voraussetzungen kann **auf die Ausstellung einer Zuwendungsbestätigung verzichtet** werden (unten 8. S. 140). Am Ende dieses Abschnitts (unten 9. S. 141) stehen schließlich Fragen im Zusammenhang mit **Vertrauensschutz und Haftung bei Ausstellung unrichtiger Zuwendungsbestätigungen**.

1. Begriff der Spende

Nach einer allgemein gültigen **Definition** (vgl. Kießling/Buchna a.a.O. S. 279) sind Spenden

„freiwillige und unentgeltliche Wertabgaben, also Geld- oder Sachzuwendungen (Ausgaben), die das geldwerte Vermögen des Spenders mindern (ein freiwilliges Vermögensopfer)."

Nicht spendenfähig sind **Nutzungen und Leistungen** (§ 10 b Abs. 3 S. 1 EStG). Benutzt beispielsweise ein Vorstandsmitglied seinen privaten PKW dafür, bei der Wahrnehmung seiner satzungsgemäßen Aufgaben „Dienstfahrten" durchzuführen, so ist dies nicht als Spende abzugsfähig. Wird allerdings in rechtlich verbindlicher Weise im voraus vereinbart, dass das Vorstandsmitglied für die Benutzung seines PKW eine **angemessene Aufwandsentschädigung** erhält und **spendet er diese**, so ist die **Spende steuerlich abzugsfähig**.

Freiwillig geleistet sind auch solche Zuwendungen, die aufgrund einer freiwillig begründeten Rechtspflicht erfolgen (vgl. insbesondere Märkle a.a.O. S. 251).

Beispiel:

*Das **Unternehmen** U will ein **Entwicklungshilfeprojekt** unterstützen und **verpflichtet sich** im Jahre 2001 gegenüber einem Wohlfahrtsverband **zur Leistung von jährlichen Beträgen**, die in einer Vereinbarung niedergelegt werden. Die Leistungen in den Jahren ab 2002 erfolgen zwar aufgrund der bestehenden vertraglichen Verpflichtung, doch wurde diese freiwillig und unentgeltlich eingegangen. Der Spendenabzug ist möglich.*

Einzelfälle für die Frage der **Freiwilligkeit der Leistung:**

* **Mitgliedsbeiträge und Mitgliederumlagen** waren bis 31. Dezember 1999 **nur bei der Förderung solcher steuerbegünstigter Körperschaften, die selbst zur Ausstellung von Zuwendungsbestätigungen berechtigt waren** (sog. Direktspenden, vgl. unten 3. S. 133), als Spende **abzugsfähig**, also nicht bei steuerbegünstigten Körperschaften, die eine Spende nur über eine Körperschaft des öffentlichen Rechts erhalten konnten (sog. Durchlaufspenden, vgl. unten 2. S. 132). Mit der Neuregelung des Spendenrechts entfiel mit Wirkung ab 1. Januar 2000 die Notwendigkeit des Durchlaufspendenverfahrens. Mitgliedsbeiträge für die in Abschnitt B. der Anlage 1 zu § 48 EStDV aufgeführten steuerbegünstigten Zwecke sind allerdings nach wie vor nicht abzugsfähig. **Mitgliederumlagen** sind **bei Körperschaften**, deren Mitgliedsbeiträge steuerlich nicht abzugsfähig sind, dann als Spende **abzugsfähig, wenn** zu ihrer Zahlung **keine** rechtliche **Verpflichtung besteht**. Ein nachdrücklicher Spendenaufruf ist für die Freiwilligkeit allerdings unschädlich.

* Da **Zahlungen aufgrund eines Strafverfahrens als Bewährungsauflage oder Sühnezahlung** nicht freiwillig erfolgen, ist in diesen Fällen ein Spendenabzug nicht möglich (Kießling/Buchna a.a.O. S. 280).

In der Praxis häufig schwer abgrenzbar ist die **Unentgeltlichkeit** der Zuwendung, insbesondere im Zusammenhang mit **Sponsoring** (vgl. dazu im einzelnen unten B. V. S. 152; sowie Sponsoringerlass vom 18.2.1998 BStBl. I 1998 S. 212). Zum einen ist ein bloßer **Hinweis auf** den **Spender** für die Unentgeltlichkeit **unschädlich**. Zum anderen führt eine aktive **Werbung** der steuerbegünstigten Körperschaft im Einzelfall zum Entstehen eines steuerpflichtigen **wirtschaftlichen Geschäftsbetriebs**.

Beispiele:

*Das **Autohaus A** übereignet einer gemeinnützigen **Diakoniestation** unentgeltlich ein **Dienstfahrzeug**, das die Aufschrift „Autohaus A hat die tollsten und neuesten Modelle" trägt. Die Diakoniestation verpflichtet sich, das Fahrzeug an belebten Stellen abzustellen. Mit der Benutzung des Fahrzeugs erbringt die Diakoniestation eine Werbeleistung, die der Zuwendung des Fahrzeugs gegenüber steht. Damit ist der Spendenabzug ausgeschlossen. Da das Autohaus A jedoch mit der Zurverfügungstellung des Fahrzeugs im betrieblichen Interesse handelt, dürfte bei ihm der Betriebsausgabenabzug möglich sein. Bei der Diakoniestation entsteht ein steuerpflichtiger wirtschaftlicher Geschäftsbetrieb.*

***Spender S** hatte einen **Herzinfarkt**. Da das DRK-Rettungsfahrzeug sehr rasch zur Stelle war, konnte er gerettet werden. Aus Dankbarkeit spendet er ein neues Rettungsfahrzeug. Über die Spende wird im redaktionellen Teil der Lokalzeitung berichtet. Das Rettungsfahrzeug erhält an der Fahrertüre einen kleinen Hinweis „Gespendet von S". S erwartet sich mit seiner Spende keine Gegenleistung, er will in erster Linie seine Dankbarkeit zum Ausdruck bringen. Der Spenderhinweis in Presse und auf dem Fahrzeug steht der Annahme der Spende unter dem Motto „Tue Gutes und rede darüber" nicht entgegen.*

Der Begriff der Spende setzt weiter eine **Ausgabe des Zuwendenden** voraus. Darunter wird üblicherweise eine Wertabgabe aus dem Vermögen des Zuwendenden verstanden. Dies ist bei **Blutspenden** zweifelhaft, jedoch wohl zu verneinen, da das Blut erst nach der Entnahme zu einem Vermögenswert wird (Märkle a.a.O. S. 258). Für den **Zeitpunkt der Spende** ist der Zeitpunkt des **Abflusses beim Spender** maßgebend, und zwar auch dann, wenn sich der Spender bereits früher zu seiner Leistung verpflichtet hatte. Eine **andere Betrachtungsweise** gilt auch dann nicht, **wenn** die **Spende direkt aus** dem **Betriebsvermögen** geleistet wird. In derartigen Fällen gelten zwar handelsrechtlich die **Bilanzierungsgrundsätze**, d.h. eine Spende, die aufgrund einer in einem Jahr eingegangenen Verpflichtung in mehreren Folgejahren geleistet wird, ist im Jahr der Verpflichtung bilanziell zu erfassen. Steuerlich verbleibt es aber beim Abflussprinzip.

Spenden sind **grundsätzlich zeitnah für die steuerbegünstigten Zwecke zu verwenden**. Dies gilt **nicht, wenn** die **Zuwendung** aufgrund eines Spendenaufrufs oder aufgrund einer ausdrücklichen Bestimmung des Zuwendenden **zur Vermögensmehrung** der steuerbegünstigten Körperschaft gewährt wird (§ 58 Nr. 11 AO i.d.F. des Gesetzes zur weiteren steuerlichen Förderung von Stiftungen). **Wie Spenden abzugsfähig** sind jedoch auch **solche Zuwendungen, sofern eine Rückgewähr im Falle der Liquidation**

der steuerbegünstigten Körperschaft ausgeschlossen ist (vgl. z.B. Kießling/Buchna a.a.O. S. 279). Dies ist insbesondere für die Einlage in eine gemeinnützige GmbH und die Vermögensgrundausstattung (sog. Grundstockvermögen) einer Stiftung sowie spätere Zustiftungen von Bedeutung.

Spenden eines steuerpflichtigen wirtschaftlichen Geschäftsbetriebs an die steuerbegünstigte Körperschaft selbst sind im Hinblick darauf nicht möglich, dass die Spende nicht zu einem Vermögensabfluss bei der steuerbegünstigten Körperschaft führt. Die Spende aus einem steuerpflichtigen wirtschaftlichen Geschäftsbetrieb der einen steuerbegünstigten Körperschaft an eine andere steuerbegünstigte Körperschaft ist jedoch in den Grenzen des § 10 b EStG möglich (vgl. z.B. Märkle a.a.O. S. 315).

2. Durchlaufspenden

Durchlaufspenden sind **solche Spenden, deren Erstempfänger** eine **juristische Person des öffentlichen Rechts oder eine öffentliche Dienststelle** ist.

Die **Spendenempfangsberechtigung** bzw. die Berechtigung, Zuwendungsbestätigungen auszustellen, ergibt sich aus §§ 10 b EStG, 48 EStDV. Nach § 10 b Abs. 1 S. 1 EStG sind Ausgaben zur Förderung mildtätiger, kirchlicher, religiöser, wissenschaftlicher und der als besonders förderungswürdig anerkannten gemeinnützigen Zwecke bis zur Höhe von insgesamt 5 v.H. des Gesamtbetrags der Einkünfte oder 2 v.T. der Summe der gesamten Umsätze und der im Kalenderjahr aufgewendeten Löhne und Gehälter als Sonderausgaben abzugsfähig. Die Anerkennung der besonderen Förderungswürdigkeit gemeinnütziger Zwecke erfolgt über § 48 EStDV. Bis 31. Dezember 1999 waren die begünstigten Zwecke in Anlage 7 zu Abschnitt 111 der Einkommensteuerrichtlinien aufgeführt. Allerdings enthielt die genannte Anlage 7 für einige Zwecke die Einschränkung, dass sie **nur dann als besonders förderungswürdig anerkannt** waren, **wenn die Zuwendung über eine Körperschaft des öffentlichen Rechts oder öffentliche Dienststelle erfolgte**. In diesen Fällen war eine Zuwendung an eine steuerbegünstigte Körperschaft mit der Berechtigung zum Spendenabzug nur dann möglich, wenn die Zuwendung an eine bzw. über eine Körperschaft des öffentlichen Rechts oder eine öffentliche Dienststelle erfolgte (sog. Durchlaufspende). Dies galt nicht nur für Geld-, sondern auch für Sachspenden, bei denen der Zuwendende der Durchlaufstelle die tatsächliche Verfügungsmacht verschaffen musste (vgl. z.B. Kießling/Buchna a.a.O. S. 297).

Seit dem 1. Januar 2000 (vgl. Verordnung zur Änderung der Einkommensteuerdurchführungsverordnung v. 10.12.1999 BGBl. I 1999 S. 2413) sind **alle steuerbegünstigten Körperschaften berechtigt, Zuwendungsbestätigungen** auszustellen. Die Durchführung des Duchlaufspendenverfahrens ist damit nicht mehr erforderlich, aber weiterhin - sofern die bisherige Durchlaufstelle dazu noch bereit ist - zulässig.

Im Gegensatz zu solchen steuerbegünstigten Körperschaften, die bis zum 31. Dezember 1999 selbst zur Ausstellung von Zuwendungsbestätigungen berechtigt waren, waren **Mitgliedsbeiträge an solche steuerbegünstigte Körperschaften, die lediglich Durchlaufspenden erhalten konnten, nicht mit steuerlicher Wirkung abzugsfähig** (vgl. dazu Abschnitt 111 Abs. 1 S. 2 EStR). Diese Differenzierung wurde auch im Rahmen der Neuregelung des Spendenrechts teilweise beibehalten. **Mitgliedsbeiträge zur Förderung der in Abschnitt B. der Anlage 1 zu § 48 EStDV aufgeführten Zwecke** (insbesondere zur Förderung des Sports, der Förderung kultureller Zwecke, bei denen die Freizeitgestaltung im Vordergrund steht), sind **auch weiterhin einkommensteuerlich nicht abziehbar**.

Besondere Probleme konnten dann auftreten, wenn eine steuerbegünstigte **Stiftung** errichtet werden sollte, **die nur über Durchlaufspenden begünstigte Zwecke verfolgen sollte und bei deren Errichtung die Voraussetzungen für einen Abzug der Vermögenserstausstattung als Spende erfüllt waren**. In derartigen Fällen musste darauf geachtet werden, dass der sich bei Genehmigung der Stiftung ergebende Anspruch auf Vermögenszuwendung in der Weise erfüllt wurde, dass die Zahlung über eine juristische Person des öffentlichen Rechts oder öffentliche Dienststelle an die Stiftung erfolgte.

3. Direktspenden

Bei sog. **Direktspenden** ist die **steuerbegünstigte Körperschaft berechtigt**, für an sie geleistete Spenden **selbst Zuwendungsbestätigungen auszustellen.**

Die Berechtigung, selbst Zuwendungsbestätigungen auszustellen, war bis 31. Dezember 1999 an folgende **Voraussetzungen** geknüpft:

* Die steuerbegünstigte Körperschaft verfolgte einen als **besonders förderungswürdig anerkannten gemeinnützigen Zweck**, bei dem die Spendenberechtigung nicht davon abhängig war, dass die Zuwendung über eine juristische Person des öffentlichen Rechts oder eine öffentliche Dienststelle erfolgt.
* Die steuerbegünstigte Körperschaft verfolgte **mildtätige Zwecke**.
* Die steuerbegünstigte Körperschaft verfolgte **kirchliche Zwecke**.
* Die steuerbegünstigte Körperschaft verfolgte **religiöse Zwecke**.

Seit 1. Januar 2000 sind **alle steuerbegünstigten Körperschaften** berechtigt, Spendenbescheinigungen - nach neuer Terminologie **Zuwendungsbestätigungen - auszustellen**. Lediglich **für einige** steuerbegünstigte **Zwecke** bestehen die o. g. **Einschränkungen bei** der Abzugsfähigkeit von **Mitgliedsbeiträgen**.

Der **Empfänger der Spende muss bestätigen**, dass er den zugewendeten Betrag **nur für seine satzungsmäßigen Zwecke** verwendet. Die Zuwendungsbestätigung muss **von einer** durch Satzung oder durch einen Auftrag der Empfängerkörperschaft **zur Entgegennahme von Zahlungen berechtigten Person unterzeichnet** sein. Eine **maschinelle Erstellung** von Zuwendungsbestätigungen ist mit Genehmigung des Finanzamts zulässig. Die Voraussetzungen dafür sind in Abschnitt 111 Abs. 5 EStR geregelt. Zu den formalen Anforderungen an Zuwendungsbestätigungen vgl. unten 7. S. 139.

4. Geldspenden und Sachspenden

Im Hinblick auf den Gegenstand der Spende unterscheidet man in **Geldspenden und Sachspenden**. Während die Gewährung von Geldspenden im Regelfall keine Probleme und Fragen aufwirft, stellen sich derartige Fragen im Zusammenhang mit der Sachspende und ihrer Bewertung häufiger.

Wie bereits ausgeführt, ist eine **Spende eine Ausgabe, d.h. eine Wertabgabe, die aus dem geldwerten Vermögen des Spenders abfließt**. Als **Sachspenden** kommen insbesondere in Betracht

* eine Übereignung von Sachen im engeren Sinne
* ein Verzicht auf Forderungen.

Die folgenden **Einzelfragen** sind von größerer praktischer Bedeutung:

* Nach § 10 b Abs. 3 S. 4 EStG ist für die Ausstellung einer Zuwendungsbestätigung im Zusammenhang mit dem **Verzicht auf Aufwendungsersatzansprüche** erforderlich, dass der Spender einen **rechtlich durchsetzbaren Aufwendungsersatzanspruch** gegen die steuerbegünstigte Körperschaft hat, auf den er wirksam verzichtet. Der **Aufwendungsersatzanspruch** muss **durch Vertrag, Satzung oder** einen rechtsgültigen **Vorstandsbeschluss** eingeräumt worden sein, und zwar bevor die zum Aufwand führende Tätigkeit begonnen worden ist. Für die Anerkennung eines Aufwendungsersatzanspruchs aufgrund eines **Vorstandsbeschlusses** ist **zusätzlich erforderlich, dass** der entsprechende **Beschluss den Mitgliedern** in geeigneter Weise **bekannt gemacht worden ist**. Die **steuerbegünstigte Körperschaft** muss auch **in der Lage** sein, den **Ersatzanspruch zu erfüllen** (vgl. zum ganzen BMF-Schreiben vom 7.6.1999 BStBl. I 1999 S. 591). Der **Verzicht auf** einen **Aufwendungsersatzanspruch** führt zu einer **Geldspende**. Der **Verzicht** muss **gegenüber der spendenempfangsberechtigten, steuerbegünstigten Körperschaft** erfolgen.

* **Nutzungen und Leistungen** sind entgegen einer früheren Rechtsprechung, die dies eingeschränkt für zulässig gehalten hatte, **nicht spendenfähig** (§ 10 b Abs. 3 S. 1 EStG).

* Alternativ zur Spende von Nutzungen und Leistungen kommt die **Vereinbarung einer angemessenen Vergütung zwischen der steuerbegünstigten Körperschaft und dem Spender** in Betracht. Der Spender erhält seine Vergütung von der steuerbegünstigten Körperschaft und spendet aufgrund eines freiwilligen Entschlusses - nicht aufgrund einer zuvor getroffenen Absprache - einen entsprechenden Betrag an die steuerbegünstigte Körperschaft.

Sachspenden sind grundsätzlich mit ihrem gemeinen Wert zu bewerten. Eine **Ausnahme** gilt nach § 6 Abs. 1 Nr. 4 EStG **dann, wenn der Spender das gespendete Wirtschaftsgut zum Buchwert aus dem Betriebsvermögen entnommen hatte und unmittelbar im Anschluss an die Entnahme der steuerbegünstigten Körperschaft als Sachspende zuwendet**. In derartigen Fällen darf die Sachspende höchstens mit dem Entnahmewert angesetzt werden. Durch die Entnahme entsteht außerdem **Umsatzsteuer** (sog. unentgeltliche Wertabgabe). Wird diese vom Spender getragen, so kann **auch hierüber** eine **Zuwendungsbestätigung** ausgestellt werden.

5. Sonderregelungen für Stiftungen

Seit dem 1. Januar 2001 sind **Zuwendungen in den Vermögensstock** bei Errichtung von **Stiftungen über** die allgemeinen **Abzugsbeträge hinaus** mit DM 600.000,--, ab 1. Januar 2002 mit Euro 307.000,--, **abzugsfähig**. Die Zuwendungen müssen **innerhalb eines** Zeitraums von einem **Jahr nach Gründung der Stiftung** erfolgen und können auf Antrag des Steuerpflichtigen **im Jahr der Zuwendung und in den folgenden neun Jahren abgezogen** werden. Der Abzugsbetrag wird dem Steuerpflichtigen (auch Ehegatten) **innerhalb** eines Zeitraums **von zehn Jahren nur einmal** gewährt.

Dieser **zusätzliche Abzugsbetrag** wird **nur bei** der **Einkommen- und ggf. der Gewerbesteuer, nicht** aber der **Körperschaftsteuer** gewährt. Im Gegensatz zum zusätzlichen jährlichen Abzugsbetrag für Zuwendungen an Stiftungen (vgl. unten) kann dieser Betrag **auch für** Zuwendungen an **Stiftungen, die** sog. **Freizeitzwecke** i.S.d. § 52 Abs. 2 Nr. 4 AO **verfolgen**, gewährt werden.

Neben dem allgemeinen Spendenabzug und dem zusätzlichen Betrag bei Errichtung von Stiftungen sind **einkommensteuerlich, körperschaftsteuerlich und gewerbesteuerlich jährlich** bis zu DM 40.000,-- - ab dem 1. Januar 2002 Euro 20.450,-- - **abzugsfähig**, sofern die Zuwendung an eine **Stiftung** erfolgt, **die keine Zwecke i.S.d. § 52 Abs. 2 Nr. 4 AO fördert**.

6. Steuerliche Begünstigung von Zuwendungen an eine steuerbegünstigte Körperschaft im Überblick

In der Praxis von besonderer Bedeutung sind die einzelnen **steuerlichen Vergünstigungen**, die einer steuerbegünstigten Körperschaft und für Zuwendungen an eine steuerbegünstigte Körperschaft gewährt werden. In den nachfolgenden Übersichten werden, gegliedert nach den einzelnen steuerbegünstigten Zwecken, dargestellt:

* die **Höchstgrenzen für den Spendenabzug**; soweit in der Zuwendungsbestätigung die Verwendung für solche Zwecke angegeben wird, für die der erhöhte Spendenabzug gewährt wird, muss die steuerbegünstigte Körperschaft die Verwendung für diese Zwecke auch nachprüfbar dokumentieren.

* die Zulässigkeit eines **Spendenvor- und -rücktrags für Großspenden** für Einzelspenden von mehr als DM 50.000,--, ab dem 1. Januar 2002 von mehr als Euro 25.565,--, bis 31. Dezember 1998 zwei Jahre zurück und fünf Jahre vor bei der Einkommensteuer, Vortrag auf sieben Jahre bei Körperschaftsteuer und Gewerbesteuer, seit 1. Januar 1999 ein Jahr zurück und fünf Jahre vor bei der Einkommensteuer, Vortrag auf sechs Jahre bei Körperschaftsteuer und Gewerbesteuer.

* der zusätzliche **einmalige Abzugsbetrag bei Errichtung einer Stiftung** in Höhe von DM 600.000,--, ab dem 1. Januar 2002 in Höhe von Euro 307.000,--.

* der zusätzliche **jährliche Abzugsbetrag für Zuwendungen an Stiftungen** in Höhe von DM 40.000,--, ab dem 1. Januar 2002 in Höhe von Euro 20.450,--.

* der **Verzicht auf die Versteuerung von stillen Reserven bei Beginn der Steuerbefreiung / Ende der Steuerpflicht** nach § 13 KStG.

* die **Entnahme von Wirtschaftsgütern aus einem Betriebsvermögen zum Buchwert.**

* die Möglichkeit, durch eine Spende die bereits angefallene **Erbschaft- oder Schenkungsteuer** zu tilgen.

Zwecke	Höchstgrenze für Spendenabzug	Spendenvor- und -rücktrag für Großspenden	Abzugsbetrag bei Stiftungserrichtung	Zuwendungen an Stiftungen
mildtätige	10 v.H. der Einkünfte oder 2 v.T. der Löhne, Gehälter und Umsätze	ein Jahr zurück, fünf Jahre vor bei ESt, Vortrag auf sechs Folgejahre bei KSt und GewSt	ja, auch bei KSt	ja, nicht bei KSt
kirchliche	5 v.H. der Einkünfte oder 2 v.T. der Löhne, Gehälter und Umsätze	nicht möglich	ja, auch bei KSt	ja, nicht bei KSt
religiöse	5 v.H. der Einkünfte oder 2 v.T. der Löhne, Gehälter und Umsätze	nicht möglich	ja, auch bei KSt	ja, nicht bei KSt
wissenschaftliche	10 v.H. der Einkünfte oder 2 v.T. der Löhne, Gehälter und Umsätze	ein Jahr zurück, fünf Jahre vor bei ESt, Vortrag auf sechs Folgejahre bei KSt und GewSt	ja, auch bei KSt	ja, nicht bei KSt
als besonders förderungswürdig anerkannte gemeinnützige	5 v.H. der Einkünfte oder 2 v.T. der Löhne, Gehälter und Umsätze	nicht möglich	ja, auch bei KSt	ja, nicht bei KSt
als besonders förderungswürdig anerkannte kulturelle	10 v.H. der Einkünfte oder 2 v.T. der Löhne, Gehälter und Umsätze	ein Jahr zurück, fünf Jahre vor bei ESt, Vortrag auf sechs Folgejahre bei KSt und GewSt	ja, auch bei KSt	ja, nicht bei KSt
nicht als besonders förderungswürdig anerkannte gemeinnützige	kein Spendenabzug	nicht möglich	ja, auch bei KSt	ja, nicht bei KSt
Freizeitzwecke i.S.d. § 52 Abs. 2 Nr. 4 AO	5 v.H. der Einkünfte oder 2 v.T. der Löhne, Gehälter und Umsätze	nicht möglich	ja, auch bei KSt	nein

Übersicht: Ertragsteuerliche Begünstigung des Spenders beim Spendenabzug

Zwecke	Verzicht auf Besteuerung der stillen Reserven (Buchwertansatz) bei Ende der Steuerpflicht § 13 KStG	Entnahme zum Buchwert § 6 Abs. 1 Nr. 4 EStG	Erlöschen der Erbschaft-/ Schenkungsteuer § 29 ErbStG
mildtätige	ja	möglich	möglich
kirchliche	ja	möglich	möglich
religiöse	ja	möglich	möglich
wissenschaftliche	ja	möglich	möglich
als besonders förderungswürdig anerkannte gemeinnützige	ja	möglich	möglich
kulturelle	ja	möglich	möglich
nicht als besonders förderungswürdig anerkannte gemeinnützige	nicht möglich	nur bei Errichtung von Stiftungen	möglich
Freizeitzwecke (§ 52 Abs. 2 Nr. 4 AO)	nicht möglich	nicht möglich	nicht möglich

Übersicht: Verzicht auf die Besteuerung stiller Reserven und das Erlöschen entstandener Erbschaft- und Schenkungsteuer

7. Formale Anforderungen an Zuwendungsbestätigungen

Spenden dürfen **nur abgezogen** werden, **wenn** sie durch eine **Zuwendungsbestätigung** nachgewiesen werden. Die Zuwendungsbestätigungen müssen vom Zuwendungsempfänger auf einem **amtlich vorgeschriebenen Vordruck** ausgestellt werden. Dieser darf eine DIN-A4-Seite nicht überschreiten (vgl. dazu insgesamt § 50 Abs. 1 EStDV n.F.). Auf diesen darf weder ein zusätzlicher Text (z.B. Dankesbezeugung) aufgenommen noch dürfen Textpassagen weggelassen werden.

Der amtlich vorgeschriebene Vordruck (vgl. BStBl. I 1999 S. 982 f., BStBl. I 2000 S. 132, für Stiftungen BStBl. I 2000 S. 1557) enthält detaillierte Angaben nicht nur zum Zuwendenden und dem Zuwendungsempfänger, sondern insbesondere auch zu Wert und Art der Zuwendung (Geld-, Sach-, Aufwandsspenden). Ein Doppel der ausgestellten Zuwendungsbestätigung ist vom Zuwendungsempfänger aufzubewahren (§ 50 Abs. 4 EStDV).

8. Ausnahmen vom Erfordernis einer Zuwendungsbestätigung

Zur steuerlichen Geltendmachung einer Spende benötigt der Spender grundsätzlich eine entsprechende Zuwendungsbestätigung, bei Direktspenden der steuerbegünstigten Körperschaft, bei Durchlaufspenden der Durchlaufstelle. Von diesem Grundsatz bestehen die folgenden **Ausnahmen, in denen der Einzahlungsbeleg der Post oder eines Kreditinstituts ausreicht** (§ 50 Abs. 2 EStDV):

* Die Zuwendung erfolgt **zur Linderung der Not in Katastrophenfällen** innerhalb eines von den obersten Finanzbehörden der Länder im Benehmen mit dem Bundesminister der Finanzen zu bestimmenden Zeitraums. Die Zahlung muss außerdem erfolgen auf ein Sonderkonto

- einer inländischen juristischen Person des öffentlichen Rechts

- einer inländischen öffentlichen Dienststelle

- eines Spitzenverbands der freien Wohlfahrtspflege einschließlich seiner Mitgliedsorganisationen.

* Die **Zuwendung übersteigt den Betrag von DM 100,--, ab 1. Januar 2002 Euro 100,--, nicht.** Weitere Voraussetzung ist, dass der Empfänger

- eine inländische juristische Person des öffentlichen Rechts

- eine inländische öffentliche Dienststelle

- eine Körperschaft, Personenvereinigung oder Vermögensmasse im Sinne des § 5 Abs. 1 Nr. 9 KStG ist, wenn der steuerbegünstigte Zweck, für den die Zuwendung verwendet wird, und die Angaben über die Freistellung des Empfängers von der

Körperschaftsteuer auf einem von ihm hergestellten Beleg aufgedruckt sind und darauf angegeben ist, ob es sich bei der Zuwendung um eine Spende oder einen Mitgliedsbeitrag handelt.

9. Vertrauensschutz und Haftung bei Ausstellung unrichtiger Zuwendungsbestätigungen

Nach §§ 10 b Abs. 4 EStG, 9 Abs. 3 KStG und 9 Nr. 5 GewStG genießt ein Steuerpflichtiger **grundsätzlich Vertrauensschutz für Zuwendungsbestätigungen.** Es gelten jedoch die **folgenden Ausnahmen** hiervon, wobei das Vorliegen einer der beiden Voraussetzungen ausreicht:

* **Der Steuerpflichtige hat die Zuwendungsbestätigung durch unlautere Mittel oder falsche Angaben erwirkt.** Dabei muss das Verhalten des Steuerpflichtigen für die Ausstellung der Zuwendungsbestätigung ursächlich gewesen sein. Das Verhalten von Vertretern muss sich der Steuerpflichtige ggf. zurechnen lassen.

Diese Voraussetzung liegt *beispielsweise* vor bei einer Täuschung, Drohung oder Bestechung des Ausstellers der Zuwendungsbestätigung.

* **Dem Steuerpflichtigen war die Unrichtigkeit der Bestätigung bekannt oder infolge grober Fahrlässigkeit nicht bekannt.**

Besteht zugunsten des Spenders ein Vertrauensschutz, so kann unter den nachfolgenden Voraussetzungen eine **Haftung des Ausstellers der unrichtigen Zuwendungsbestätigung bzw. dessen eintreten, der die nicht bestimmungsgemäße Mittelverwendung veranlasst.**

* Unter folgenden **Voraussetzungen** tritt eine Haftung ein:

• **Die zur Ausstellung einer Zuwendungsbestätigung befugte Person stellt vorsätzlich oder grob fahrlässig eine unrichtige Zuwendungsbestätigung aus.** Dabei handelt grob fahrlässig, wer die nach seinen persönlichen Kenntnissen und Fähigkeiten gebotene und zuzumutende Sorgfalt in ungewöhnlichem Maße und in nicht entschuldbarer Weise verletzt (vgl. L. Schmidt, EStG, 20. Auflage 2001, § 10 b

Anm. 50). Dabei kann die Zuwendungsbestätigung vor allem deshalb unrichtig sein, weil die Zuwendung falsch bezeichnet wird oder die empfangende Körperschaft nicht steuerbefreit ist.

- **Es wird veranlasst, dass die Zuwendungen nicht zu den in der Bestätigung angegebenen steuerbegünstigten Zwecken verwendet werden.** Bei dieser Haftung handelt es sich um eine **Gefährdungs- bzw. Verursachungshaftung, die kein Verschulden der handelnden Person voraussetzt!**

Als *Beispiele* sind die Verwendung für **andere** steuerbegünstigte Zwecke (insoweit differenzierend Kießling/Buchna a.a.O. S. 308) oder private Zwecke sowie die Verwendung in einem steuerpflichtigen wirtschaftlichen Geschäftsbetrieb zu nennen.

- **Rechtsfolge ist die Haftung für die entgangene Steuer.** Diese wird hinsichtlich der Höhe pauschal mit 40 v.H. des zugewendeten Betrags bei der Einkommen- und Körperschaftsteuer (§§ 10 b Abs. 4 EStG, 9 Abs. 3 KStG) und 10 v.H. des zugewendeten Betrags bei der Gewerbesteuer zugrunde gelegt. **Umstritten** ist die Frage, **ob eine Haftung nur dann** eintritt, **wenn sich** die **Zuwendungsbestätigung** tatsächlich **steuerlich ausgewirkt hat.** Märkle (a.a.O. S. 279) vertritt die Auffassung, dass keine Haftung eintritt, wenn die Zuwendungsbestätigung keinen Steuerausfall zur Folge hatte.

Grundsätzlich können sowohl die **handelnde Person** als auch die **steuerbegünstigte Körperschaft** in Haftung genommen werden. Die **handelnde Person** hat allerdings im Falle ihrer Inanspruchnahme einen **Aufwendungsersatzanspruch gegenüber** der **steuerbegünstigten Körperschaft, sofern** es sich **nicht** um ein **Vorstandsmitglied oder sonstiges Organ** handelt. Handelt es sich um ein **Organ, so geht** die **Finanzverwaltung** für den Fall der Inanspruchnahme ohnehin **davon aus, dass** die steuerbegünstigte **Körperschaft für** sein **Handeln nach § 31 BGB haftet.** Deshalb wird in derartigen Fällen regelmäßig die steuerbegünstigte Körperschaft und nicht das handelnde Organ in Anspruch genommen (vgl. insbesondere Märkle a.a.O. S. 279 f.).

B.
Gemeinnützigkeitsrechtliche Einzelfragen

Im nachfolgenden Abschnitt werden solche Einzelprobleme dargestellt, die in der täglichen Praxis von sozialen Einrichtungen von besonderer Bedeutung sind. Dies sind insbesondere Wohltätigkeitsbazare (vgl. unten I.), Vereinsveranstaltungen/gesellige Zusammenkünfte (vgl. unten II. S. 146), Benefizveranstaltungen (vgl. unten III. S. 147), Vereinszeitschriften (vgl. unten IV. S. 149), Sponsoring (vgl. unten V. S. 152), Vermietung und Betrieb eines Spülmobils (vgl. unten VI. S. 159), Kocheinsätze (vgl. unten VII. S. 161) und Transportleistungen (vgl. unten VIII. S. 163), Leistungen im Zusammenhang mit Blutspenden (vgl. unten IX. S. 167) und betreutem Wohnen (vgl. unten X. S. 169).

I. Wohltätigkeitsbazare

Häufig werden von steuerbegünstigten Körperschaften zur Erzielung zusätzlicher Einnahmen Wohltätigkeitsbazare veranstaltet. Da darin eine selbstständige nachhaltige Tätigkeit zu sehen ist, durch die Einnahmen oder andere wirtschaftliche Vorteile erzielt werden und die über den Rahmen einer Vermögensverwaltung hinausgeht, liegt ein **wirtschaftlicher Geschäftsbetrieb** im Sinne des § 14 AO vor. Damit ist zu prüfen, ob dieser wirtschaftliche Geschäftsbetrieb die Voraussetzungen eines steuerbegünstigten Zweckbetriebs erfüllt oder ein steuerpflichtiger wirtschaftlicher Geschäftsbetrieb ist.

Die **Voraussetzungen eines steuerbegünstigten Zweckbetriebs** sind **in § 65 AO** geregelt (die Voraussetzungen einer Sonderregelung der §§ 66 ff. AO liegen nicht vor):

* Der wirtschaftliche Geschäftsbetrieb muss **dem Satzungszweck dienen**. Regelmäßig dienen Wohltätigkeitsbazare nicht unmittelbar dem Satzungszweck, sondern nur mittelbar über die Mittelbeschaffung für steuerbegünstigte Zwecke. Damit sind bereits die Voraussetzungen des § 65 Nr. 1 AO in der Regel nicht erfüllt.

* Es ist erforderlich, dass die **satzungsmäßigen Zwecke nur durch einen solchen wirtschaftlichen Geschäftsbetrieb erreicht werden** können (§ 65 Nr. 2 AO). Auch diese Voraussetzung ist bei Wohltätigkeitsbazaren in der Regel nicht erfüllt.

* Es darf **keine vermeidbare Konkurrenzsituation zu nicht begünstigten Betrieben** bestehen. Bei Wohltätigkeitsbazaren besteht eine Wettbewerbssituation zum Handel, zumindest zu Second-Hand-Shops, die im Hinblick darauf, dass der wirtschaftliche Geschäftsbetrieb zur Erfüllung der steuerbegünstigten Zwecke nicht zwingend erforderlich ist, auch nicht hingenommen werden muss (§ 65 Nr. 3 AO).

Damit führt ein **Wohltätigkeitsbazar regelmäßig** zum Entstehen eines **steuerpflichtigen wirtschaftlichen Geschäftsbetriebs**, der dann der Besteuerung unterliegt, wenn die Einnahmen aller steuerpflichtigen wirtschaftlichen Geschäftsbetriebe einer steuerbegünstigten Körperschaft (einschließlich Umsatzsteuer) in dem betreffenden Kalenderjahr den Betrag von DM 60.000,--, ab dem 1. Januar 2002 Euro 30.678,--, übersteigen.

Im Zusammenhang mit der **Ermittlung des Ergebnisses des steuerpflichtigen wirtschaftlichen Geschäftsbetriebs** kann sich die Frage stellen, ob nach § 64 Abs. 5 AO eine Schätzung in Höhe des branchenüblichen Reingewinns möglich ist. Voraussetzung für eine derartige Schätzung ist, dass eine Altmaterialverwertung vorliegt. Damit ist im Einzelfall zu prüfen, ob ein „echter" Wohltätigkeitsbazar oder ein Pfennigbazar vorliegt. Dabei geht die Finanzverwaltung davon aus, dass der **branchenübliche Reingewinn** bei der Verwertung von Altpapier mit 5 v.H. und bei der Verwertung von anderem Altmaterial mit 20 v.H. der Einnahmen anzusetzen ist (AEAO Nr. 23 zu § 64 Abs. 5).

Sind im Einzelfall die Voraussetzungen für eine Schätzung in Höhe des branchenüblichen Reingewinns nicht erfüllt, so stellt sich - insbesondere bei unentgeltlich zur Verfügung gestellten Gegenständen - die Frage nach den **Anschaffungskosten des wirtschaftlichen Geschäftsbetriebs**. Während die früher vertretene sog. Einlagetheorie davon ausging, dass die unentgeltlich zur Verfügung gestellten Gegenstände zunächst der steuerbegünstigten Körperschaft in deren ideellen Bereich zugewendet wurden mit einer anschließenden Einlage zum Teilwert (= Verkehrswert) in den wirtschaftlichen Geschäftsbetrieb, hat der Bundesfinanzhof diese Auffassung mit Urteil vom 26.2.1992 (BStBl. II 1992 S. 693) abgelehnt. Vielmehr ist davon auszugehen, dass derartige „Sachspenden" **unmittelbar in den wirtschaftlichen Geschäftsbetrieb** geleistet werden. Dies hat zur Folge, dass die steuerbegünstigte Körperschaft in ihrem wirtschaftlichen Geschäftsbetrieb nach § 6 Abs. 4 EStG Anschaffungskosten in Höhe des gemeinen Werts der zugewendeten Wirtschaftsgüter hat. Da dieser **Vermögenszugang** in den wirtschaftlichen Geschäftsbetrieb nicht als Einlage behandelt werden kann, **unterliegt** er **bereits** bei der **Zuwendung** im Rahmen der Ergebnisermittlung des wirtschaftlichen Geschäftsbetriebs **der Besteuerung**. Werden die Vermögensgegenstände **anschließend** im Rahmen des Wohltätigkeitsbazars **verkauft**, so wird nur noch der **Mehrwert** abzüglich etwaiger Veräußerungskosten **besteuert**.

Die vorstehende Sachbehandlung hat jedoch nicht nur Folgen auf der Ebene der steuerbegünstigten Körperschaft, sondern auch für den Spender. Da die Zuwendung unmittelbar in den steuerpflichtigen wirtschaftlichen Geschäftsbetrieb gegeben wird, **scheidet die Ausstellung einer Zuwendungsbestätigung aus.**

Ein **steuerpflichtiger wirtschaftlicher Geschäftsbetrieb** mit den oben dargestellten Folgen für steuerbegünstigte Körperschaft und Spender kann auch **nicht dadurch ausgeschlossen** werden, **dass** für die Abnahme von Gegenständen im Rahmen des Wohltätigkeitsbazars eine **Spende verlangt wird**. Denn der Begriff der Spende setzt eine freiwillige und unentgeltliche Zuwendung voraus. **Zur Vermeidung der oben dargestellten negativen Folgen bietet sich jedoch die folgende Gestaltung an:**

Die im Rahmen des steuerpflichtigen wirtschaftlichen Geschäftsbetriebs zu verkaufenden **Gegenstände werden** von dem Dritten nicht der steuerbegünstigten Körperschaft gespendet, sondern an sie **verkauft**. Dies führt bei der steuerbegünstigten Körperschaft im Rahmen ihres steuerpflichtigen wirtschaftlichen Geschäftsbetriebs zu **Anschaffungskosten** und damit zu einer Minderung des steuerpflichtigen Gewinns. Der Dritte erhält seinen **Kaufpreis ausbezahlt** und **spendet** diesen **an die steuerbegünstigte Körperschaft**. Allerdings muss er die **Verfügungsbefugnis über** den **Kaufpreis** erhalten, und es darf **keine Verpflichtung zur Spende** des entsprechenden Betrags bestehen. Diese Gestaltung führt nicht nur zu der oben dargestellten **Minderung des steuerpflichtigen Gewinns** aus dem wirtschaftlichen Geschäftsbetrieb der steuerbegünstigten Körperschaft, sondern auch zum **Spendenabzug** bei dem zuwendenden Dritten, da bei dieser Gestaltung die Spende unmittelbar in den ideellen Bereich gelangt (vgl. zum ganzen auch Märkle a.a.O. S. 201 f. unter Hinweis auf das BFH-Urteil v. 5.12.1990, BStBl. II 1991 S. 308 zur Zahlung und Spende von Aushilfslöhnen).

II. Vereinsveranstaltungen/gesellige Zusammenkünfte

Die Pflege der Geselligkeit ist kein steuerbegünstigter Zweck. Gleichwohl hat der Gesetzgeber erkannt, dass die Pflege der Mitglieder zur Erreichung des Vereinszwecks - vor allem im Hinblick auf die Verbundenheit zur gemeinsamen Sache und die darauf beruhende Bereitschaft zu Spenden und ehrenamtlicher Mitarbeit - unabdingbar ist. **Deshalb wird die Steuerbefreiung nach § 58 Nr. 8 AO nicht dadurch ausgeschlossen, dass eine Körperschaft gesellige Zusammenkünfte veranstaltet, die im Vergleich zu ihrer steuerbegünstigten Tätigkeit von untergeordneter Bedeutung sind.** Da die Durchführung solcher Veranstaltungen nicht als steuerbegünstigt anerkannt ist, dürfen dafür **grundsätzlich keine gemeinnützigkeitsrechtlich gebundenen Mittel eingesetzt** werden (so auch Kießling/Buchna a.a.O. S. 158). Es ist jedoch gemeinnützigkeitsrechtlich unschädlich, wenn die steuerbegünstigte Körperschaft ihren Mitgliedern **angemessene Annehmlichkeiten** zuwendet. Diese sollten jedoch insgesamt pro Mitglied und Jahr den Betrag von DM 60,-- nicht übersteigen (vgl. dazu auch Märkle a.a.O. S. 162).

Werden **für die Teilnahme** allerdings **Entgelte** erhoben, so stellt sich die Frage, ob dadurch ein steuerbegünstigter Zweckbetrieb oder ein **steuerpflichtiger wirtschaftlicher Geschäftsbetrieb** entsteht. Da die Durchführung derartiger Veranstaltungen gemeinnützigkeitsrechtlich lediglich geduldet wird, sie damit nicht den steuerbegünstigten satzungsmäßigen Zwecken entspricht, scheidet eine Anerkennung als steuerbegünstigter Zweckbetrieb regelmäßig schon deshalb aus, weil die Voraussetzungen des § 65 Nr. 1 AO nicht erfüllt sind.

Gesellige Veranstaltungen sind jedoch dann **steuerbegünstigte Zweckbetriebe, wenn sie in erster Linie die Altenhilfe, Jugendhilfe oder das Wohlfahrtswesen** (bei letzterem grundsätzlich nur Tage der offenen Tür in Behinderteneinrichtungen) fördern (§§ 65, 66 AO, AEAO Nr. 8 zu § 68 AO).

III. Benefizveranstaltungen

Auch für die gemeinnützigkeitsrechtliche Beurteilung von Benefizveranstaltungen kann auf die **allgemeinen Kriterien zur Abgrenzung von steuerbegünstigten Zweckbetrieben und steuerpflichtigen wirtschaftlichen Geschäftsbetrieben** zurückgegriffen werden:

* **Dient der wirtschaftliche Geschäftsbetrieb den satzungsmäßigen steuerbegünstigten Zwecken (§ 65 Nr. 1 AO)?** Veranstaltet ein **Wohlfahrtsverband** einen **Ball**, dessen Überschuss steuerbegünstigten Zwecken zugute kommen soll, so fördert die Durchführung des Balls nicht unmittelbar die steuerbegünstigten Zwecke. Damit ist die Voraussetzung des § 65 Nr. 1 AO nicht erfüllt, und es liegt ein **steuerpflichtiger wirtschaftlicher Geschäftsbetrieb** vor. Zur Annahme eines steuerbegünstigten Zweckbetriebs könnte man aber dann gelangen, wenn der **Wohlfahrtsverband** ein **Benefizkonzert** durchführen würde **und** sein **Zweck auch** die **Förderung von Kunst und Kultur** wäre.

    Führt dagegen eine **steuerbegünstigte Körperschaft, deren satzungsmäßiger Zweck auf die Förderung der Musik gerichtet ist** (z.B. ein Gesang- oder Musikverein) **ein Konzert durch, dessen Reinerlös einem Wohlfahrtsverband zugute kommen soll**, so sind die Voraussetzungen des § 68 Nr. 7 AO erfüllt. Die Mittelzuwendung an den Wohlfahrtsverband ist unter den Voraussetzungen des § 58 Nr. 2 AO zulässig. D.h. die **Zuwendungen an andere steuerbegünstigte Körperschaften** dürfen im Rahmen der Zweckerfüllung **nicht überwiegen**. Wesentlich bei dieser Gestaltung ist allerdings, dass die **Körperschaft, deren Zweck die Förderung der Musik ist, selbst als Veranstalter** auftritt.

* **Es ist weiter zu prüfen, ob die steuerbegünstigten Zwecke nur durch den wirtschaftlichen Geschäftsbetrieb erreicht werden können.** Diese Frage erübrigt sich für die Veranstaltung eines Balles, da insoweit bereits die Voraussetzungen des § 65 Nr. 1 AO nicht erfüllt sind. Veranstaltet eine Körperschaft, deren Zweck die Förderung die Musik ist, ein Konzert, so liegt (ungeachtet der Voraussetzungen des § 65 Nr. 2 und 3 AO) ein Zweckbetrieb vor, weil die **Veranstaltung von Konzerten nach § 68 Nr. 7 AO** als steuerbegünstigter **Zweckbetrieb** anzuerkennen ist.

Damit liegt dann ein **steuerpflichtiger wirtschaftlicher Geschäftsbetrieb** vor, **wenn von der sozialen Einrichtung** zur Mittelbeschaffung **Veranstaltungen durchgeführt werden, die nicht unmittelbar ihre steuerbegünstigten Zwecke fördern**. Es stellt sich daher die Frage nach einer **steuerlichen Optimierung** vor allem in den Fällen, in denen die Mittelbeschaffung durch eine „überteuerte" Vergütung von Leistungen (sehr hohes Eintrittsgeld o.ä.) erfolgt. Denn in derartigen Fällen führt die Annahme eines steuerpflichtigen wirtschaftlichen Geschäftsbetriebs mit Einbeziehung des überhöhten Entgelts zu einer Besteuerung des erhöhten Betrags, dem grundsätzlich keine angemessene Gegenleistung gegenübersteht.

Als einzige **Ausweichgestaltung** verbleibt die **Erhebung eines angemessenen Entgelts, verbunden mit der Bitte um Gewährung einer Spende**. Dabei ist eine Empfehlung für die Höhe der Spende gemeinnützigkeitsrechtlich unschädlich, solange dazu keine Verpflichtung besteht.

IV. Vereinszeitschriften

Bei Herausgabe und Vertrieb von Vereinszeitschriften stellen sich gemeinnützigkeitsrechtliche Probleme vor allem im Zusammenhang mit dem **Verkauf** (vgl. unten 1.) **und** der **Anzeigenwerbung** (vgl. unten 2. S. 150).

1. Vertrieb von Vereinszeitschriften

Vertreibt die steuerbegünstigte Körperschaft ihre Vereinszeitschrift selbst, so stellt sich die Frage, ob hierin ein **steuerbegünstigter Zweckbetrieb oder** ein **steuerpflichtiger wirtschaftlicher Geschäftsbetrieb** zu sehen ist. Dabei kann die **Abgabe an Mitglieder mit oder ohne** gesondertes **Entgelt** erfolgen, und auch ein **Vertrieb an Dritte** über den Handel ist grundsätzlich denkbar.

Wird die Vereinszeitschrift an die Mitglieder ohne gesondertes Entgelt abgegeben und ist die Vereinszeitschrift auch im Handel erhältlich, so besteht insoweit eine **Wettbewerbssituation** im Sinne des § 65 Nr. 3 AO, die vermeidbar ist, ungeachtet der weiteren Frage, ob die Voraussetzungen des § 65 Nr. 1 und 2 AO erfüllt sind. Dem steht auch die Tatsache, dass die Vereinsmitglieder für den Bezug der Vereinszeitschrift kein - gesondertes - Entgelt zu entrichten haben, nicht entgegen. Vielmehr ist davon auszugehen, dass ein Teil des Beitrags als sog. **unechter Beitrag**, als **Sonderleistungsentgelt**, für den Bezug der Vereinszeitschrift vom Beitrag abzuspalten ist (vgl. insbesondere Rader, ABC der Gemeinnützigkeit S. 181). Damit liegt bei dieser Gestaltung ein **steuerpflichtiger wirtschaftlicher Geschäftsbetrieb** vor.

Wird die Vereinszeitschrift an die Mitglieder unentgeltlich abgegeben und ist sie nicht im Handel erhältlich, so hat keine Abspaltung vom Mitgliedsbeitrag zu erfolgen, und es liegt **kein wirtschaftlicher Geschäftsbetrieb** vor, sofern sich die Vereinszeitschrift auf den Vereinszweck beschränkt (zur umsatzsteuerlichen Behandlung vgl. BdF-Schreiben vom 16.7.1979 BB 1979 S. 1131; Kießling/Buchna a.a.O. S. 229; Rader a.a.O. S. 181).

Wird die Vereinszeitschrift an die Mitglieder verkauft und ist sie auch im Handel erhältlich, so führt ihr Vertrieb zum Entstehen eines **steuerpflichtigen wirtschaftlichen Geschäftsbetriebs**. Insoweit kann auf die Grundsätze verwiesen werden, die für die unentgeltliche Abgabe von Vereinszeitschriften an Vereinsmitglieder gelten, wenn die Vereinszeitschrift auch im Handel erhältlich ist.

Wird die Vereinszeitschrift an die Mitglieder verkauft und ist sie nicht im Handel erhältlich, so entsteht ein wirtschaftlicher Geschäftsbetrieb im Sinne des § 14 AO. Dann ist **im Einzelfall zu prüfen, ob ein steuerbegünstigter Zweckbetrieb oder ein steuerpflichtiger wirtschaftlicher Geschäftsbetrieb** vorliegt. Dafür ist der **Inhalt entscheidend**. Beschränkt sich der Inhalt auf die satzungsmäßigen Zwecke, so wird man im Regelfall einen steuerbegünstigten Zweckbetrieb annehmen können.

2. Anzeigenwerbung in der Vereinszeitschrift

Da die Anzeigenwerbung grundsätzlich darauf ausgerichtet ist, Einnahmen zu erzielen und die Vermarktung der einzelnen Anzeigenseiten durch die steuerbegünstigte Körperschaft über eine reine Vermögensverwaltung hinausgeht, liegt insoweit ein **wirtschaftlicher Geschäftsbetrieb im Sinne des § 14 AO** vor. Im Hinblick darauf, dass die steuerbegünstigte Körperschaft mit der Vermarktung der Anzeigenseiten i.d.R. nicht unmittelbar satzungsmäßige Zwecke verfolgt, sondern Mittel für die Verwirklichung der steuerbegünstigten Zwecke beschafft, ist die Vermarktung der Anzeigenwerbung **in der Regel als steuerpflichtiger wirtschaftlicher Geschäftsbetrieb** zu qualifizieren. Eine Ausnahme wird von Rader (a.a.O S. 85) dann angenommen, wenn es sich bei den Anzeigen um Traueranzeigen einer Landsmannschaft handelt.

Liegt im Einzelfall ein steuerpflichtiger wirtschaftlicher Geschäftsbetrieb vor, so stellt sich die Frage nach der **Kostenzuordnung. Unproblematisch** ist die Zurechnung der **direkt zuordenbaren Kosten**, wie z.B. die Kosten eines Graphikers für die Gestaltung der Anzeigenseiten. **Problematisch** ist allerdings die Zuordnung der **nicht unmittelbar zuzuordnenden Kosten**, wie z.B. der Versandkosten oder der Verwaltungskosten. Insoweit wäre nach dem **Urteil des BFH vom 27.3.1991** (DB 1991 S. 2117) regelmäßig kaum eine Kostenzuordnung in größerem Umfang möglich, sofern die Herausgabe und der Vertrieb der Vereinszeitschrift selbst dem ideellen Bereich zuzuordnen oder als steuerbegünstigter Zweckbetrieb zu qualifizieren ist. Denn insoweit ist allenfalls davon auszugehen, dass dem steuerpflichtigen wirtschaftlichen Geschäftsbetrieb das durch die Anzeigenseiten entstehende Mehrporto zuzurechnen ist. Nach **Auffassung der**

Finanzverwaltung (vgl. OFD Cottbus, Verfügung v. 10.9.1996 DB 1996 S. 2004) kann dagegen in der Regel eine **anteilige Zuordnung** auch **dieser Aufwendungen** erfolgen, sofern hierfür ein **wirtschaftlich vernünftiger Maßstab** gefunden werden kann. Bei den Portokosten bietet sich insoweit eine Aufteilung im Verhältnis der Anzeigenseiten zu den redaktionellen Seiten an. Die Finanzverwaltung lässt jedoch auch einen **pauschalen Werbungskostenabzug** in Höhe von 25 v.H. der Werbeeinnahmen zu (vgl. AEAO Nr. 4 zu § 64 AO - noch - nicht aufgehoben). Noch weiter geht **§ 64 Abs. 6 Nr. 1 AO** i.d.F. des Gesetzes zur Änderung des Investitionszulagengesetzes vom 20.12.2000 (BGBl. I 2000 S. 1850 ff.). Nach dieser Regelung, die mit Wirkung **ab** dem **1. Januar 2000** gilt, kann bei der Werbung für Unternehmen, die im Zusammenhang mit der steuerbegünstigten Tätigkeit einschließlich Zweckbetrieben stattfindet, der Besteuerung ein **Gewinn** von **15 % der Einnahmen** zugrundegelegt werden.

Um das **Entstehen eines steuerpflichtigen wirtschaftlichen Geschäftsbetriebs** im Zusammenhang mit der **Anzeigenwerbung** zu **vermeiden**, wurden die **entsprechenden Seiten der Vereinszeitschrift** häufig insgesamt **an einen gewerblichen Unternehmer**, z.B. eine Werbeagentur, **verpachtet**. Sofern die steuerbegünstigte Körperschaft **keinen Einfluss** auf die **Vermarktung** der Anzeigenseiten nimmt, **kein Unternehmerrisiko** trägt und dem **Pächter**, der Werbeagentur, **mindestens 10% des Gewinns aus der Vermarktung der Anzeigenwerbung** verbleiben, führt diese Gestaltung nach derzeitiger Verwaltungsauffassung (Kießling/Buchna a.a.O. S. 212, Sponsoringerlass i.d.F. vom 18.2.1998 BStBl. I 1998 S. 212 Tz 8 a.E.) zu einer Zuordnung in den Bereich der steuerbegünstigten **Vermögensverwaltung**. Allerdings ist zu beachten, dass die Attraktivität der Anzeigenwerbung von der Attraktivität der Vereinszeitschrift insgesamt und im besonderen ihres redaktionellen Teils abhängig ist, für die die steuerbegünstigte Körperschaft verantwortlich ist. Daher ist nicht auszuschließen, dass sich diese Verwaltungsauffassung insbesondere durch eine entsprechende Rechtsprechung ändert und ein steuerpflichtiger wirtschaftlicher Geschäftsbetrieb anzunehmen ist. So hat der BFH in seinem Urteil v. 2.7.1997 (Az. I R 67/96) die Bandenwerbung wegen des engen Zusammenhangs mit der Sportveranstaltung nicht der Vermögensverwaltung, sondern einem steuerpflichtigen wirtschaftlichen Geschäftsbetrieb zugeordnet (so auch FG München Urt. v. 3.7.1996 (EFG 1996 S. 1180)).

Im Hinblick auf die Neuregelung des **§ 64 Abs. 6 Nr. 1 AO** dürfte die **Verpachtung von Werberechten künftig nur** dann noch **von Bedeutung** sein, **wenn die Voraussetzungen des § 64 Abs. 6 Nr. 1 AO** im Einzelfall **nicht erfüllt** sind.

V. Sponsoring

Nach einer gängigen **Definition** (M. Bruhn, Sponsoring, S. 21) bedeutet Sponsoring „die

* **Planung, Organisation, Durchführung und Kontrolle** sämtlicher Aktivitäten,

* die mit der **Bereitstellung von Geld, Sachmitteln oder Dienstleistungen durch Unternehmen**

* zur **Förderung** von Personen und/oder Organisationen **im sportlichen, kulturellen und/oder sozialen Bereich** verbunden sind,

* um damit **gleichzeitig Ziele der Unternehmenskommunikation** zu erreichen."

Damit ist **Sponsoring i.e. Sinne grundsätzlich** durch **Leistung und Gegenleistung** gekennzeichnet. Der Sponsor handelt im Gegensatz zum Mäzen oder Spender nicht altruistisch; er verfolgt mit dem Sponsorship eigene wirtschaftliche Interessen.

Im Gegensatz zur reinen Werbung will der Sponsor nicht nur auf sich und seine Produkte hinweisen, sondern **gleichzeitig den Gesponserten fördern**. Durch den Hinweis auf die Förderung wird der Werbeeffekt für den Sponsor noch verstärkt. **In wettbewerbsrechtlicher Sicht** können sich dabei **für den Sponsor erhebliche Beschränkungen** ergeben, die bei der Planung eines Sponsorships neben den schuldrechtlichen und steuerlichen Gesichtspunkten unbedingt zu beachten sind. Die Grenzen zwischen Werbung und Sponsoring sind im Einzelfall schwierig zu ziehen. Insbesondere beim Sportsponsoring überwiegt der Werbegedanke gegenüber der Förderung.

Um die Wirkung eines Sponsorships für den Sponsor - und auch für den Gesponserten! - zu optimieren, sollten möglichst **weitreichende Imageparallelen zwischen Sponsor und Gesponsertem** bestehen. Um dies und die Abstimmung des weiteren Verhaltens der Beteiligten zu sichern, sollte möglichst ein **schriftlicher Sponsoringvertrag** abgeschlossen werden, in dem insbesondere **Verhaltenspflichten**, die Frage der **Exklusivität**, die beidseitigen **Hauptleistungspflichten**, wie die **Zahlungs- bzw. Leistungsverpflichtung des Sponsors**, geregelt werden sollten. Dem Charakter des Sponsorings, das auf dem Prinzip von Leistung und Gegenleistung aufbaut, entspricht es, dies auch vertraglich festzuhalten.

Sponsoring tritt vor allem **als**

* **Sportsponsoring**
* **Kultursponsoring**
* **Ökosponsoring**
* **Soziosponsoring**

in Erscheinung. Dabei überwiegt das **Sportsponsoring** im Hinblick auf das Fördervolumen bei weitem. So schätzt Bruhn das **Volumen im Bereich des Sportsponsoring für 1992 auf DM 1 bis 1,25 Mrd.** Die im Bereich Kultursponsoring 1992 ausgegebenen Mittel schätzt er auf **DM 200 bis 400 Mio**. Auf **Ökosponsoring** und **Soziosponsoring** entfallen danach **zusammen lediglich ca. DM 50 bis 100 Mio**. Eine steigende Tendenz wird im Hinblick auf Imageprobleme im Sportbereich für Kultur-, Öko- und Soziosponsoring erwartet, die jedoch auf absehbare Zeit keine Angleichung an das Volumen im Bereich des Sportsponsorings bringen dürfte.

Schätzungen gehen davon aus, dass die **gesamten Sponsoringaufwendungen** in der Bundesrepublik Deutschland **1997 DM 3,5 Mrd. und 1998 DM 4 Mrd.** betragen haben. Im Jahr **2002** sollen die **Sponsoringaufwendungen** schon **über DM 5 Mrd.** betragen (vgl. Thiel, DB 1998, S. 842 ff.).

Die begriffliche Abgrenzung von Mäzenatentum, Spendenwesen und Sponsoring nimmt Bruhn (a.a.O. S. 20) wie folgt vor:

Merkmale	Art der Förderung		
	Mäzenatentum	Spendenwesen	Sponsoring
Art des Geldgebers	Privatpersonen, Stiftungen	Privatpersonen, Unternehmen	Unternehmen
Motiv(e) der Förderung	**ausschließlich Fördermotive** (altruistisch)	**Fördermotiv dominant, evtl. Steuervorteile** (Gemeinnutz)	**Fördermotiv und Erreichung von Kommunikationszielen** (Eigennutz)
Zusammenarbeit mit Geförderten	teilweise (über Förderbereiche)	nein	ja (Durchführung von Sponsorships)
Medienwirkung	nein (eher privat)	kaum	ja (öffentlich)

Zu einigen grundlegenden Fragen der steuerlichen Behandlung hat die Finanzverwaltung mit **Sponsoringerlass** i.d.F. vom 18. Februar 1998 (BStBl. I 1998 S. 212) Stellung genommen.

Für die **steuerliche Behandlung beim Sponsor** ist entscheidend, dass Sponsoring auf dem Prinzip von Leistung und Gegenleistung beruht. Nach dem Urteil des Bundesfinanzhofs vom 12.9.1990 (BStBl. II 1991 S. 258) gilt für den **Spendenbegriff** folgendes:

„Spenden sind Ausgaben, die von Steuerpflichtigen freiwillig und ohne Gegenleistung zur Förderung der gesetzlich festgelegten Zwecke geleistet werden. Für ihre Abgrenzung von Betriebsausgaben ist die Motivation des Zuwendenden entscheidend."

Damit stellt sich für die steuerliche Behandlung beim Zuwendenden die Frage, ob **der Fördergedanke oder die Gegenleistung im Vordergrund** steht. Steht der **Fördergedanke im Vordergrund**, so handelt es sich um eine **Spende**, steht die **Gegenleistung im Vordergrund**, so liegt **Sponsoring** im klassischen Sinne vor. **Im ersten Fall ist ein Spendenabzug zulässig, im zweiten - sofern das Sponsorship im Zusammenhang mit einer Einkunftsart steht - der Betriebsausgabenabzug.** Die **Aufteilung einer einheitlichen Zuwendung in** einen **Spendenanteil** und einen **Anteil, für den der Betriebsausgabenabzug zulässig ist, ist dagegen nicht möglich.**

Die **Abgrenzung** kann im Einzelfall sehr schwierig sein. Hierzu die folgenden

Beispiele:

*****Privatmann** P erleidet einen **Herzinfarkt**. Weil der Rettungswagen der Johanniter-Unfallhilfe sehr schnell am Einsatzort ist, kann P gerettet werden. Aus Dankbarkeit stellt er der Johanniter-Unfallhilfe ein **neues Rettungsfahrzeug** unentgeltlich zur Verfügung. Er bittet darum, auf Fahrer- und Beifahrertüre folgenden Text mit einer Schriftgröße von zwei Zentimetern anzubringen: „Gespendet von P." Bei einer solchen Darstellung liegt ein bloßer Spenderhinweis vor, der den Spendenabzug nicht ausschließt. Schwieriger zu beurteilen ist dagegen die gleiche Gestaltung, wenn die Aufschrift größer ist oder auf das Unternehmen des Zuwendenden - evtl. mit Firmenlogo - hingewiesen wird.*

*In einem anderen Fall entschließt sich das **Autohaus A**, ein **Fahrzeug** des von ihm vertriebenen Fabrikats der örtlichen **steuerbegünstigten Diakoniestation** unentgeltlich zur*

Verfügung zu stellen. Autohaus A verlangt eine **Übergabe vor laufenden Kameras, schaltet Inserate, versieht das Auto mit einem großen Aufdruck** *„Autohaus A - Qualität, Service, Leistung",* und der **Geschäftsführer der Diakoniestation** *gibt eine* **Pressekonferenz.** *Die Diakoniestation verpflichtet sich ferner, das* **Fahrzeug** *nach Möglichkeit* **an belebten Stellen abzustellen.** *In einem derartigen Falle handelt Autohaus A in erster Linie im Hinblick auf die Werbewirkung, und der Aufwand des Autohauses A kann als Betriebsausgabe abgezogen werden.*

Die Qualifikation beim Zuwendenden als Spende oder Betriebsausgabe kann jedoch auch erhebliche **Folgen für den Gesponserten** haben, sofern es sich bei ihm um eine steuerbegünstigte Körperschaft handelt.

Erfüllt die **Zuwendung** die Voraussetzungen für den **Spendenabzug**, so fließt sie bei der steuerbegünstigten Körperschaft **in den ideellen Bereich.**

Für die steuerliche Behandlung von Sponsor und Gesponsertem gibt es im übrigen **kein Korrespondenzprinzip, wonach solche Leistungen, für die bei dem Zuwendenden der Betriebsausgabenabzug möglich ist,** für den Gesponserten **gemeinnützigkeitsschädlich sind** (vgl. dazu insbesondere Breuninger/Rückert, DB 1993 S. 503). Im einzelnen sind **die folgenden Fragen zu prüfen:**

* **Ist in dem Vermögenszugang bei der steuerbegünstigten Körperschaft eine Gegenleistung für eine Leistung des Gesponserten zu sehen?** Dabei kann - so in dem oben genannten Fall des Autohauses A das Fahrzeug - die Gegenleistung auch in der Nutzung eines Wirtschaftsguts liegen.

   Für Autohaus A steht in dem oben genannten **Beispiel** die **Werbewirkung** im Hinblick auf die **Werbeaufschrift** auf dem Fahrzeug und die **Nutzung des Fahrzeugs** sowie die **Mitwirkung des Geschäftsführers** im Vordergrund. Damit liegt ein Leistungsaustausch vor.

* **Ist der Zufluss der steuerbegünstigten Vermögensverwaltung zuzuordnen?** Ein Zufluss in den Bereich der steuerbegünstigten **Vermögensverwaltung** nach § 14 AO liegt dann vor, wenn die steuerbegünstigte Körperschaft lediglich **Vermögen nutzt.** Zu ihrem Vermögen gehört auch der **Verbandsname**, sofern sich die steuerbegünstigte Körperschaft auf eine **bloße Nutzungsüberlassung** beschränkt **und sich jeden aktiven Tuns enthält.** Die Finanzverwaltung nimmt ein aktives Tun bereits dann an,

155

wenn sich die steuerbegünstigte Körperschaft verpflichtet, das Fahrzeug an belebten Stellen abzustellen (vgl. z.B. OFD Frankfurt a.M. v. 7.7.1999 DB 1999 S. 1780 f.).

*Gestattet in dem vorgenannten Beispiel die **Diakoniestation** dem **Autohaus A**, in einer Anzeigenkampagne damit zu werben, dass das Autohaus A der Diakoniestation ein Fahrzeug unentgeltlich zur Verfügung gestellt hat, so ist dieser Vorgang dem Bereich der **Vermögensverwaltung** zuzurechnen, **wenn die Diakoniestation keine aktive Werbeleistung** (z.B. Verpflichtung, das Fahrzeug an belebten Stellen zu parken, Pressekonferenz unter Mitwirkung des Geschäftsführers der Diakoniestation) übernimmt. Erfolgt eine solche **Verpachtung des Namensrechts** dagegen häufiger bzw. gegenüber ständig wechselnden Geschäftspartnern, so **überschreitet** dies **den Rahmen einer Vermögensverwaltung**. In einem derartigen Falle kann der Besteuerung ein Gewinn von 15 v.H. der Einnahmen zugrundegelegt werden (§ 64 Abs. 6 Nr. 1 AO).*

* Eine Sonderregelung der Finanzverwaltung enthält Tz. 9 des Sponsoringerlasses i.d.F. vom 18.2.1998 (BStBl. I 1998 S. 212). Danach liegt ein **wirtschaftlicher Geschäftsbetrieb** auch dann **nicht** vor, **wenn** der **Gesponserte auf** die **Unterstützung** durch den Gesponserten **lediglich hinweist**. Dieser Hinweis kann nach dem Sponsoringerlass unter **Verwendung des** Namens, **Emblems oder Logos** des Sponsors, jedoch **ohne besondere Hervorhebung**, erfolgen. Nach Auffassung der Finanzverwaltung führt diese Regelung allerdings weder zu einer Zuordnung zum ideellen Bereich noch zur Vermögensverwaltung. Vielmehr handelt es sich um eine **Billigkeitsregelung**, wonach lediglich **keine gemeinnützigkeitsrechtlichen Folgen** aus derartigen Gestaltungen gezogen werden. **Noch nicht abschließend geklärt** ist die **umsatzsteuerliche Behandlung** solcher Gestaltungen.

* **Sofern keine Zuordnung zum Bereich der steuerbegünstigten Vermögensverwaltung möglich ist, liegt ein wirtschaftlicher Geschäftsbetrieb im Sinne des § 14 AO vor.** Damit ist im Einzelfall zu prüfen, ob ein steuerbegünstigter Zweckbetrieb im Sinne des § 65 AO oder ein steuerpflichtiger wirtschaftlicher Geschäftsbetrieb vorliegt. Da die steuerbegünstigte Körperschaft mit dem Sponsorship nicht unmittelbar ihre steuerbegünstigten satzungsmäßigen Zwecke verfolgt, dürfte **kaum ein steuerbegünstigter Zweckbetrieb** in Betracht kommen. Damit liegt **im Regelfall ein steuerpflichtiger wirtschaftlicher Geschäftsbetrieb** vor. Nach **Auffassung der**

Finanzverwaltung (BMF-Schreiben vom 18.2.1998 BStBl. I 1998 S. 212) kann der wirtschaftliche Geschäftsbetrieb kein Zweckbetrieb sein.

Gegenleistung für eine Leistung des Gesponserten ist die Geld- oder Sachleistung des Sponsors. In dem oben dargestellten Beispiel - Übereignung des Fahrzeugs durch das Autohaus A an die Diakoniestation - ist die Übereignung des Fahrzeugs die Gegenleistung für die Erbringung von Werbeleistungen durch die Diakoniestation.

Ermittelt die Diakoniestation ihre Einkünfte aus steuerpflichtigen wirtschaftlichen Geschäftsbetrieben im Wege einer Einnahmen-/Ausgabenrechnung, so ist der Vermögenszugang - das Fahrzeug - grundsätzlich mit seinem gemeinen Wert (= Verkehrswert) als Einnahme im Jahr der Zuwendung zu erfassen, obwohl die Werbeleistung für die Lebensdauer des Fahrzeugs erbracht wird. Die **Verrechnung mit einem Verlust aus dem steuerbegünstigten Zweckbetrieb ist dabei nicht zulässig.** Die Erfassung im Jahr der Zuwendung ist m.E. wenig sachgerecht. Deshalb sollte mit der Finanzverwaltung dahin gehend verhandelt werden, dass nur Beträge in Höhe der AfA als jährliche Einnahme erfasst werden. **Bilanziert dagegen die steuerbegünstigte Körperschaft** nach §§ 140, 141 AO - weil die dort festgelegten Grenzwerte überschritten sind, vgl. dazu oben VI. 1. f) aa) S. 113) - oder nach §§ 4 Abs. 3, 5 Abs. 1 EStG (Einkünfte aus Gewerbebetrieb), so ist m.E. eine **passive Rechnungsabgrenzung des Vermögenszugangs möglich.** Der **Rechnungsabgrenzungsposten** ist dann **entsprechend der Laufzeit der von der steuerbegünstigten Körperschaft zu erbringenden Leistung aufzulösen.** Im Ergebnis führt dies dazu, dass die Einnahme über die ganze Laufzeit - im Beispielsfall die Nutzungsdauer des Fahrzeugs - zu verteilen ist.

Da der gesponserte Gegenstand - im Beispielsfall das Fahrzeug - in erster Linie im Bereich eines steuerbegünstigten Zweckbetriebs eingesetzt wird und der damit verbundene Aufwand auch ohne das Sponsorship in derselben Höhe angefallen wäre, dürfte **keine Zuordnung der Unterhaltskosten zu dem steuerpflichtigen wirtschaftlichen Geschäftsbetrieb möglich sein.**

Eine deutliche **Erleichterung** dürfte auch für derartige Fälle **§ 64 Abs. 6 Nr. 1 AO** i.d.F. des Gesetzes zur Änderung des Investitionszulagengesetzes 1999 vom 20.12.2000 (BStBl. I 2000 S. 1850) mit sich bringen, wonach seit dem 1. Januar 2000 der **Gewinn** aus der Werbung für Unternehmen, die im Zusammenhang mit der steuerbegünstigten

Tätigkeit einschließlich Zweckbetrieben stattfindet, mit **15 % der Einnahmen** angesetzt werden kann.

Da Sponsoring im klassischen Sinne im Regelfall auf dem Prinzip des Leistungsaustauschs beruht, sind auch die **umsatzsteuerlichen Konsequenzen** aus der Gestaltung zu ziehen. Dies bedeutet, dass der Übereignung des Fahrzeugs in dem vorgenannten Beispiel als Gegenleistung eine **Werbetätigkeit der steuerbegünstigten Körperschaft** gegenübersteht. Damit handelt es sich um einen **Tauschumsatz, dessen beide Leistungen jeweils der Umsatzsteuer unterliegen.** Da die **Leistung der steuerbegünstigten Körperschaft** dem Bereich der steuerbegünstigten Vermögensverwaltung oder einem steuerpflichtigen wirtschaftlichen Geschäftsbetrieb zuzurechnen ist, ist sie **nicht von der Umsatzsteuer befreit**. Sofern die steuerbegünstigte Körperschaft nicht aktiv mitwirkt und ihre **Leistung der steuerbegünstigten Vermögensverwaltung zuzurechnen** ist, unterliegt sie der **Umsatzsteuer mit dem ermäßigten Steuersatz. Ist sie dagegen einem steuerpflichtigen wirtschaftlichen Geschäftsbetrieb zuzuordnen**, so fällt **Umsatzsteuer auf der Grundlage des Regelsteuersatzes** an. Soweit der Sponsor ein Unternehmen im Sinne des Umsatzsteuerrechts ist, dürfte hieraus im Hinblick auf dessen Berechtigung zum Vorsteuerabzug kein umsatzsteuerlicher Nachteil entstehen.

Zur **umsatzsteuerlichen Behandlung von Werbemobilen** hat die OFD Frankfurt a.M. mit Verfügung vom 7. Juli 1999 (DB 1999 S. 1780 f.) Stellung genommen. Danach erbringt der **Sponsor** in jedem Falle bereits **mit der Übergabe des Fahrzeugs** seine **Leistung**, und zwar gleichgültig, ob das Fahrzeug sofort übereignet wird oder erst nach Ablauf einer festgelegten Zeitdauer übereignet werden soll. Denn selbst **bei einer späteren Übereignung** gehe das **wirtschaftliche Eigentum** nach Leasinggrundsätzen bereits **mit der Besitzübergabe** auf die steuerbegünstigte Körperschaft über. **Bemessungsgrundlage** ist danach der vom Sponsor bezahlte **Einkaufspreis**.

Die **Leistung** der **steuerbegünstigten Körperschaft** erfolge erst **mit Beendigung** der **Werbeverpflichtung**, da sie erst dann abgeschlossen sei. Teilleistungen lägen nicht vor. **Bemessungsgrundlage** ist der **Einkaufspreis des Fahrzeugs**. Die steuerbegünstigte Körperschaft ist nur insoweit hinsichtlich der Fahrzeuglieferung und der laufenden Kosten vorsteuerabzugsberechtigt, als zusätzliche Werbefahrten durchgeführt werden. Im übrigen scheidet ein Vorsteuerabzug aus.

VI. Vermietung bzw. Betrieb eines Spülmobils

Steuerbegünstigte Wohlfahrtsverbände vermieten oder betreiben häufig sog. Spülmobile, Fahrzeuge, die mit Geschirr und einer Geschirrspülmaschine ausgerüstet sind. Damit soll vor allem bei Sommerfesten ein **Beitrag zum Umweltschutz** durch Vermeidung von Einweggeschirr geleistet werden. Der **gesundheitliche Aspekt** - die hygienische Vorsorge - steht **eher im Hintergrund**.

Dabei unterscheidet sich der Sachverhalt von Fall zu Fall ganz erheblich. So werden Spülmobile häufig von Banken oder anderen Unternehmen unentgeltlich zur Verfügung gestellt, **teilweise mit einem entsprechenden Werbeaufdruck auf dem Fahrzeug, teilweise auch auf dem Geschirr**. Dafür muss sich die steuerbegünstigte Körperschaft häufig neben der Nutzung des Fahrzeugs verpflichten, später hinzugekauftes Geschirr mit dem gleichen Werbeaufdruck zu versehen.

Im Einzelnen stellen sich dabei **folgende Fragen und Probleme**:

* **Ist der Betrieb eines Spülmobils dem Bereich der steuerbegünstigten Vermögensverwaltung zuzurechnen?** Diese Frage ist **im Regelfall** zum **einen zu verneinen**, weil durch die aktive Nutzung und die Übernahme einer entsprechenden Verpflichtung unter **Sponsoringgesichtspunkten** ein steuerpflichtiger wirtschaftlicher Geschäftsbetrieb entsteht. Zum anderen erfolgt eine **Vermietung an ständig wechselnde Mieter** mit der Folge, dass die Vermietung über die Nutzung eigenen Vermögens hinausgeht, weil der Betrieb eines Spülmobils einen gewerblichen Charakter erhält.

* **Damit ist zu prüfen, ob ein steuerbegünstigter Zweckbetrieb im Sinne des § 65 AO oder ein steuerpflichtiger wirtschaftlicher Geschäftsbetrieb vorliegt**:

- **Dient der wirtschaftliche Geschäftsbetrieb dem steuerbegünstigten satzungsmäßigen Zweck?** Da der **Betrieb eines Spülmobils** in erster Linie der **Förderung des Umweltschutzes** dient, müsste dies als Zweck des Wohlfahrtsverbandes **in der Satzung enthalten** sein.

- **Können die Zwecke nur durch den wirtschaftlichen Geschäftsbetrieb erreicht werden?** Die Beantwortung dieser Frage ist auch dann **zweifelhaft**, wenn die Förderung des Umweltschutzes ausdrücklicher Satzungszweck ist. Denn der **Betrieb eines Spülmobils deckt** einen **allgemeinen Bedarf in umweltfreundlicher Weise ab**.

- **Besteht eine vermeidbare Wettbewerbssituation zu nicht begünstigten Betrieben?** Häufig werden Spülmobile auch von **gewerblichen Betrieben** vermietet, so dass bereits deshalb diese Frage zu bejahen ist. Sofern - noch - keine Wettbewerbssituation besteht, dürfte jedoch ebenfalls ein steuerpflichtiger wirtschaftlicher Geschäftsbetrieb vorliegen, weil im Sinne einer Gleichbehandlung im Wettbewerb auch die **potentielle Wettbewerbssituation ausreicht**. Ansonsten läge ein steuerpflichtiger wirtschaftlicher Geschäftsbetrieb nur dann vor, wenn der Wettbewerb gewerblicher Anbieter sehr stark wäre, nicht jedoch dann, wenn ein potentieller gewerblicher Anbieter durch die Marktstellung der steuerbegünstigten Körperschaft von der Aufnahme einer entsprechenden Tätigkeit abgehalten würde.

* Das Vorliegen eines **steuerpflichtigen wirtschaftlichen Geschäftsbetriebs** führt zum einen dazu, dass **Verluste aus dem Betrieb des Spülmobils aus gemeinnützigkeitsrechtlich gebundenen Mitteln** nur unter sehr engen Voraussetzungen **abgedeckt** werden dürfen, zum anderen aber auch zum **Ausschluss des Spendenabzugs**. Dies bedeutet insbesondere, dass zugunsten des Sponsors und der Nutzer keine Zuwendungsbestätigungen ausgestellt werden dürfen. Dabei ist ausdrücklich auf die **Haftung** bei zu Unrecht ausgestellten Zuwendungsbestätigungen nach § 10 b Abs. 4 EStG hinzuweisen.

VII. Kocheinsätze

Häufig gehört zur Katastrophenhilfe auch das Vorhalten eines sog. **Verpflegungszugs**, der in Katastrophenfällen - auch im Bereich des Zivilschutzes in der Bundesrepublik Deutschland - die Bevölkerung mit Nahrung versorgt. Da der Verpflegungszug im Katastrophenfall in der Lage sein muss, seine Aufgaben zu erfüllen, ist ein **Kochen zu Übungszwecken** unvermeidbar. Aus finanziellen Gründen erfolgt dies häufig im Zusammenhang mit der Versorgung bei Veranstaltungen. Die Verpflegungszüge dienen im Hinblick auf die Einsatzbereitschaft in Katastrophenfällen eindeutig **satzungsmäßigen Zwecken (§ 65 Nr. 1 AO)**. Ihre Übungen sind zur Erfüllung der **satzungsmäßigen Zwecke auch unbedingt erforderlich (§ 65 Nr. 2 AO)**. Damit stellt sich lediglich die Frage, ob eine **vermeidbare Wettbewerbssituation zu nicht begünstigten Betrieben besteht (§ 65 Nr. 3 AO)**. Dazu hat das Finanzgericht Baden-Württemberg in seinem rechtskräftigen Urteil vom 9.4.1987 (EFG 1987 S. 527) die folgenden **Grundsätze** aufgestellt.

* Der **Übungszweck** muss **im Vordergrund** stehen. Diese Voraussetzung ist jedenfalls dann erfüllt, wenn die Einsätze zum technisch notwendigen oder zum Pflichtübungsprogramm gehören und Jugend- oder Sportveranstaltungen dienen.

* Es ist **keine Übung mit leeren Töpfen** möglich. Deshalb dient die Tätigkeit des Verpflegungszugs satzungsmäßigen steuerbegünstigten Zwecken.

* Es darf **keine größere Konkurrenz zu nicht begünstigten Betrieben** bestehen. Deshalb muss sich das Speisenangebot **grundsätzlich auf Eintöpfe beschränken**.

* Das Finanzgericht Baden-Württemberg nennt die folgenden **Anlässe** für einen Einsatz als **steuerbegünstigt**:

- Jugendveranstaltungen
- Sportveranstaltungen
- vereinsinterne Veranstaltungen.

* Einsätze bei **folgenden Anlässen** wurden im Urteilsfall **als steuerpflichtige wirtschaftliche** Geschäftsbetriebe angesehen:

- Veranstaltungen von Autohäusern
- Veranstaltung der Sparkasse
- Veranstaltung einer Partei
- Mitwirkung beim Stadtfest.

VIII. Transportleistungen

Transportleistungen im Rahmen der satzungsmäßigen Zwecke treten bei steuerbegünstigten Wohlfahrtsverbänden vor allem in der Form von **Behindertentransporten und Patientenbeförderungen** auf. In allen Fällen kommt das Vorliegen eines steuerbegünstigten **Zweckbetriebs im Sinne des § 66 AO** in Betracht. Nach dieser Bestimmung ist eine **Einrichtung der Wohlfahrtspflege ein Zweckbetrieb, wenn sie in besonderem Maße den in § 53 AO genannten - persönlich oder wirtschaftlich hilfsbedürftigen - Personen** dient. Nach § 66 Abs. 2 AO ist **Wohlfahrtspflege die planmäßige, zum Wohle der Allgemeinheit und nicht des Erwerbes wegen ausgeübte Sorge für notleidende oder gefährdete Mitmenschen**. Danach kann sich die Sorge auf das gesundheitliche, sittliche, erzieherische oder wirtschaftliche Wohl erstrecken und Vorbeugung oder Abhilfe bezwecken. Eine Einrichtung der Wohlfahrtspflege dient nach § 66 Abs. 3 AO den in § 53 AO genannten Personen **in besonderem Maße, wenn diesen mindestens zwei Drittel ihrer Leistungen zugute kommen**. Für Krankenhäuser gilt die Sonderregelung des § 67 AO. Nicht erforderlich für die Förderung der Wohlfahrtspflege ist es, dass die steuerbegünstigte Körperschaft ein amtlich anerkannter Wohlfahrtsverband oder eine seiner Mitgliederorganisationen ist (vgl. z.B. Kießling/Buchna a.a.O. S. 229).

Amtlich anerkannte Wohlfahrtsverbände sind nach § 23 UStDV die nachstehenden Vereinigungen einschließlich ihrer Mitgliedsorganisationen:

* Diakonisches Werk der Evangelischen Kirche in Deutschland e.V.

* Deutscher Caritasverband e.V.

* Deutscher Paritätischer Wohlfahrtsverband e.V.

* Deutsches Rotes Kreuz e. V.

* Arbeiterwohlfahrt - Bundesverband e.V. -

* Zentralwohlfahrtsstelle der Juden in Deutschland e.V.

* Deutscher Blindenverband e.V.

* Bund der Kriegsblinden Deutschlands e.V.

* Verband Deutscher Wohltätigkeitsstiftungen e.V.

* Bundesarbeitsgemeinschaft „Hilfe für Behinderte" e.V.
* Verband der Kriegs- und Wehrdienstopfer, Behinderten und Sozialrentner Deutschlands e.V.

1. Behindertentransporte

Behindertentransporte sind dann ein steuerbegünstigter Zweckbetrieb, wenn mindestens zwei Drittel der Leistungen persönlich (körperlich, geistig oder seelisch) Hilfsbedürftigen zugute kommen. Dabei ist es **nicht erforderlich, dass die Fahrzeuge mit besonderen Vorrichtungen für den genannten Personenkreis ausgestattet sind** (Kießling/Buchna a.a.O. S. 231 unter Hinweis auf Erlass FinMin Rheinland-Pfalz vom 21.4.1987 DB 1987 S. 1513).

Sind diese **Voraussetzungen erfüllt**, so liegt - auch hinsichtlich der Leistungen an den nicht begünstigten Personenkreis - **ein einheitlicher steuerbegünstigter Zweckbetrieb** vor, der von den Ertragsteuern befreit ist.

Die Leistungen an den begünstigten Personenkreis sind außerdem **unter** den **Voraussetzungen des § 4 Nr. 18 UStG von der Umsatzsteuer befreit**:

* Die Leistungen müssen durch einen **Verband der freien Wohlfahrtspflege oder einen seiner Mitgliedsverbände** erbracht werden.
* Der leistende Unternehmer muss **ausschließlich und unmittelbar gemeinnützige, mildtätige oder kirchliche Zwecke** verfolgen.
* **Die Leistungen müssen unmittelbar dem durch die Satzung begünstigten Personenkreis zugute kommen**, d.h. die Leistungen an nicht Behinderte im Rahmen des steuerbegünstigten Zweckbetriebs unterliegen zwar nicht der Ertragsteuern, wohl aber der Umsatzsteuer, da in diesem Falle die Voraussetzungen für die Befreiung des § 4 Nr. 18 UStG nicht erfüllt sind.
* **Die Entgelte müssen hinter den durchschnittlich für gleichartige Leistungen von Erwerbsunternehmen verlangten Entgelten zurückbleiben.**

2. Patientenbeförderungen

Bei den Patientenbeförderungen unterscheidet man vor allem **Krankenfahrten** (vgl. unten a)) und **Krankentransporte** (vgl. unten b)). Dabei kommt insbesondere im Hinblick auf die **qualifizierten Krankentransporte**, bei denen eine medizinische Betreuung erfolgt, und **Rettungsdienstleistungen** im Zusammenhang mit der Notfallrettung nach den **Rettungsdienstgesetzen** der einzelnen Bundesländer eine erhöhte Bedeutung zu. Auf die damit zusammenhängenden Fragen kann an dieser Stelle nicht näher eingegangen werden.

a) Krankenfahrten

Krankenfahrten liegen vor, wenn die Beförderung nicht mit besonders dafür eingerichteten Fahrzeugen erfolgt. Die Finanzverwaltung geht davon aus, dass die beförderten Personen nicht hilfsbedürftig i.S.d. § 53 Nr. 1 AO sind und damit die Krankenfahrten nicht in besonderem Maße den in § 53 Nr. 1 AO genannten Personen dienen. Damit ist - auf der Grundlage der Auffassung der Finanzverwaltung - das Vorliegen eines steuerbegünstigten Zweckbetriebs nach § 65 AO zu prüfen. Zwar werden mit den **Krankenfahrten satzungsmäßige, steuerbegünstigte Zwecke** erfüllt, und auch die Voraussetzungen des § 65 Nr. 2 AO - **Erforderlichkeit des wirtschaftlichen Geschäftsbetriebs** - dürften **im Regelfall erfüllt** sein. Doch besteht in diesem Bereich ein **intensiver Wettbewerb mit Taxiunternehmen**, so dass kein steuerbegünstigter Zweckbetrieb, sondern ein **steuerpflichtiger wirtschaftlicher Geschäftsbetrieb** vorliegt.

Die Auffassung der Finanzverwaltung ist jedoch m.E. zumindest **problematisch, da sie aus der Ausrüstung des Fahrzeugs Schlussfolgerungen für die Hilfsbedürftigkeit** des Patienten **zieht**. Es dürfte allerdings kein Zweifel bestehen, dass auch die 80jährige Patientin, die sich ein Bein gebrochen hat und sitzend zum Arzt gefahren werden muss, hilfsbedürftig ist - allerdings nicht nach Auffassung der Finanzverwaltung! **Entscheidend** für die Hilfsbedürftigkeit sollte daher sein, **dass der Arzt die Krankenfahrt für medizinisch erforderlich hält**.

Die Auffassung der Finanzverwaltung hat zur Folge, dass der steuerpflichtige wirtschaftliche Geschäftsbetrieb in vollem Umfang **steuerpflichtig** ist. Bei der Umsatzsteuer setzt die Befreiungsvorschrift des § 4 Nr. 17 b) UStG - Beförderung kranker oder verletzter Personen - voraus, dass die Beförderung mit besonders dafür hergerichteten Fahrzeugen erfolgt. Diese Voraussetzung liegt bei Krankenfahrten jedoch nicht vor, so dass die **Krankenfahrten der Umsatzsteuer auf der Grundlage des Regelsteuersatzes** unterliegen.

b) Krankentransporte

Die Abgrenzung zu Krankenfahrten, sog. qualifizierten Krankentransporten und der Notfallrettung kann im Einzelfall schwierig sein. Die nachfolgenden Ausführungen gehen davon aus, dass es sich bei solchen Beförderungsleistungen um den **Transport von Hilfsbedürftigen im Sinne des § 53 Nr. 1 AO handelt. Dabei wird eine ärztliche Betreuung ebensowenig erforderlich sein wie ein Notfalltransport. Es dürfte ausreichen, dass das Fahrzeug im Hinblick auf den Gesundheitszustand des Patienten besonders hergerichtet ist und das Begleitpersonal in der Lage ist, z.B. die Verschlechterung des Gesundheitszustands zu erkennen, erste Gegenmaßnahmen einzuleiten und ggf. qualifizierte medizinische Hilfe zu rufen**. Hierbei ist auch zu beachten, dass bereits die Krankenbeförderung für sich häufig zumindest medizinische Grundkenntnisse voraussetzt. Im Hinblick auf die steuerliche Behandlung von Krankentransporten werden von der **Finanzverwaltung teilweise unterschiedliche Auffassungen** vertreten.

Deshalb ist nach der hier vertretenen Auffassung davon auszugehen, dass die **Beförderung von Patienten mit dafür besonders hergerichteten Fahrzeugen sowie die Notfallrettung** die Voraussetzungen für die Anerkennung als **steuerbegünstigter Zweckbetrieb** (als Einrichtung der Wohlfahrtspflege im Sinne des § 66 AO) erfüllt, sofern mindestens zwei Drittel der Leistungen dem in § 53 Nr. 1 AO genannten Personenkreis (persönliche Hilfsbedürftigkeit) zugute kommen.

Damit ist der steuerbegünstigte Zweckbetrieb **von den Ertragsteuern befreit**. Im Hinblick darauf, dass die eingesetzten Fahrzeuge für die Beförderung von kranken und verletzten Personen besonders hergerichtet sein müssen, sind **die damit zusammenhängenden Leistungen auch nach § 4 Nr. 17 b) UStG von der Umsatzsteuer befreit**.

IX. Leistungen im Zusammenhang mit der Blutspende

Die folgenden Problembereiche sind von besonderer Bedeutung:

- Ein **Spendenabzug** für die **Blutspende** scheidet nach h.M. (vgl. Kießling/Buchna a.a.O. S. 319 m.w.N.) aus, da es insoweit an einer Minderung des Vermögens (Vermögensopfer) des Spenders fehlt (so auch OFD Frankfurt a.M. Verf. v. 15.12.1994 FR 1995 S. 287).

- Die **Gewinnung und** die entgeltliche **Weitergabe von Blut** i.d.R. durch eine gemeinnützige GmbH bildet bei dieser einen **steuerbegünstigten Zweckbetrieb**, wenn diese Betätigung der Satzung entspricht. Dies gilt auch für die **Produkte der ersten Fraktionierungsstufe**. Dagegen bildet der **Verkauf von Produkten der zweiten Fraktionierungsstufe** sowie die **Weiterverarbeitung abgelaufener Vollblutkonserven** (FinMin. Niedersachsen v. 21.11.1995 DB 1995 S. 2568, vgl. auch Kießling/Buchna a.a.O. S. 207) einen **steuerpflichtigen wirtschaftlichen Geschäftsbetrieb**. Denn mit den genannten Aktivitäten wird die Betätigung der Blutspendedienste der von Pharma-Unternehmen vergleichbar. Nach § 64 Abs. 6 Nr. 3 AO i.d.F. des Gesetzes zur Änderung des Investitionszulagengesetzes 1999 vom 20.12.2000 (BGBl. I 2000 S. 1849) kann der Besteuerung ab 01. Januar 2000 ein Gewinn in Höhe von 15 % der Einnahmen zugrunde gelegt werden.

- Die **regionalen Untergliederungen des DRK** erbringen gegenüber den rechtlich selbstständigen Blutspendedienst-GmbHs im Rahmen der Blutspendetermine **Unterstützungsleistungen**. Da die Tätigkeit der regionalen Untergliederungen nicht unmittelbar, sondern nur mittelbar deren satzungsmäßigem Zweck - Förderung der Wohlfahrtspflege - dient, sind sie nach Auffassung der Finanzverwaltung (vgl. OFD Koblenz v. 2.8.1999 DB 1999 S. 1880; Kießling/Buchna a.a.O. S. 207, 369) einem **steuerpflichtigen wirtschaftlichen Geschäftsbetrieb** zuzuordnen. Aus dem gleichen Grund sind sie weder nach § 4 Nr. 18 UStG von der Umsatzsteuer befreit, noch wird ihnen der ermäßigte Umsatzsteuersatz (§ 12 Abs. 2 Nr. 8 a) UStG) von derzeit 7 v.H. gewährt. Da die Leistungen der Blutspendedienste überwiegend nach § 4 Nr. 17 a) UStG von der Umsatzsteuer befreit sind und damit ein Vorsteuerabzug bei ihnen weitgehend ausscheidet, wird die von den DRK-Untergliederungen in Rechnung gestellte Umsatzsteuer insoweit zu Kosten.

X. Betreutes Wohnen

In den letzten Jahren haben neue Wohnformen für ältere Menschen zunehmend an Bedeutung gewonnen. Dazu zählt vor allem das betreute Wohnen, bei dem insbesondere ein Wohlfahrtsverband Hilfestellung unterschiedlicher Art (Hausnotruf, Handwerkerdienste, bei Bedarf aber auch Pflege und Speiseversorgung) anbietet. Teilweise sind die Wohlfahrtsverbände auch Vermieter. Ursprünglich als Vermietung und ambulanter Dienst gedacht, tendieren die Gerichte (vgl. insbesondere OVG Frankfurt/Oder Beschl. v. 1.12.1999 NJW 2000 S. 1435) zunehmend dazu, das betreute Wohnen dem Heimgesetz zu unterstellen. Die genauen Voraussetzungen dafür sind zwar nicht geklärt, doch **halten** die „Betreuer" des betreuten Wohnens **bereits dann Verpflegung und Betreuung vor, wenn** die hauseigene **Notrufzentrale** in **erster Linie** die eingehenden **Notrufe an** den **eigenen ambulanten Dienst weitergeleitet** und **mit dem** (getrennt in Anspruch zu nehmenden) **Gesamtangebot** geworben wird. Ob insoweit die Neufassung des Heimgesetzes zu wesentlichen Verbesserungen führen wird, bleibt abzuwarten.

Nach § 68 Nr. 1 a) AO sind **Alten-, Altenwohn- und Pflegeheime** dann **steuerbegünstigte Zweckbetriebe**, wenn sie in besonderem Maße (zu mindestens 2/3) persönlich oder wirtschaftlich Hilfsbedürftigen dienen. Zur Definition der Begriffe „Alten-, Altenwohn- und Pflegeheime" wird allgemein auf den Heimbegriff i.S.d. Heimgesetzes verwiesen (vgl. insbesondere Kießling/Buchna a.a.O. S. 263). Damit ergeben sich aus der **Behandlung als Heim** i.S.d. Heimgesetzes die folgenden **Konsequenzen**:

* Es dürfen auch zur Errichtung der Immobilie **zeitnah zu verwendende Mittel eingesetzt** werden. Sind die Voraussetzungen des Heimgesetzes nicht erfüllt, erfolgt die Vermietung in der Vermögensverwaltung, d.h. es dürfen nur nicht zeitnah zu verwendende Mittel eingesetzt werden.

* Die **Abdeckung von Verlusten** ist **unproblematisch möglich**. Ob für die Abdeckung von Verlusten aus Vermögensverwaltung dieselben strengen Grundsätze gelten wie für die Abdeckung von Verlusten steuerpflichtiger wirtschaftlicher Geschäftsbetriebe, ist dagegen noch nicht abschließend geklärt.

Die Zuordnung des betreuten Wohnens zu einem **Zweckbetrieb** als Heim i.S.d. Heimgesetzes **schließt** es aber **nicht aus, dass** ggf. **gewerbliche Leistungen**, wie z.B. Handwerkerleistungen, einem **steuerpflichtigen wirtschaftlichen Geschäftsbetrieb** zuzuordnen sind. Insoweit ist eine **Prüfung im Einzelfall** erforderlich.

C.
Gesetze und Erlasse

I. Gesetze

In der nachfolgenden Zusammenfassung sind die für steuerbegünstigte soziale Einrichtungen wesentlichen gesetzlichen Bestimmungen und Verwaltungsanordnungen wiedergegeben.

1. Abgabenordnung

§ 14
Wirtschaftlicher Geschäftsbetrieb

Ein wirtschaftlicher Geschäftsbetrieb ist eine selbstständige nachhaltige Tätigkeit, durch die Einnahmen oder andere wirtschaftliche Vorteile erzielt werden und die über den Rahmen einer Vermögensverwaltung hinausgeht. Die Absicht, Gewinn zu erzielen, ist nicht erforderlich. Eine Vermögensverwaltung liegt in der Regel vor, wenn Vermögen genutzt, zum Beispiel Kapitalvermögen verzinslich angelegt oder unbewegliches Vermögen vermietet oder verpachtet wird.

§ 51
Allgemeines

Gewährt das Gesetz eine Steuervergünstigung, weil eine Körperschaft ausschließlich und unmittelbar gemeinnützige, mildtätige oder kirchliche Zwecke (steuerbegünstigte Zwecke) verfolgt, so gelten die folgenden Vorschriften. Unter Körperschaften sind die Körperschaften, Personenvereinigungen und Vermögensmassen im Sinne des Körperschaftsteuergesetzes zu verstehen. Funktionale Untergliederungen (Abteilungen) von Körperschaften gelten nicht als selbstständige Steuersubjekte.

§ 52
Gemeinnützige Zwecke

(1) Eine Körperschaft verfolgt gemeinnützige Zwecke, wenn ihre Tätigkeit darauf gerichtet ist, die Allgemeinheit auf materiellem, geistigem oder sittlichem Gebiet selbstlos zu fördern. Eine Förderung der Allgemeinheit ist nicht gegeben, wenn der Kreis der Personen, dem die Förderung zugute kommt, fest abgeschlossen ist, zum Beispiel Zugehörigkeit zu einer Familie oder zur Belegschaft eines Unternehmens, oder infolge seiner Abgrenzung, insbesondere nach räumlichen oder beruflichen Merkmalen, dauernd nur klein sein kann. Eine Förderung der Allgemeinheit liegt nicht allein deswegen vor, weil eine Körperschaft ihre Mittel einer Körperschaft des öffentlichen Rechts zuführt.

(2) Unter den Voraussetzungen des Abs. 1 sind als Förderung der Allgemeinheit anzuerkennen insbesondere:
1. die Förderung von Wissenschaft und Forschung, Bildung und Erziehung, Kunst und Kultur, der Religion, der Völkerverständigung, der Entwicklungshilfe, des Umwelt-, Landschafts- und Denkmalschutzes, des Heimatgedankens,
2. die Förderung der Jugendhilfe, der Altenhilfe, des öffentlichen Gesundheitswesens, des Wohlfahrtswesens und des Sports. Schach gilt als Sport,
- *Ziff. 3 und 4 betreffen nicht soziale Einrichtungen* -

§ 53
Mildtätige Zwecke

Eine Körperschaft verfolgt mildtätige Zwecke, wenn ihre Tätigkeit darauf gerichtet ist, Personen selbstlos zu unterstützen,
1. die infolge ihres körperlichen, geistigen oder seelischen Zustandes auf die Hilfe anderer angewiesen sind oder

2. deren Bezüge nicht höher sind als das Vierfache des Regelsatzes der Sozialhilfe im Sinne des § 22 des Bundessozialhilfegesetzes; beim Alleinstehenden oder Haushaltsvorstand tritt an die Stelle des Vierfachen das Fünffache des Regelsatzes. Dies gilt nicht für Personen, deren Vermögen zur nachhaltigen Verbesserung ihres Unterhalts ausreicht und denen zugemutet werden kann, es dafür zu verwenden. Bei Personen, deren wirtschaftliche Lage aus besonderen Gründen zu einer Notlage geworden ist, dürfen die Bezüge oder das Vermögen die genannten Grenzen übersteigen. Bezüge im Sinne dieser Vorschrift sind
 a) Einkünfte im Sinne des § 2 Abs. 1 des Einkommensteuergesetzes und
 b) andere zur Bestreitung des Unterhalts bestimmte oder geeignete Bezüge,
 die der Alleinstehende oder der Haushaltsvorstand und die sonstigen Haushaltsangehörigen haben. Zu den Bezügen zählen nicht Leistungen der Sozialhilfe und bis zur Höhe der Leistungen der Sozialhilfe Unterhaltsleistungen an Personen, die ohne die Unterhaltsleistungen sozialhilfeberechtigt wären. Unterhaltsansprüche sind zu berücksichtigen.

§ 54
Kirchliche Zwecke

(1) Eine Körperschaft verfolgt kirchliche Zwecke, wenn ihre Tätigkeit darauf gerichtet ist, eine Religionsgemeinschaft, die Körperschaft des öffentlichen Rechts ist, selbstlos zu fördern.

(2) Zu diesen Zwecken gehören insbesondere die Errichtung, Ausschmückung und Unterhaltung von Gotteshäusern und kirchlichen Gemeindehäusern, die Abhaltung von Gottesdiensten, die Ausbildung von Geistlichen, die Erteilung von Religionsunterricht, die Beerdigung und die Pflege des Andenkens der Toten, ferner die Verwaltung des Kirchenvermögens, die Besoldung der Geistlichen, Kirchenbeamten und Kirchendiener, die Alters- und Behindertenversorgung für diese Personen und die Versorgung ihrer Witwen und Waisen.

§ 55
Selbstlosigkeit

(1) Eine Förderung oder Unterstützung geschieht selbstlos, wenn dadurch nicht in erster Linie eigenwirtschaftliche Zwecke - zum Beispiel gewerbliche Zwecke oder sonstige Erwerbszwecke - verfolgt werden und wenn die folgenden Voraussetzungen gegeben sind:

1. Mittel der Körperschaft dürfen nur für die satzungsmäßigen Zwecke verwendet werden. Die Mitglieder oder Gesellschafter (Mitglieder im Sinne dieser Vorschriften) dürfen keine Gewinnanteile und in ihrer Eigenschaft als Mitglieder auch keine sonstigen Zuwendungen aus Mitteln der Körperschaft erhalten. Die Körperschaft darf ihre Mittel weder für die unmittelbare noch für die mittelbare Unterstützung oder Förderung politischer Parteien verwenden.
2. Die Mitglieder dürfen bei ihrem Ausscheiden oder bei Auflösung oder Aufhebung der Körperschaft nicht mehr als ihre eingezahlten Kapitalanteile und den gemeinen Wert ihrer geleisteten Sacheinlagen zurückerhalten.
3. Die Körperschaft darf keine Person durch Ausgaben, die dem Zweck der Körperschaft fremd sind, oder durch unverhältnismäßig hohe Vergütungen begünstigen.
4. Bei Auflösung oder Aufhebung der Körperschaft oder bei Wegfall ihres bisherigen Zwecks darf das Vermögen der Körperschaft, soweit es die eingezahlten Kapitalanteile der Mitglieder und den gemeinen Wert der von den Mitgliedern geleisteten Sacheinlagen übersteigt, nur für steuerbegünstigte Zwecke verwendet werden (Grundsatz der Vermögensbindung). Diese Voraussetzung ist auch erfüllt, wenn das Vermögen einer anderen steuerbegünstigten Körperschaft oder einer Körperschaft des öffentlichen Rechts für steuerbegünstigte Zwecke übertragen werden soll.
5. Die Körperschaft muss ihre Mittel grundsätzlich zeitnah für ihre steuerbegünstigten satzungsmäßigen Zwecke verwenden. Verwendung in diesem Sinne ist auch die Verwendung der Mittel für die Anschaffung oder Herstellung von Vermögensgegenständen, die satzungsmäßigen Zwecken dienen. Eine zeitnahe Mittelverwendung ist gegeben, wenn die Mittel spätestens in dem auf den Zufluss folgenden Kalender- oder Wirtschaftsjahr für die steuerbegünstigten satzungsmäßigen Zwecke verwendet werden.

(2) Bei der Ermittlung des gemeinen Werts (Abs. 1 Nr. 2 und 4) kommt es auf die Verhältnisse zu dem Zeitpunkt an, in dem die Sacheinlagen geleistet worden sind.

(3) Die Vorschriften, die die Mitglieder der Körperschaft betreffen (Abs. 1 Nr.1, 2 und 4), gelten bei Stiftungen für die Stifter und ihre Erben, bei Betrieben gewerblicher Art von Körperschaften des öffentlichen Rechts für die Körperschaft sinngemäß, jedoch mit der Maßgabe, dass bei Wirtschaftsgütern, die nach § 6 Abs. 1 Nr. 4 Satz 4 und 5 des Einkommensteuergesetzes aus einem Betriebsvermögen zum Buchwert entnommen worden sind, an die Stelle des gemeinen Werts der Buchwert der Entnahme tritt.

§ 56
Ausschließlichkeit

Ausschließlichkeit liegt vor, wenn eine Körperschaft nur ihre steuerbegünstigten satzungsmäßigen Zwecke verfolgt.

§ 57
Unmittelbarkeit

(1) Eine Körperschaft verfolgt unmittelbar ihre steuerbegünstigten satzungsmäßigen Zwecke, wenn sie selbst diese Zwecke verwirklicht. Das kann auch durch Hilfspersonen geschehen, wenn nach den Umständen des Falles, insbesondere nach den rechtlichen und tatsächlichen Beziehungen, die zwischen der Körperschaft und der Hilfsperson bestehen, das Wirken der Hilfsperson wie eigenes Wirken der Körperschaft anzusehen ist.

(2) Eine Körperschaft, in der steuerbegünstigte Körperschaften zusammengefasst sind, wird einer Körperschaft, die unmittelbar steuerbegünstigte Zwecke verfolgt, gleichgestellt.

§ 58
Steuerlich unschädliche Betätigungen

Die Steuervergünstigung wird nicht dadurch ausgeschlossen, dass

1. eine Körperschaft Mittel für die Verwirklichung der steuerbegünstigten Zwecke einer anderen Körperschaft oder für die Verwirklichung steuerbegünstigter Zwecke durch eine Körperschaft des öffentlichen Rechts beschafft; die Beschaffung von Mitteln für eine unbeschränkt steuerpflichtige Körperschaft setzt voraus, dass diese selbst steuerbegünstigt ist;
2. eine Körperschaft ihre Mittel teilweise einer anderen, ebenfalls steuerbegünstigten Körperschaft oder einer Körperschaft des öffentlichen Rechts zur Verwendung zu steuerbegünstigten Zwecken zuwendet,
3. eine Körperschaft ihre Arbeitskräfte anderen Personen, Unternehmen oder Einrichtungen für steuerbegünstigte Zwecke zur Verfügung stellt,
4. eine Körperschaft ihr gehörende Räume einer anderen steuerbegünstigten Körperschaft zur Benutzung für deren steuerbegünstigte Zwecke überlässt,
5. eine Stiftung einen Teil, jedoch höchstens ein Drittel ihres Einkommens dazu verwendet, um in angemessener Weise den Stifter und seine nächsten Angehörigen zu unterhalten, ihre Gräber zu pflegen und ihr Andenken zu ehren,
6. eine Körperschaft ihre Mittel ganz oder teilweise einer Rücklage zuführt, soweit dies erforderlich ist, um ihre steuerbegünstigten satzungsmäßigen Zwecke nachhaltig erfüllen zu können,
7a) eine Körperschaft höchstens ein Drittel des Überschusses der Einnahmen über die Unkosten aus Vermögensverwaltung und darüber hinaus höchstens 10 vom Hundert ihrer sonstigen nach § 55 Abs. 1 Nr. 5 zeitnah zu verwendenden Mittel einer freien Rücklage zuführt,
   b) eine Körperschaft Mittel zum Erwerb von Gesellschaftsrechten zur Erhaltung der prozentualen Beteiligung an Kapitalgesellschaften ansammelt oder im Jahr des Zuflusses verwendet; diese Beträge sind auf die nach Buchstabe a in demselben Jahr oder künftig zulässigen Rücklagen anzurechnen,
8. eine Körperschaft gesellige Zusammenkünfte veranstaltet, die im Vergleich zu ihrer steuerbegünstigten Tätigkeit von untergeordneter Bedeutung sind,
   - *Ziff. 9 und 10 betreffen den Sport und die Wirtschaftsförderung* -
11. eine Körperschaft folgende Mittel ihrem Vermögen zuführt:
    a) Zuwendungen von Todes wegen, wenn der Erblasser keine Verwendung für den laufenden Aufwand der Körperschaft vorgeschrieben hat,

b) Zuwendungen, bei denen der Zuwendende ausdrücklich erklärt, dass sie zur Ausstattung der Körperschaft mit Vermögen oder zur Erhöhung des Vermögens bestimmt sind,

c) Zuwendungen auf Grund eines Spendenaufrufs der Körperschaft, wenn aus dem Spendenaufruf ersichtlich ist, dass Beträge zur Aufstockung des Vermögens erbeten werden,

d) Sachzuwendungen, die ihrer Natur nach zum Vermögen gehören,

12. eine Stiftung im Jahr ihrer Errichtung und in den zwei folgenden Kalenderjahren Überschüsse aus der Vermögensverwaltung und die Gewinne aus wirtschaftlichen Geschäftsbetrieben (§ 14) ganz oder teilweise ihrem Vermögen zuführt.

§ 59
Voraussetzung der Steuervergünstigung

Die Steuervergünstigung wird gewährt, wenn sich aus der Satzung, dem Stiftungsgeschäft oder der sonstigen Verfassung (Satzung im Sinne dieser Vorschriften) ergibt, welchen Zweck die Körperschaft verfolgt, dass dieser Zweck den Anforderungen der §§ 52 bis 55 entspricht und dass er ausschließlich und unmittelbar verfolgt wird; die tatsächliche Geschäftsführung muss diesen Satzungsbestimmungen entsprechen.

§ 60
Anforderungen an die Satzung

(1) Die Satzungszwecke und die Art ihrer Verwirklichung müssen so genau bestimmt sein, dass auf Grund der Satzung geprüft werden kann, ob die satzungsmäßigen Voraussetzungen für Steuervergünstigungen gegeben sind.

(2) Die Satzung muss den vorgeschriebenen Erfordernissen bei der Körperschaftsteuer und bei der Gewerbesteuer während des ganzen Veranlagungs- oder Bemessungszeitraums, bei den anderen Steuern im Zeitpunkt der Entstehung der Steuer entsprechen.

§ 61
Satzungsmäßige Vermögensbindung

(1) Eine steuerlich ausreichende Vermögensbindung (§ 55 Abs. 1 Nr.4) liegt vor, wenn der Zweck, für den das Vermögen bei Auflösung oder Aufhebung der Körperschaft oder bei Wegfall ihres bisherigen Zweckes verwendet werden soll, in der Satzung so genau bestimmt ist, dass auf Grund der Satzung geprüft werden kann, ob der Verwendungszweck steuerbegünstigt ist.

(2) Kann aus zwingenden Gründen der künftige Verwendungszweck des Vermögens bei der Aufstellung der Satzung nach Abs. 1 noch nicht genau angegeben werden, so genügt es, wenn in der Satzung bestimmt wird, dass das Vermögen bei Auflösung oder Aufhebung der Körperschaft oder bei Wegfall ihres bisherigen Zweckes zu steuerbegünstigten Zwecken zu verwenden ist und dass der künftige Beschluss der Körperschaft über die Verwendung erst nach Einwilligung des Finanzamts ausgeführt werden darf. Das Finanzamt hat die Einwilligung zu erteilen, wenn der beschlossene Verwendungszweck steuerbegünstigt ist.

(3) Wird die Bestimmung über die Vermögensbindung nachträglich so geändert, dass sie den Anforderungen des § 55 Abs. 1 Nr. 4 nicht mehr entspricht, so gilt sie von Anfang an als steuerlich nicht ausreichend. § 175 Abs. 1 Satz 1 Nr. 2 ist mit der Maßgabe anzuwenden, dass Steuerbescheide erlassen, aufgehoben oder geändert werden können, soweit sie Steuern betreffen, die innerhalb der letzten zehn Kalenderjahre vor der Änderung der Bestimmung über die Vermögensbindung entstanden sind.

§ 62
Ausnahmen von der satzungsmäßigen Vermögensbindung

Bei Betrieben gewerblicher Art von Körperschaften des öffentlichen Rechts, bei staatlich beaufsichtigten Stiftungen, bei den von einer Körperschaft des öffentlichen Rechts verwalteten unselbstständigen Stiftungen und bei geistlichen Genossenschaften (Orden, Kongregationen) braucht die Vermögensbindung in der Satzung nicht festgelegt zu werden.

§ 63
Anforderungen an die tatsächliche Geschäftsführung

(1) Die tatsächliche Geschäftsführung der Körperschaft muss auf die ausschließliche und unmittelbare Erfüllung der steuerbegünstigten Zwecke gerichtet sein und den Bestimmungen entsprechen, die die Satzung über die Voraussetzungen für Steuervergünstigungen enthält.

(2) Für die tatsächliche Geschäftsführung gilt sinngemäß § 60 Abs. 2, für eine Verletzung der Vorschrift über die Vermögensbindung § 61 Abs. 3.

(3) Die Körperschaft hat den Nachweis, dass ihre tatsächliche Geschäftsführung den Erfordernissen des Abs. 1 entspricht, durch ordnungsmäßige Aufzeichnungen über ihre Einnahmen und Ausgaben zu führen.

(4) Hat die Körperschaft Mittel angesammelt, ohne dass die Voraussetzungen des § 58 Nr. 6 und 7 vorliegen, kann das Finanzamt ihr eine Frist für die Verwendung der Mittel setzen. Die tatsächliche Geschäftsführung gilt als ordnungsgemäß im Sinne des Abs. 1, wenn die Körperschaft die Mittel innerhalb der Frist für steuerbegünstigte Zwecke verwendet.

§ 64
Steuerpflichtige wirtschaftliche Geschäftsbetriebe

(1) Schließt das Gesetz die Steuervergünstigung insoweit aus, als ein wirtschaftlicher Geschäftsbetrieb (§ 14) unterhalten wird, so verliert die Körperschaft die Steuervergünstigung für die dem Geschäftsbetrieb zuzuordnenden Besteuerungsgrundlagen (Einkünfte, Umsätze, Vermögen), soweit der wirtschaftliche Geschäftsbetrieb kein Zweckbetrieb (§§ 65 bis 68) ist.

(2) Unterhält die Körperschaft mehrere wirtschaftliche Geschäftsbetriebe, die keine Zweckbetriebe (§§ 65 bis 68) sind, werden diese als ein wirtschaftlicher Geschäftsbetrieb behandelt.

(3) Übersteigen die Einnahmen einschließlich Umsatzsteuer aus wirtschaftlichen Geschäftsbetrieben, die keine Zweckbetriebe sind, insgesamt nicht 30678 Euro im Jahr, so unterliegen die diesen Geschäftsbetrieben zuzuordnenden Besteuerungsgrundlagen nicht der Körperschaftsteuer und der Gewerbesteuer.

(4) Die Aufteilung einer Körperschaft in mehrere selbstständige Körperschaften zum Zweck der mehrfachen Inanspruchnahme der Steuervergünstigung nach Abs. 3 gilt als Missbrauch von rechtlichen Gestaltungsmöglichkeiten im Sinne des § 42.

(5) Überschüsse aus der Verwertung unentgeltlich erworbenen Altmaterials außerhalb einer ständig dafür vorgehaltenen Verkaufsstelle, die der Körperschaftsteuer und der Gewerbesteuer unterliegen, können in Höhe des branchenüblichen Reingewinns geschätzt werden.

(6) Bei den folgenden steuerpflichtigen wirtschaftlichen Geschäftsbetrieben kann der Besteuerung ein Gewinn von 15 vom Hundert der Einnahmen zugrunde gelegt werden:
1. Werbung für Unternehmen, die im Zusammenhang mit der steuerbegünstigten Tätigkeit einschließlich Zweckbetrieben stattfindet,
2. Totalisatorbetriebe,
3. Zweite Fraktionierungsstufe der Blutspendedienste.

§ 65
Zweckbetrieb

Ein Zweckbetrieb ist gegeben, wenn
1. der wirtschaftliche Geschäftsbetrieb in seiner Gesamtrichtung dazu dient, die steuerbegünstigten satzungsmäßigen Zwecke der Körperschaft zu verwirklichen,
2. die Zwecke nur durch einen solchen Geschäftsbetrieb erreicht werden können und
3. der wirtschaftliche Geschäftsbetrieb zu nicht begünstigten Betrieben derselben oder ähnlicher Art nicht in größerem Umfang in Wettbewerb tritt, als es bei Erfüllung der steuerbegünstigten Zwecke unvermeidbar ist.

§ 66
Wohlfahrtspflege

(1) Eine Einrichtung der Wohlfahrtspflege ist ein Zweckbetrieb, wenn sie in besonderem Maße den in § 53 genannten Personen dient.

(2) Wohlfahrtspflege ist die planmäßige, zum Wohle der Allgemeinheit und nicht des Erwerbes wegen ausgeübte Sorge für notleidende oder gefährdete Mitmenschen. Die Sorge kann sich auf das gesundheitliche, sittliche, erzieherische oder wirtschaftliche Wohl erstrecken und Vorbeugung oder Abhilfe bezwecken.

(3) Eine Einrichtung der Wohlfahrtspflege dient in besonderem Maße den in § 53 genannten Personen, wenn diesen mindestens zwei Drittel ihrer Leistungen zugute kommen. Für Krankenhäuser gilt § 67.

§ 67
Krankenhäuser

(1) Ein Krankenhaus, das in den Anwendungsbereich der Bundespflegesatzverordnung fällt, ist ein Zweckbetrieb, wenn mindestens 40 vom Hundert der jährlichen Pflegetage auf Patienten entfallen, bei denen nur Entgelte für allgemeine Krankenhausleistungen (§§ 11, 13 und 26 der Bundespflegesatzverordnung) berechnet werden.

(2) Ein Krankenhaus, das nicht in den Anwendungsbereich der Bundespflegesatzverordnung fällt, ist ein Zweckbetrieb, wenn mindestens 40 vom Hundert der jährlichen Pflegetage auf Patienten entfallen, bei denen für die Krankenhausleistungen kein höheres Entgelt als nach Abs. 1 berechnet wird.

- *§ 67 a betrifft sportliche Veranstaltungen* -

§ 68
Einzelne Zweckbetriebe

Zweckbetriebe sind auch:

1. a) Alten-, Altenwohn- und Pflegeheime, Erholungsheime, Mahlzeitendienste, wenn sie in besonderem Maße den in § 53 genannten Personen dienen (§ 66 Abs. 3),
   b) Kindergärten, Kinder-, Jugend- und Studentenheime, Schullandheime und Jugendherbergen,
2. a) landwirtschaftliche Betriebe und Gärtnereien, die der Selbstversorgung von Körperschaften dienen und dadurch die sachgemäße Ernährung und ausreichende Versorgung von Anstaltsangehörigen sichern,
   b) andere Einrichtungen, die für die Selbstversorgung von Körperschaften erforderlich sind, wie Tischlereien, Schlossereien,
   wenn die Lieferungen und sonstigen Leistungen dieser Einrichtungen an Außenstehende dem Wert nach 20 vom Hundert der gesamten Lieferungen und sonstigen Leistungen des Betriebes - einschließlich der an die Körperschaft selbst bewirkten - nicht übersteigen,
3. Werkstätten für Behinderte, die nach den Vorschriften des Dritten Buches Sozialgesetzbuch förderungsfähig sind und Personen Arbeitsplätze bieten, die wegen ihrer Behinderung nicht auf dem allgemeinen Arbeitsmarkt tätig sein können, sowie Einrichtungen für Beschäftigungs- und Arbeitstherapie, die der Eingliederung von Behinderten dienen,
4. Einrichtungen, die zur Durchführung der Blindenfürsorge und zur Durchführung der Fürsorge für Körperbehinderte unterhalten werden,
5. Einrichtungen der Fürsorgeerziehung und der freiwilligen Erziehungshilfe,
6. von den zuständigen Behörden genehmigte Lotterien und Ausspielungen, wenn der Reinertrag unmittelbar und ausschließlich zur Förderung mildtätiger, kirchlicher oder gemeinnütziger Zwecke verwendet wird,
7. kulturelle Einrichtungen, wie Museen, Theater, und kulturelle Veranstaltungen, wie Konzerte, Kunstausstellungen; dazu gehört nicht der Verkauf von Speisen und Getränken,
8. Volkshochschulen und andere Einrichtungen, soweit sie selbst Vorträge, Kurse und andere Veranstaltungen wissenschaftlicher oder belehrender Art durchführen; dies gilt auch, soweit die Einrichtungen den Teilnehmern dieser Veranstaltungen selbst Beherbergung und Beköstigung gewähren,

- *Ziff. 9 betrifft Wissenschafts- und Forschungseinrichtungen* -

§ 140
Buchführungs- und Aufzeichnungspflichten nach anderen Gesetzen

Wer nach anderen Gesetzen als den Steuergesetzen Bücher und Aufzeichnungen zu führen hat, die für die Besteuerung von Bedeutung sind, hat die Verpflichtungen, die ihm nach den anderen Gesetzen obliegen, auch für die Besteuerung zu erfüllen.

§ 141
Buchführungspflicht bestimmter Steuerpflichtiger

(1) Gewerbliche Unternehmer sowie Land- und Forstwirte, die nach den Feststellungen der Finanzbehörde für den einzelnen Betrieb

1. Umsätze einschließlich der steuerfreien Umsätze, ausgenommen die Umsätze nach § 4 Nr. 8 bis 10 des Umsatzsteuergesetzes, von mehr als 260.000 Euro im Kalenderjahr oder
2. (weggefallen)
3. selbstbewirtschaftete land- und forstwirtschaftliche Flächen mit einem Wirtschaftswert (§ 46 des Bewertungsgesetzes) von mehr als 20.500 Euro oder
4. einen Gewinn aus Gewerbebetrieb von mehr als 25.000 Euro im Wirtschaftsjahr oder
5. einen Gewinn aus Land- und Forstwirtschaft von mehr als 25.000 Euro im Kalenderjahr

gehabt haben, sind auch dann verpflichtet, für diesen Betrieb Bücher zu führen und auf Grund jährlicher Bestandsaufnahmen Abschlüsse zu machen, wenn sich eine Buchführungspflicht nicht aus § 140 ergibt. Die §§ 238, 240 bis 242 Abs. 1 und die §§ 243 bis 256 des Handelsgesetzbuches gelten sinngemäß, sofern sich nicht aus den Steuergesetzen etwas anderes ergibt. Für die Anwendung der Nummer 3 ist der Wirtschaftswert aller vom Land- und Forstwirt selbstbewirtschafteten Flächen maßgebend, unabhängig davon, ob sie in seinem Eigentum stehen oder nicht. Bei Land- und Forstwirten, die nach Nummern 1, 3 oder 5 zur Buchführung verpflichtet sind, braucht sich die Bestandsaufnahme nicht auf das stehende Holz zu erstrecken.

(2) Die Verpflichtung nach Abs. 1 ist vom Beginn des Wirtschaftsjahres an zu erfüllen, das auf die Bekanntgabe der Mitteilung folgt, durch die die Finanzbehörde auf den Beginn dieser Verpflichtung hingewiesen hat. Die Verpflichtung endet mit dem Ablauf des Wirtschaftsjahres, das auf das Wirtschaftsjahr folgt, in dem die Finanzbehörde feststellt, dass die Voraussetzungen nach Abs. 1 nicht mehr vorliegen.

(3) Die Buchführungspflicht geht auf denjenigen über, der den Betrieb im ganzen zur Bewirtschaftung als Eigentümer oder Nutzungsberechtigter übernimmt. Ein Hinweis nach Abs. 2 auf den Beginn der Buchführungspflicht ist nicht erforderlich.

(4) Abs. 1 Nr. 5 in der vorstehenden Fassung ist erstmals auf den Gewinn des Kalenderjahres 1980 anzuwenden.

2. Einkommensteuergesetz (EStG) und Einkommensteuerdurchführungsverordnung (EStDV)

§ 3 EStG
Steuerfreie Einnahmen

Steuerfrei sind ...

26. Einnahmen aus nebenberuflichen Tätigkeiten als Übungsleiter, Ausbilder, Erzieher, Betreuer oder vergleichbaren nebenberuflichen Tätigkeiten, aus nebenberuflichen künstlerischen Tätigkeiten oder der nebenberuflichen Pflege alter, kranker oder behinderter Menschen im Dienst oder im Auftrag einer inländischen juristischen Person des öffentlichen Rechts oder einer unter § 5 Abs. 1 Nr. 9 des Körperschaftsteuergesetzes fallenden Einrichtung zur Förderung gemeinnütziger, mildtätiger und kirchlicher Zwecke (§§ 52 bis 54 der Abgabenordnung) bis zur Höhe von insgesamt 1 848 Euro im Jahr. Überschreiten die Einnahmen für die in Satz 1 bezeichneten Tätigkeiten den steuerfreien Betrag, dürfen die mit den nebenberuflichen Tätigkeiten in unmittelbarem wirtschaftlichen Zusammenhang stehenden Ausgaben abweichend von § 3 c nur insoweit als Betriebsausgaben oder Werbungskosten abgezogen werden, als sie den Betrag der steuerfreien Einnahmen übersteigen;

§ 6 EStG
Bewertung

(1) Für die Bewertung der einzelnen Wirtschaftsgüter, die nach § 4 Abs. 1 oder nach § 5 als Betriebsvermögen anzusetzen sind, gilt das Folgende:

4. Entnahmen des Steuerpflichtigen für sich, für seinen Haushalt oder für andere betriebsfremde Zwecke sind mit dem Teilwert anzusetzen. Die private Nutzung eines Kraftfahrzeugs ist für jeden Kalendermonat mit 1 vom Hundert des inländischen Listenpreises im Zeitpunkt der Erstzulassung zuzüglich der Kosten für Sonderausstattungen einschließlich der Umsatzsteuer anzusetzen. Die private Nutzung kann abweichend von Satz 2 mit den auf die Privatfahrten entfallenden Aufwendungen angesetzt werden, wenn die für das Kraftfahrzeug insgesamt entstehenden Aufwendungen durch Belege und das Verhältnis der privaten zu den übrigen Fahrten durch ein ordnungsgemäßes Fahrtenbuch nachgewiesen werden. Wird ein Wirtschaftsgut unmittelbar nach seiner Entnahme einer nach § 5 Abs. 1 Nr. 9 des Körperschaftsteuergesetzes von der Körperschaftsteuer befreiten Körperschaft, Personenvereinigung oder Vermögensmasse oder einer juristischen Person des öffentlichen Rechts zur Verwendung für steuerbegünstigte Zwecke im Sinne des § 10 b Abs. 1 Satz 1 unentgeltlich überlassen, so kann die Entnahme mit dem Buchwert angesetzt werden. Dies gilt für Zuwendungen im Sinne des § 10b Abs. 1 Satz 3 entsprechend. Die Sätze 4 und 5 gelten nicht für die Entnahme von Nutzungen und Leistungen.

§ 10 b EStG
Steuerbegünstigte Zwecke

(1) Ausgaben zur Förderung mildtätiger, kirchlicher, religiöser, wissenschaftlicher und der als besonders förderungswürdig anerkannten gemeinnützigen Zwecke sind bis zur Höhe von insgesamt 5 vom Hundert des Gesamtbetrags der Einkünfte oder 2 vom Tausend der Summe der gesamten Umsätze und der im Kalenderjahr aufgewendeten Löhne und Gehälter als Sonderausgaben abzugsfähig. Für wissenschaftliche, mildtätige und als besonders förderungswürdig anerkannte kulturelle Zwecke erhöht sich der Vomhundertsatz von 5 um weitere 5 vom Hundert. Zuwendungen an Stiftungen des öffentlichen Rechts und an nach § 5 Abs. 1 Nr. 9 des Körperschaftsteuergesetzes steuerbefreite Stiftungen des privaten Rechts zur Förderung steuerbegünstigter Zwecke im Sinne der §§ 52 bis 54 der Abgabenordnung mit Ausnahme der Zwecke, die nach § 52 Abs. 2 Nr. 4 der Abgabenordnung gemeinnützig sind, sind darüber hinaus bis zur Höhe von 20 450 Euro, abziehbar. Überschreitet eine Einzelzuwendung von mindestens 25 565 Euro zur Förderung wissenschaftlicher, mildtätiger oder als besonders förderungswürdig anerkannter kultureller Zwecke diese Höchstsätze, ist sie im Rahmen der Höchstsätze im Veranlagungszeitraum der Zuwendung, im vorangegangenen und in den fünf folgenden Veranlagungszeiträumen abzuziehen. § 10 d gilt entsprechend.

(1a) Zuwendungen im Sinne des Absatzes 1, die anlässlich der Neugründung in den Vermögensstock einer Stiftung des öffentlichen Rechts oder einer nach § 5 Abs. 1 Nr. 9 des Körperschaftsteuergesetzes steuerbefreiten Stiftung des privaten Rechts geleistet werden, können im Jahr der Zuwendung und in den folgenden neun Veranlagungszeiträumen nach Antrag des Steuerpflichtigen bis zu einem Betrag von 307 000 Euro neben den als Sonderausgaben im Sinne des Absatzes 1 zu berücksichtigenden Zuwendungen und über den nach Absatz 1 zulässigen Umfang hinaus abgezogen werden. Als anlässlich der Neugründung einer Stiftung nach Satz 1 geleistet gelten Zuwendungen bis zum Ablauf eines Jahres nach Gründung der Stiftung. Der besondere Abzugsbetrag nach Satz 1 kann der Höhe nach innerhalb des Zehnjahreszeitraums nur einmal in Anspruch genommen werden. § 10 d Abs. 4 gilt entsprechend.

- *Abs. 2 betrifft Spenden an politische Parteien* -

(3) Als Ausgabe im Sinne dieser Vorschrift gilt auch die Zuwendung von Wirtschaftsgütern mit Ausnahme von Nutzungen und Leistungen. Ist das Wirtschaftsgut unmittelbar vor seiner Zuwendung einem Betriebsvermögen entnommen worden, so darf bei der Ermittlung der Ausgabenhöhe der bei der Entnahme angesetzte Wert nicht überschritten werden. In allen übrigen Fällen bestimmt sich die Höhe der Ausgabe nach dem gemeinen Wert des zugewendeten Wirtschaftsguts. Aufwendungen zugunsten einer zum Empfang steuerlich abzugsfähiger Zuwendungen berechtigten Körperschaft sind nur abzugsfähig, wenn ein Anspruch auf die Erstattung der Aufwendungen durch Vertrag oder Satzung eingeräumt und auf die Erstattung verzichtet worden ist. Der Anspruch darf nicht unter der Bedingung des Verzichts eingeräumt worden sein.

(4) Der Steuerpflichtige darf auf die Richtigkeit der Bestätigung über Spenden und Mitgliedsbeiträge vertrauen, es sei denn, dass er die Bestätigung durch unlautere Mittel oder falsche Angaben erwirkt hat oder dass ihm die Unrichtigkeit der Bestätigung bekannt oder infolge grober Fahrlässigkeit nicht bekannt war. Wer vorsätzlich oder grob fahrlässig eine unrichtige Bestätigung ausstellt oder wer veranlasst, dass Zuwendungen nicht zu den in der Bestätigung angegebenen steuerbegünstigten Zwecken verwendet werden, haftet für die entgangene Steuer. Diese ist mit 40 vom Hundert des zugewendeten Betrags anzusetzen.

§ 48 EStDV
Förderung mildtätiger, kirchlicher, religiöser, wissenschaftlicher und der als besonders förderungswürdig anerkannten gemeinnützigen Zwecke

(1) Für die Begriffe mildtätige, kirchliche, religiöse, wissenschaftliche und gemeinnützige Zwecke im Sinne des § 10b des Gesetzes gelten die §§ 51 bis 68 der Abgabenordnung.

(2) Die in der Anlage 1 zu dieser Verordnung bezeichneten gemeinnützigen Zwecke werden als besonders förderungswürdig im Sinne des § 10b Abs.1 des Gesetzes anerkannt.

(3) Zuwendungen im Sinne der §§ 48 bis 50 sind Spenden und Mitgliedsbeiträge.

(4) Abgezogen werden dürfen

1. Zuwendungen zur Förderung mildtätiger, kirchlicher, religiöser, wissenschaftlicher und der in Abschnitt A der Anlage 1 zu dieser Verordnung bezeichneten Zwecke und

2. Spenden zur Förderung der in Abschnitt B der Anlage 1 zu dieser Verordnung bezeichneten Zwecke.

Nicht abgezogen werden dürfen Mitgliedsbeiträge an Körperschaften, die Zwecke fördern, die sowohl in Abschnitt A als auch in Abschnitt B der Anlage 1 zu dieser Verordnung bezeichnet sind.

§ 49 EStDV
Zuwendungsempfänger

Zuwendungen für die in § 48 bezeichneten Zwecke dürfen nur abgezogen werden, wenn der Empfänger der Zuwendung

1. eine inländische juristische Person des öffentlichen Rechts oder eine inländische öffentliche Dienststelle oder

2. eine in § 5 Abs. 1 Nr. 9 des Körperschaftsteuergesetzes bezeichnete Körperschaft, Personenvereinigung oder Vermögensmasse ist.

§ 50 EStDV
Zuwendungsnachweis

(1) Zuwendungen im Sinne der §§ 10b und 34g des Gesetzes dürfen nur abgezogen werden, wenn sie durch eine Zuwendungsbestätigung nachgewiesen werden, die der Empfänger nach amtlich vorgeschriebenem Vordruck ausgestellt hat.

(2) Als Nachweis genügt der Bareinzahlungsbeleg oder die Buchungsbestätigung eines Kreditinstituts, wenn

1. die Zuwendung zur Linderung der Not in Katastrophenfällen innerhalb eines Zeitraums, den die obersten Finanzbehörden der Länder im Benehmen mit dem Bundesministerium der Finanzen bestimmen, auf ein für den Katastrophenfall eingerichtetes Sonderkonto einer inländischen juristischen Person des öffentlichen Rechts, einer inländischen öffentlichen Dienststelle oder eines inländischen amtlich anerkannten Verbandes der freien Wohlfahrtspflege einschließlich seiner Mitgliedsorganisationen eingezahlt worden ist oder

2. die Zuwendung 100 Euro nicht übersteigt und

a) der Empfänger eine inländische juristische Person des öffentlichen Rechts oder eine inländische öffentliche Dienststelle ist oder

b) der Empfänger eine Körperschaft, Personenvereinigung oder Vermögensmasse im Sinne des § 5 Abs. 1 Nr. 9 des Körperschaftsteuergesetzes ist, wenn der steuerbegünstigte Zweck, für den die Zuwendung verwendet wird, und die Angaben über die Freistellung des Empfängers von der Körperschaftsteuer auf einem von ihm hergestellten Beleg aufgedruckt sind und darauf angegeben ist, ob es sich bei der Zuwendung um eine Spende oder einen Mitgliedsbeitrag handelt oder

c) der Empfänger eine politische Partei im Sinne des § 2 des Parteiengesetzes ist und bei Spenden der Verwendungszweck auf dem vom Empfänger hergestellten Beleg aufgedruckt ist.

Aus der Buchungsbestätigung müssen Name und Kontonummer des Auftraggebers und Empfängers, der Betrag sowie der Buchungstag ersichtlich sein. In den Fällen der Nummer 2 Buchstabe b hat der Zuwendende zusätzlich den vom Zuwendungsempfänger hergestellten Beleg vorzulegen; im Fall des Lastschriftverfahrens muss die Buchungsbestätigung Angaben über den steuerbegünstigten Zweck, für den die Zuwendung verwendet wird, und über die Steuerbegünstigung der Körperschaft erhalten.

(3) *- Abs. 3 betrifft politische Parteien -*

(4) Eine in § 5 Abs. 1 Nr. 9 des Körperschaftsteuergesetzes bezeichnete Körperschaft, Personenvereinigung oder Vermögensmasse hat die Vereinnahmung der Zuwendung und ihre zweckentsprechende Verwendung ordnungsgemäß aufzuzeichnen und ein Doppel der Zuwendungsbestätigung aufzubewahren. Bei Sachzuwendungen und beim Verzicht auf die Erstattung von Aufwand müssen sich aus den Aufzeichnungen auch die Grundlagen für den vom Empfänger bestätigten Wert der Zuwendung ergeben.

Anlage 1
(zu § 48 Abs. 2)

Verzeichnis
der Zwecke, die allgemein als besonders förderungswürdig
im Sinne des § 10b Abs. 1 des Einkommensteuergesetzes anerkannt sind

Abschnitt A

1. Förderung der öffentlichen Gesundheitspflege, insbesondere die Bekämpfung von Seuchen und seuchenähnlichen Krankheiten, auch durch Krankenhäuser im Sinne des § 67 der Abgabenordnung, und von Tierseuchen;
2. Förderung der Jugend- und der Altenhilfe;
3. Förderung kultureller Zwecke; dies ist die ausschließliche und unmittelbare Förderung der Kunst, die Förderung der Pflege und Erhaltung von Kulturwerten sowie die Förderung der Denkmalpflege;
    a) die Förderung der Kunst umfasst die Bereiche der Musik, der Literatur, der darstellenden und bildenden Kunst und schließt die Förderung von kulturellen Einrichtungen, wie Theater und Museen, sowie von kulturellen Veranstaltungen, wie Konzerte und Kunstausstellungen, ein;
    b) Kulturwerte sind Gegenstände von künstlerischer und sonstiger kultureller Bedeutung, Kunstsammlungen und künstlerische Nachlässe, Bibliotheken, Archive sowie andere vergleichbare Einrichtungen;
    c) die Förderung der Denkmalpflege bezieht sich auf die Erhaltung und Wiederherstellung von Bau- und Bodendenkmälern, die nach den jeweiligen landesrechtlichen Vorschriften anerkannt sind; die Anerkennung ist durch eine Bescheinigung der zuständigen Stelle nachzuweisen;
4. Förderung der Erziehung, Volks- und Berufsbildung einschließlich der Studentenhilfe;
5. Förderung des Naturschutzes und der Landschaftspflege im Sinne des Bundesnaturschutzgesetzes und der Naturschutzgesetze der Länder, des Umweltschutzes, des Küstenschutzes und des Hochwasserschutzes;
6. Zwecke der amtlich anerkannten Verbände der freien Wohlfahrtspflege (Diakonisches Werk der Evangelischen Kirche in Deutschland e.V., Deutscher Caritasverband e.V., Deutscher Paritätischer Wohlfahrtsverband e.V., Deutsches Rotes Kreuz e.V., Arbeiterwohlfahrt - Bundesverband e.V., Zentralwohlfahrtsstelle der Juden in Deutschland e.V., Deutscher Blindenverband e.V., Bund der Kriegsblinden Deutschlands e.V., Verband Deutscher Wohltätigkeitsstiftungen e.V., Bundesarbeitsgemeinschaft Hilfe für Behinderte e.V., Verband der Kriegs- und Wehrdienstopfer, Behinderten und Sozialrentner e.V.), ihrer Unterverbände und ihrer angeschlossenen Einrichtungen und Anstalten;
7. Förderung der Hilfe für politisch, rassisch oder religiös Verfolgte, für Flüchtlinge, Vertriebene, Aussiedler, Spätaussiedler, Kriegsopfer, Kriegshinterbliebene, Kriegsbeschädigte und Kriegsgefangene, Zivilbeschädigte und Behinderte sowie Hilfe für Opfer von Straftaten; Förderung des Andenkens an Verfolgte, Kriegs- und Katastrophenopfer einschließlich der Errichtung von Ehrenmalen und Gedenkstätten; Förderung des Suchdienstes für Vermisste;
8. Förderung der Rettung aus Lebensgefahr;
9. Förderung des Feuer-, Arbeits-, Katastrophen- und Zivilschutzes sowie der Unfallverhütung;
10. die Förderung internationaler Gesinnung, der Toleranz auf allen Gebieten der Kultur und des Völkerverständigungsgedankens, sofern nicht nach Satzungszweck und tatsächlicher Geschäftsführung mit der Verfassung unvereinbare oder überwiegend touristische Aktivitäten verfolgt werden;
11. Förderung des Tierschutzes;
12. Förderung der Entwicklungshilfe;
13. Förderung von Verbraucherberatung und Verbraucherschutz;
14. Förderung der Fürsorge für Strafgefangene und ehemalige Strafgefangene;
15. Förderung der Gleichberechtigung von Männern und Frauen;
16. Förderung des Schutzes von Ehe und Familie;
17. Förderung der Kriminalprävention.

Abschnitt B
1. Förderung des Sports;
2. Förderung kultureller Betätigungen, die in erster Linie der Freizeitgestaltung dienen;
3. Förderung der Heimatpflege und Heimatkunde;
4. Förderung der nach § 52 Abs. 2 Nr. 4 der Abgabenordnung gemeinnützigen Zwecke.

Anlagen 2 bis 4
(weggefallen)

3. Körperschaftsteuergesetz

**§ 5
Befreiungen**

(1) Von der Körperschaftsteuer sind befreit ...

9. Körperschaften, Personenvereinigungen und Vermögensmassen, die nach der Satzung, dem Stiftungsgeschäft oder der sonstigen Verfassung und nach der tatsächlichen Geschäftsführung ausschließlich und unmittelbar gemeinnützigen, mildtätigen oder kirchlichen Zwecken dienen (§§ 51 bis 68 der Abgabenordnung). Wird ein wirtschaftlicher Geschäftsbetrieb unterhalten, ist die Steuerbefreiung insoweit ausgeschlossen. Satz 2 gilt nicht für selbstbewirtschaftete Forstbetriebe;

**§ 9
Abziehbare Aufwendungen**

(1) Abziehbare Aufwendungen sind auch:
2. vorbehaltlich des § 8 Abs. 3 Ausgaben zur Förderung mildtätiger, kirchlicher, religiöser und wissenschaftlicher Zwecke und der als besonders förderungswürdig anerkannten gemeinnützigen Zwecke bis zur Höhe von insgesamt 5 vom Hundert des Einkommens oder 2 vom Tausend der Summe der gesamten Umsätze und der im Kalenderjahr aufgewendeten Löhne und Gehälter. Für wissenschaftliche, mildtätige und als besonders förderungswürdig anerkannte kulturelle Zwecke erhöht sich der Vomhundertsatz von 5 um weitere 5 vom Hundert. Zuwendungen an Stiftungen des öffentlichen Rechts und an nach § 5 Abs. 1 Nr. 9 steuerbefreite Stiftungen des privaten Rechts zur Förderung steuerbegünstigter Zwecke im Sinne der §§ 52 bis 54 der Abgabenordnung mit Ausnahme der Zwecke, die nach § 52 Abs. 2 Nr. 4 der Abgabenordnung gemeinnützig sind, sind darüber hinaus bis zur Höhe von 20 450 Euro, abziehbar. Überschreitet eine Einzelzuwendung von mindestens 25 565 Euro zur Förderung wissenschaftlicher, mildtätiger oder als besonders förderungswürdig anerkannter kultureller Zwecke diese Höchstsätze, ist sie im Rahmen der Höchstsätze im Jahr der Zuwendung und in den folgenden sechs Veranlagungszeiträumen abzuziehen. § 10 d Abs. 2 Satz 4 des Einkommensteuergesetzes gilt entsprechend.

(2) Als Einkommen im Sinne dieser Vorschrift gilt das Einkommen vor Abzug der in Abs. 1 Nr. 2 und in § 10 d des Einkommensteuergesetzes bezeichneten Ausgaben. Als Ausgabe im Sinne dieser Vorschrift gilt auch die Zuwendung von Wirtschaftsgütern mit Ausnahme von Nutzungen und Leistungen. Der Wert der Ausgabe ist nach § 6 Abs. 1 Nr. 4 Satz 1 und 4 des Einkommensteuergesetzes zu ermitteln. Aufwendungen zugunsten einer zum Empfang steuerlich abzugsfähiger Zuwendungen berechtigten Körperschaft sind nur abzugsfähig, wenn ein Anspruch auf die Erstattung der Aufwendungen durch Vertrag oder Satzung eingeräumt und auf die Erstattung verzichtet worden ist. Der Anspruch darf nicht unter der Bedingung des Verzichts eingeräumt worden sein.

(3) Der Steuerpflichtige darf auf die Richtigkeit der Bestätigung über Spenden und Mitgliedsbeiträge vertrauen, es sei denn, dass er die Bestätigung durch unlautere Mittel oder falsche Angaben erwirkt hat oder dass ihm die Unrichtigkeit der Bestätigung bekannt oder infolge grober Fahrlässigkeit nicht bekannt war. Wer vorsätzlich oder grob fahrlässig eine unrichtige Bestätigung ausstellt oder wer veranlasst, dass Zuwendungen nicht zu den in der Bestätigung angegebenen steuerbegünstigten Zwecken verwendet werden, haftet für die entgangene Steuer. Diese ist mit 40 vom Hundert des zugewendeten Betrags anzusetzen.

§ 13
Beginn und Erlöschen einer Steuerbefreiung

(1) Wird eine steuerpflichtige Körperschaft, Personenvereinigung oder Vermögensmasse von der Körperschaftsteuer befreit, so hat sie auf den Zeitpunkt, in dem die Steuerpflicht endet, eine Schlussbilanz aufzustellen.

(2) Wird eine von der Körperschaftsteuer befreite Körperschaft, Personenvereinigung oder Vermögensmasse steuerpflichtig und ermittelt sie ihren Gewinn durch Betriebsvermögensvergleich, so hat sie auf den Zeitpunkt, in dem die Steuerpflicht beginnt, eine Anfangsbilanz aufzustellen.

(3) In der Schlussbilanz im Sinne des Abs. 1 und in der Anfangsbilanz im Sinne des Abs. 2 sind die Wirtschaftsgüter vorbehaltlich des Abs. 4 mit den Teilwerten anzusetzen ...

- *Die Folgesätze betreffen Wohnungsunternehmen.* -

(4) Beginnt die Steuerbefreiung auf Grund des § 5 Abs. 1 Nr. 9, sind die Wirtschaftsgüter, die der Förderung steuerbegünstigter Zwecke im Sinne des § 9 Abs. 1 Nr. 2 dienen, in der Schlussbilanz mit den Buchwerten anzusetzen. Erlischt die Steuerbefreiung, so ist in der Anfangsbilanz für die in Satz 1 bezeichneten Wirtschaftsgüter der Wert anzusetzen, der sich bei ununterbrochener Steuerpflicht nach den Vorschriften über die steuerliche Gewinnermittlung ergeben würde.

(5) Beginnt oder erlischt die Steuerbefreiung nur teilweise, so gelten die Absätze 1 bis 4 für den entsprechenden Teil des Betriebsvermögens.

(6) Gehören Anteile an einer Kapitalgesellschaft nicht zu dem Betriebsvermögen der Körperschaft, Personenvereinigung oder Vermögensmasse, die von der Körperschaftsteuer befreit wird, so ist § 17 des Einkommensteuergesetzes auch ohne Veräußerung anzuwenden, wenn die übrigen Voraussetzungen dieser Vorschrift in dem Zeitpunkt erfüllt sind, in dem die Steuerpflicht endet. Als Veräußerungspreis gilt der gemeine Wert der Anteile. Im Falle des Beginns der Steuerpflicht gilt der gemeine Wert der Anteile als Anschaffungskosten der Anteile. Die Sätze 1 und 2 gelten nicht in den Fällen des Abs. 4 Satz 1.

4. Gewerbesteuergesetz

§ 9
Kürzungen

Die Summe des Gewinns und der Hinzurechnungen wird gekürzt um ...

5. die aus den Mitteln des Gewerbebetriebs geleisteten Ausgaben zur Förderung mildtätiger, kirchlicher, religiöser, wissenschaftlicher und der als besonders förderungswürdig anerkannten gemeinnützigen Zwecke im Sinne des § 10 b Abs. 1 des Einkommensteuergesetzes oder des § 9 Abs. 1 Nr. 2 des Körperschaftsteuergesetzes bis zur Höhe von insgesamt 5 vom Hundert des um die Hinzurechnungen nach § 8 Nr. 9 erhöhten Gewinns aus Gewerbebetrieb (§ 7) oder 2 vom Tausend der Summe der gesamten Umsätze und der im Wirtschaftsjahr aufgewendeten Löhne und Gehälter. Für wissenschaftliche, mildtätige und als besonders förderungswürdig anerkannte kulturelle Zwecke erhöht sich der Vomhundertsatz von 5 vom Hundert um weitere 5 vom Hundert. Zuwendungen an Stiftungen des öffentlichen Rechts und an nach § 5 Abs. 1 Nr. 9 des Körperschaftsteuergesetzes steuerbefreite Stiftungen des privaten Rechts zur Förderung steuerbegünstigter Zwecke im Sinne der §§ 52 bis 54 der Abgabenordnung mit Ausnahme der Zwecke, die nach § 52 Abs. 2 Nr. 4 der Abgabenordnung gemeinnützig sind, sind darüber hinaus bis zur Höhe von 20 450 Euro abziehbar. Überschreitet eine Einzelzuwendung von mindestens 25 565 Euro zur Förderung wissenschaftlicher, mildtätiger oder als besonders förderungswürdig anerkannter kultureller Zwecke diese Höchstsätze, ist die Kürzung im Rahmen der Höchstsätze im Erhebungszeitraum der Zuwendung und in den folgenden sechs Erhebungszeiträumen vorzunehmen. Einzelunternehmen und Personengesellschaften können Zuwendungen im Sinne des Satzes 1, die anlässlich der Neugründung in den Vermögensstock einer Stiftung des öffentlichen Rechts oder einer nach § 5 Abs. 1 Nr. 9 des Körperschaftsteuergesetzes steuerbefreiten Stiftung des privaten Rechts geleistet werden, im Jahr der Zuwendung und in den folgenden neun Erhebungszeiträumen nach Antrag des Steuerpflichtigen bis zu einem Betrag von 307 000 Euro, neben den als Kürzung nach den Sätzen 1 bis 4 zu berücksichtigenden Zuwendungen und über den nach den Sätzen 1 bis 4 zulässigen Umfang hinaus abziehen. Als anlässlich der Neugründung einer Stiftung nach Satz 5 geleistet gelten Zuwendungen bis zum Ablauf eines Jahres nach Gründung der Stiftung. Der besondere Abzugsbetrag nach Satz 5 kann der Höhe nach innerhalb des

Zehnjahreszeitraums nur einmal in Anspruch genommen werden. Der Zehnjahreszeitraum beginnt im Jahr der ersten nach Satz 5 berücksichtigten Zuwendung. § 10 b Abs. 3 und 4 Satz 1 sowie § 10 d Abs. 4 des Einkommensteuergesetzes und § 9 Abs. 2 Satz 2 bis 5 und Abs. 3 Satz 1 des Körperschaftsteuergesetzes gelten entsprechend. Wer vorsätzlich oder grob fahrlässig eine unrichtige Bestätigung über Spenden und Mitgliedsbeiträge ausstellt oder veranlasst, dass Zuwendungen nicht zu den in der Bestätigung angegebenen steuerbegünstigten Zwecken verwendet werden, haftet für die entgangene Steuer. Diese ist mit 10 vom Hundert des Betrags der Spenden und Mitgliedsbeiträge anzusetzen und fließt der für den Spendenempfänger zuständigen Gemeinde zu, die durch sinngemäße Anwendung der Vorschriften des § 20 der Abgabenordnung bestimmt wird. Sie wird durch Haftungsbescheid des Finanzamts festgesetzt; die Befugnis der Gemeinde zur Erhebung dieser Steuer bleibt unberührt. § 184 Abs. 3 der Abgabenordnung gilt sinngemäß.

5. Erbschaft- und Schenkungsteuergesetz

§ 13
Steuerbefreiungen

(1) Steuerfrei bleiben ...

16. Zuwendungen

a) an inländische Religionsgesellschaften des öffentlichen Rechts oder an inländische jüdische Kultusgemeinden,

b) an inländische Körperschaften, Personenvereinigungen und Vermögensmassen, die nach der Satzung, dem Stiftungsgeschäft oder der sonstigen Verfassung und nach ihrer tatsächlichen Geschäftsführung ausschließlich und unmittelbar kirchlichen, gemeinnützigen oder mildtätigen Zwecken dienen. Die Befreiung fällt mit Wirkung für die Vergangenheit weg, wenn die Voraussetzungen für die Anerkennung der Körperschaft, Personenvereinigung oder Vermögensmasse als kirchliche, gemeinnützige oder mildtätige Institution innerhalb von zehn Jahren nach der Zuwendung entfallen und das Vermögen nicht begünstigten Zwecken zugeführt wird,

c) an ausländische Religionsgesellschaften, Körperschaften, Personenvereinigungen und Vermögensmassen der in den Buchstaben a und b bezeichneten Art unter der Voraussetzung, dass der ausländische Staat für Zuwendungen an deutsche Rechtsträger der in den Buchstaben a und b bezeichneten Art eine entsprechende Steuerbefreiung gewährt und das Bundesministerium der Finanzen dies durch förmlichen Austausch entsprechender Erklärungen mit dem ausländischen Staat feststellt;

17. Zuwendungen, die ausschließlich kirchlichen, gemeinnützigen oder mildtätigen Zwecken gewidmet sind, sofern die Verwendung zu dem bestimmten Zweck gesichert ist;

6. Umsatzsteuergesetz

§ 4
Steuerbefreiungen bei Lieferungen, sonstigen Leistungen und Eigenverbrauch

Von den unter § 1 Abs. 1 Nr. 1 fallenden Umsätzen sind steuerfrei: ...

14. die Umsätze aus der Tätigkeit als Arzt, Zahnarzt, Heilpraktiker, Physiotherapeut (Krankengymnast), Hebamme oder aus einer ähnlichen heilberuflichen Tätigkeit im Sinne des § 18 Abs. 1 Nr. 1 des Einkommensteuergesetzes und aus der Tätigkeit als klinischer Chemiker. Steuerfrei sind auch die sonstigen Leistungen von Gemeinschaften, deren Mitglieder Angehörige der in Satz 1 bezeichneten Berufe sind, gegenüber ihren Mitgliedern, soweit diese Leistungen unmittelbar zur Ausführung der nach Satz 1 steuerfreien Umsätze verwendet werden. Die Umsätze eines Arztes aus dem Betrieb eines Krankenhauses sind mit Ausnahme der ärztlichen Leistungen nur steuerfrei, wenn die in Nummer 16 Buchstabe b bezeichneten Voraussetzungen erfüllt sind. Die Sätze 1 und 2 gelten nicht

a) für die Umsätze aus der Tätigkeit als Tierarzt und für die Umsätze von Gemeinschaften, deren Mitglieder Tierärzte sind,

b) für die Lieferung oder Wiederherstellung von Zahnprothesen ...;

15. die Umsätze der gesetzlichen Träger der Sozialversicherung, der örtlichen und überörtlichen Träger der Sozialhilfe sowie der Verwaltungsbehörden und sonstigen Stellen der Kriegsopferversorgung einschließlich der Träger der Kriegsopferfürsorge
   a) untereinander,
   b) an die Versicherten, die Empfänger von Sozialhilfe oder die Versorgungsberechtigten. Das gilt nicht für die Abgabe von Brillen und Brillenteilen einschließlich der Reparaturarbeiten durch Selbstabgabestellen der gesetzlichen Träger der Sozialversicherung;
15.a) die auf Gesetz beruhenden Leistungen der Medizinischen Dienste der Krankenversicherung (§ 278 SGB V) und des Medizinischen Dienstes der Spitzenverbände der Krankenkassen (§ 282 SGB V) untereinander und für die gesetzlichen Träger der Sozialversicherung und deren Verbände;
16. die mit dem Betrieb der Krankenhäuser, Diagnosekliniken und anderen Einrichtungen ärztlicher Heilbehandlung, Diagnostik oder Befunderhebung sowie der Altenheime, Altenwohnheime, Pflegeheime, Einrichtungen zur vorübergehenden Aufnahme pflegebedürftiger Personen und der Einrichtungen zur ambulanten Pflege kranker und pflegebedürftiger Personen eng verbundenen Umsätze, wenn
   a) diese Einrichtungen von juristischen Personen des öffentlichen Rechts betrieben werden oder
   b) bei Krankenhäusern im vorangegangenen Kalenderjahr die in § 67 Abs. 1 oder 2 der Abgabenordnung bezeichneten Voraussetzungen erfüllt worden sind oder
   c) bei Diagnosekliniken und anderen Einrichtungen ärztlicher Heilbehandlung, Diagnostik oder Befunderhebung die Leistungen unter ärztlicher Aufsicht erbracht werden und im vorangegangenen Kalenderjahr mindestens 40 vom Hundert der Leistungen den in Nummer 15 Buchstabe b genannten Personen zugute gekommen sind oder
   d) bei Altenheimen, Altenwohnheimen und Pflegeheimen im vorangegangenen Kalenderjahr mindestens 40 vom Hundert der Leistungen den in § 68 Abs. 1 des Bundessozialhilfegesetzes oder den in § 53 Nr. 2 der Abgabenordnung genannten Personen zugute gekommen sind oder
   e) bei Einrichtungen zur vorübergehenden Aufnahme pflegebedürftiger Personen und bei Einrichtungen zur ambulanten Pflege kranker und pflegebedürftiger Personen im vorangegangenen Kalenderjahr die Pflegekosten in mindestens 40 vom Hundert der Fälle von den gesetzlichen Trägern der Sozialversicherung oder Sozialhilfe ganz oder zum überwiegenden Teil getragen worden sind;
17.a) die Lieferungen von menschlichen Organen, menschlichem Blut und Frauenmilch,
   b) die Beförderungen von kranken und verletzten Personen mit Fahrzeugen, die hierfür besonders eingerichtet sind;
18. die Leistungen der amtlich anerkannten Verbände der freien Wohlfahrtspflege und der der freien Wohlfahrtspflege dienenden Körperschaften, Personenvereinigungen und Vermögensmassen, die einem Wohlfahrtsverband als Mitglied angeschlossen sind, wenn
   a) diese Unternehmen ausschließlich und unmittelbar gemeinnützigen, mildtätigen oder kirchlichen Zwecken dienen,
   b) die Leistungen unmittelbar dem nach der Satzung, Stiftung oder sonstigen Verfassung begünstigten Personenkreis zugute kommen und
   c) die Entgelte für die in Betracht kommenden Leistungen hinter den durchschnittlich für gleichartige Leistungen von Erwerbsunternehmen verlangten Entgelten zurückbleiben.
   Steuerfrei sind auch die Beherbergung, Beköstigung und die üblichen Naturalleistungen, die diese Unternehmer den Personen, die bei den Leistungen nach Satz 1 tätig sind, als Vergütung für die geleisteten Dienste gewähren;
18.a) ... *betrifft politische Parteien*
19.a) die Umsätze der Blinden, die nicht mehr als zwei Arbeitnehmer beschäftigen. Nicht als Arbeitnehmer gelten der Ehegatte, die minderjährigen Abkömmlinge, die Eltern des Blinden und die Lehrlinge. Die Blindheit ist nach den für die Besteuerung des Einkommens maßgebenden Vorschriften nachzuweisen. Die Steuerfreiheit gilt nicht für die Lieferungen von Mineralölen und Branntweinen, wenn der Blinde für diese Erzeugnisse Mineralölsteuer oder Branntweinsteuer zu entrichten hat;
   b) die folgenden Umsätze der nicht unter Buchstabe a fallenden Inhaber von anerkannten Blindenwerkstätten und der anerkannten Zusammenschlüsse von Blindenwerkstätten im Sinne des § 5 Abs. 1 des Blindenwarenvertriebsgesetzes vom 9. April 1965 (BGBl. I S. 311):

aa) die Lieferungen von Blindenwaren und Zusatzwaren im Sinne des Blindenwarenvertriebsgesetzes,

bb) die sonstigen Leistungen, soweit bei ihrer Ausführung ausschließlich Blinde mitgewirkt haben;

23. die Gewährung von Beherbergung, Beköstigung und der üblichen Naturalleistungen durch Personen und Einrichtungen, wenn sie überwiegend Jugendliche für Erziehungs-, Ausbildungs- oder Fortbildungszwecke oder für Zwecke der Säuglingspflege bei sich aufnehmen, soweit die Leistungen an die Jugendlichen oder an die bei ihrer Erziehung, Ausbildung, Fortbildung oder Pflege tätigen Personen ausgeführt werden. Jugendliche im Sinne dieser Vorschrift sind alle Personen vor Vollendung des 27. Lebensjahres. Steuerfrei sind auch die Beherbergung, Beköstigung und die üblichen Naturalleistungen, die diese Unternehmer den Personen, die bei den Leistungen nach Satz 1 tätig sind, als Vergütung für die geleisteten Dienste gewähren;

24. die Leistungen des Deutschen Jugendherbergswerkes, Hauptverband für Jugendwandern und Jugendherbergen e.V., einschließlich der diesem Verband angeschlossenen Untergliederungen, Einrichtungen und Jugendherbergen, soweit die Leistungen den Satzungszwecken unmittelbar dienen oder Personen, die bei diesen Leistungen tätig sind, Beherbergung, Beköstigung und die üblichen Naturalleistungen als Vergünstigung für die geleisteten Dienste gewährt werden. Das gleiche gilt für die Leistungen anderer Vereinigungen, die gleiche Aufgaben unter denselben Voraussetzungen erfüllen;

25. die folgenden Leistungen der Träger der öffentlichen Jugendhilfe und der förderungswürdigen Träger der freien Jugendhilfe:

a) die Durchführung von Lehrgängen, Freizeiten, Zeltlagern, Fahrten und Treffen sowie von Veranstaltungen, die dem Sport oder der Erholung dienen, soweit diese Leistungen Jugendlichen oder Mitarbeitern in der Jugendhilfe unmittelbar zugute kommen,

b) in Verbindung mit den unter Buchstabe a bezeichneten Leistungen die Beherbergung, Beköstigung und die üblichen Naturalleistungen, die den Jugendlichen und Mitarbeitern in der Jugendhilfe sowie bei diesen Leistungen tätigen Personen als Vergütung für die geleisteten Dienste gewährt werden,

c) die Durchführung von kulturellen und sportlichen Veranstaltungen im Rahmen der Jugendhilfe, wenn die Darbietungen von den Jugendlichen selbst erbracht oder die Einnahmen überwiegend zur Deckung der Kosten verwendet werden.

Förderungswürdig im Sinne dieser Vorschrift sind Träger der freien Jugendhilfe, die kraft Gesetzes oder von der zuständigen Jugendbehörde anerkannt sind oder die die Voraussetzungen für eine Förderung durch die Träger der öffentlichen Jugendhilfe erfüllen. Jugendliche im Sinne dieser Vorschrift sind alle Personen vor Vollendung des 27. Lebensjahres;

26. die ehrenamtliche Tätigkeit,

a) wenn sie für juristische Personen des öffentlichen Rechts ausgeübt wird oder

b) wenn das Entgelt für diese Tätigkeit nur in Auslagenersatz und einer angemessenen Entschädigung für Zeitversäumnis besteht;

27. a) die Gestellung von Mitgliedern geistlicher Genossenschaften und Angehörigen von Mutterhäusern für gemeinnützige, mildtätige, kirchliche oder schulische Zwecke, ...

§ 12
Steuersätze

(1) Die Steuer beträgt für jeden steuerpflichtigen Umsatz sechzehn vom Hundert der Bemessungsgrundlage (§§ 10, 11, 25 Abs. 3 und § 25 a Abs. 3 und 4).

(2) Die Steuer ermäßigt sich auf sieben vom Hundert für die folgenden Umsätze: ...

8 a) die Leistungen der Körperschaften, die ausschließlich und unmittelbar gemeinnützige, mildtätige oder kirchliche Zwecke verfolgen (§§ 51 bis 68 der Abgabenordnung). Das gilt nicht für Leistungen, die im Rahmen eines wirtschaftlichen Geschäftsbetriebs ausgeführt werden;

b) die Leistungen der nichtrechtsfähigen Personenvereinigungen und Gemeinschaften der in Buchstabe a Satz 1 bezeichneten Körperschaften, wenn diese Leistungen, falls die Körperschaften sie anteilig selbst ausführten, insgesamt nach Buchstabe a ermäßigt besteuert würden;

9. - Ziff. 9 betrifft Bäder -

II. Erlasse und Verwaltungsanweisungen

1. Anwendungserlass zur Abgabenordnung (AEAO)

Anmerkung: Die nachfolgende Fassung berücksichtigt noch nicht die gesetzlichen Änderungen durch das Gesetz zur weiteren steuerlichen Förderung von Stiftungen und das Gesetz zur Änderung des Investitionszulagengesetzes.

Zu § 51 - Allgemeines:
Unter Körperschaften i.S. des § 51, für die eine Steuervergünstigung in Betracht kommen kann, sind Körperschaften, Personenvereinigungen und Vermögensmassen i.S. des KStG zu verstehen. Dazu gehören auch die juristischen Personen des öffentlichen Rechts mit ihren Betrieben gewerblicher Art (§ 1 Abs. 1 Nr. 6, § 4 KStG), nicht aber die juristischen Personen des öffentlichen Rechts als solche.

Zu § 52 - Gemeinnützige Zwecke:
1. Bei § 52 Abs. 2 handelt es sich um eine beispielhafte, nicht abschließende Aufzählung gemeinnütziger Zwecke. Die Allgemeinheit kann deshalb auch durch die Verfolgung von Zwecken, die den in § 52 Abs. 2 Nr. 1 und 2 aufgeführten Zwecken ähnlich sind, gefördert werden. Dies sind insbesondere die Zwecke (mit Ausnahme der nach § 52 Abs. 2 Nr. 4 gemeinnützigen Zwecke), die zusätzlich zu den in § 52 Abs. 2 Nr. 1 und 2 aufgeführten Zwecken als besonders förderungswürdig im Sinne des § 10 b Abs. 1 EStG anerkannt sind (Anlage 7 der EStR). Hierzu gehören z.B. die Förderung der Rettung aus Lebensgefahr, des Feuer-, Arbeits-, Zivil- und Tierschutzes, der Unfallverhütung, der Verbraucherberatung und der Gleichberechtigung von Männern und Frauen. Die Förderung der Verkehrssicherheit ist als Förderung der Unfallverhütung anzusehen und deshalb ebenfalls ein gemeinnütziger Zweck.

- Ziff. 2 bis 10 betreffen nicht soziale Einrichtungen -

11. Eine Körperschaft i. S. des § 51 kann nur dann als gemeinnützig behandelt werden, wenn sie sich bei ihrer Betätigung im Rahmen der verfassungsmäßigen Ordnung hält. Die verfassungsmäßige Ordnung wird schon durch die Ankündigung von gewaltfreiem Widerstand gegen geplante Maßnahmen und die Nichtbefolgung von polizeilichen Anordnungen durchbrochen (BFH-Urteil vom 29.8.1984, BStBl. II 1985 S.106).
12. Wird eine bisher steuerpflichtige Körperschaft nach § 5 Abs. 1 Nr.9 KStG von der Körperschaftsteuer befreit, ist unter den Voraussetzungen des § 13 KStG eine Schlussbesteuerung durchzuführen.

Zu § 53 - Mildtätige Zwecke:
1. Der Begriff „mildtätige Zwecke" umfasst auch die Unterstützung von Personen, die wegen ihres seelischen Zustands hilfsbedürftig sind. Das hat beispielsweise für die Telefonseelsorge Bedeutung.

2. Völlige Unentgeltlichkeit der mildtätigen Zuwendung wird nicht verlangt. Die mildtätige Zuwendung darf nur nicht des Entgelts wegen erfolgen.
3. Hilfen nach § 53 Nr. 1 (Unterstützung von Personen, die infolge ihres körperlichen, geistigen oder seelischen Zustands auf die Hilfe anderer angewiesen sind) dürfen ohne Rücksicht auf die wirtschaftliche Unterstützungsbedürftigkeit gewährt werden. Bei der Beurteilung der Bedürftigkeit i.S. des § 53 Nr. 1 kommt es nicht darauf an, dass die Hilfsbedürftigkeit dauernd oder für längere Zeit besteht. Hilfeleistungen wie beispielsweise „Essen auf Rädern" können daher steuerbegünstigt durchgeführt werden. Bei Personen, die das 75. Lebensjahr vollendet haben, kann körperliche Hilfsbedürftigkeit ohne weitere Nachprüfung angenommen werden.
4. § 53 Nr. 2 legt die Grenzen der wirtschaftlichen Hilfsbedürftigkeit fest. Danach können ohne Verlust der Steuerbegünstigung Personen unterstützt werden, deren Bezüge das Vierfache, beim Alleinstehenden oder Haushaltsvorstand das Fünffache des Regelsatzes der Sozialhilfe i.S. des § 22 des Bundessozialhilfegesetzes nicht übersteigen. Etwaige Mehrbedarfszuschläge zum Regelsatz sind nicht zu berücksichtigen. Leistungen für die Unterkunft werden nicht gesondert berücksichtigt. Für die Begriffe „Einkünfte" und „Bezüge" sind die Ausführungen in H 190 (Anrechnung eigener Einkünfte und Bezüge) EStH und in R 180 e und in R 190 Abs. 5 EStR 1993 maßgeblich.
5. Zu den Bezügen i.S. des § 53 Nr. 2 zählen also neben den Einkünften i.S. des § 2 Abs. 1 EStG auch alle anderen für die Bestreitung des Unterhalts bestimmten oder geeigneten Bezüge aller Haushaltsangehörigen. Hierunter fallen demnach auch solche Einnahmen, die im Rahmen der steuerlichen Einkunftsermittlung nicht erfasst werden, also sowohl nicht steuerbare als auch für steuerfrei erklärte Einnahmen (BFH-Urteil vom 2.8.1974, BStBl. II 1975 S. 139).
6. Bei Leibrenten zählt der über den von § 53 Nr. 2 Buchstabe a erfassten Ertragsanteil hinausgehende Teil der Rente zu den Bezügen i.S. des § 53 Nr. 2 Buchstabe b.
7. Bei der Feststellung der Bezüge i.S. des § 53 Nr. 2 Buchstabe b sind aus Vereinfachungsgründen insgesamt 360 DM im Kalenderjahr abzuziehen, wenn nicht höhere Aufwendungen, die in wirtschaftlichem Zusammenhang mit den entsprechenden Einnahmen stehen, nachgewiesen oder glaubhaft gemacht werden.

Zu § 54 - Kirchliche Zwecke:

Ein kirchlicher Zweck liegt nur vor, wenn die Tätigkeit darauf gerichtet ist, eine Religionsgemeinschaft des öffentlichen Rechts zu fördern. Bei Religionsgemeinschaften, die nicht Körperschaften des öffentlichen Rechts sind, kann wegen Förderung der Religion eine Anerkennung als gemeinnützige Körperschaft in Betracht kommen.

Zu § 55 - Selbstlosigkeit:

Zu § 55 Abs. 1 Nr. 1:

1. Eine Körperschaft handelt selbstlos, wenn sie weder selbst noch zugunsten ihrer Mitglieder eigenwirtschaftliche Zwecke verfolgt. Ist die Tätigkeit einer Körperschaft in erster Linie auf Mehrung ihres eigenen Vermögens gerichtet, so handelt sie nicht selbstlos. Eine Körperschaft verfolgt zum Beispiel in erster Linie eigenwirtschaftliche Zwecke, wenn sie ausschließlich durch Darlehen ihrer Gründungsmitglieder fi-

nanziert ist und dieses Fremdkapital satzungsgemäß tilgen und verzinsen muss (BFH-Urteile vom 13.12.1978, BStBl. II 1979 S. 482, vom 26.4.1989, BStBl. II S. 670 und vom 28.6.1989, BStBl. II 1990 S. 550).

2. Nach § 55 Abs. 1 dürfen sämtliche Mittel der Körperschaft nur für die satzungsmäßigen Zwecke verwendet werden (Ausnahmen siehe § 58). Auch der Gewinn aus Zweckbetrieben und aus dem steuerpflichtigen wirtschaftlichen Geschäftsbetrieb (§ 64 Abs. 2) sowie der Überschuss aus der Vermögensverwaltung dürfen nur für die satzungsmäßigen Zwecke verwendet werden. Dies schließt die Bildung von Rücklagen im wirtschaftlichen Geschäftsbetrieb und im Bereich der Vermögensverwaltung nicht aus. Die Rücklagen müssen bei vernünftiger kaufmännischer Beurteilung wirtschaftlich begründet sein (entspr. § 14 Nr. 5 KStG). Für die Bildung einer Rücklage im wirtschaftlichen Geschäftsbetrieb muss ein konkreter Anlass gegeben sein, der auch aus objektiver unternehmerischer Sicht die Bildung der Rücklage rechtfertigt (z.B. eine geplante Betriebsverlegung, Werkserneuerung oder Kapazitätsausweitung). Im Bereich der Vermögensverwaltung dürfen außerhalb der Regelung des § 58 Nr. 7 Rücklagen nur für die Durchführung konkreter Reparatur- oder Erhaltungsmaßnahmen an Vermögensgegenständen im Sinne des § 21 EStG gebildet werden. Die Maßnahmen, für deren Durchführung die Rücklage gebildet wird, müssen notwendig sein, um den ordnungsgemäßen Zustand des Vermögensgegenstandes zu erhalten oder wiederherzustellen und in einem angemessenen Zeitraum durchgeführt werden können (z.B. geplante Erneuerung eines undichten Daches).

3. Mitglieder dürfen keine Zuwendungen aus Mitteln der Körperschaft erhalten. Dies gilt nicht, soweit es sich um Annehmlichkeiten handelt, wie sie im Rahmen der Betreuung von Mitgliedern allgemein üblich und nach allgemeiner Verkehrsauffassung als angemessen anzusehen sind.

4. Keine Zuwendung im Sinne des § 55 Abs. 1 Nr. 1 liegt vor, wenn der Leistung der Körperschaft eine Gegenleistung des Empfängers gegenübersteht (z.B. bei Kauf-, Dienst- und Werkverträgen) und die Werte von Leistung und Gegenleistung nach wirtschaftlichen Grundsätzen gegeneinander abgewogen sind.

5. Ist einer Körperschaft zugewendetes Vermögen mit vor der Übertragung wirksam begründeten Ansprüchen (z.B. Nießbrauch, Grund- oder Rentenschulden, Vermächtnisse aufgrund testamentarischer Bestimmungen des Zuwendenden) belastet, deren Erfüllung durch die Körperschaft keine nach wirtschaftlichen Grundsätzen abgewogene Gegenleistung für die Übertragung des Vermögens darstellt, mindern die Ansprüche das übertragene Vermögen bereits im Zeitpunkt des Übergangs. Wirtschaftlich betrachtet wird der Körperschaft nur das nach der Erfüllung der Ansprüche verbleibende Vermögen zugewendet. Die Erfüllung der Ansprüche aus dem zugewendeten Vermögen ist deshalb keine Zuwendung i.S.d. § 55 Abs. 1 Nr. 1. Dies gilt auch, wenn die Körperschaft die Ansprüche aus ihrem anderen zulässigen Vermögen einschließlich der Rücklage nach § 58 Nr. 7 Buchstabe a erfüllt.

6. Soweit die vorhandenen flüssigen Vermögensmittel nicht für die Erfüllung der Ansprüche ausreichen, darf die Körperschaft dafür auch Erträge verwenden. Ihr müssen jedoch ausreichende Mittel für die Verwirklichung ihrer steuerbegünstigten Zwecke verbleiben. Diese Voraussetzung ist als erfüllt anzusehen, wenn für die Er-

füllung der Verbindlichkeiten höchstens ein Drittel des Einkommens der Körperschaft verwendet wird. Die Ein-Drittel-Grenze umfasst bei Rentenverpflichtungen nicht nur die über den Barwert hinausgehenden, sondern die gesamten Zahlungen. Sie bezieht sich auf den Veranlagungszeitraum.

7. § 58 Nr. 5 enthält eine Ausnahmeregelung zu § 55 Abs. 1 Nr. 1 für Stiftungen. Diese ist nur anzuwenden, wenn eine Stiftung Leistungen erbringt, die dem Grunde nach gegen § 55 Abs. 1 Nr. 1 verstoßen, also z.B. freiwillige Zuwendungen an den in § 58 Nr. 5 genannten Personenkreis leistet oder für die Erfüllung von Ansprüchen dieses Personenkreises aus der Übertragung von Vermögen nicht das belastete oder anderes zulässiges Vermögen, sondern Erträge einsetzt. Im Unterschied zu anderen Körperschaften kann eine Stiftung unter den Voraussetzungen des § 58 Nr. 5 auch dann einen Teil ihres Einkommens für die Erfüllung solcher Ansprüche verwenden, wenn ihr dafür ausreichende flüssige Vermögensmittel zur Verfügung stehen. Der Grundsatz, dass der wesentliche Teil des Einkommens für die Verwirklichung der steuerbegünstigten Zwecke verbleiben muss, gilt aber auch für Stiftungen. Daraus folgt, dass eine Stiftung insgesamt höchstens ein Drittel ihres Einkommens für unter § 58 Nr. 5 fallende Leistungen und für die Erfüllung von anderen durch die Übertragung von belastetem Vermögen begründeten Ansprüchen verwenden darf.

8. Die Körperschaft muss ihre Mittel grundsätzlich zeitnah für ihre steuerbegünstigten satzungsmäßigen Zwecke verwenden. Verwendung in diesem Sinne ist auch die Verwendung der Mittel für die Anschaffung oder Herstellung von Vermögensgegenständen, die satzungsmäßigen Zwecken dienen (z.B. Bau eines Altenheims, Kauf von Sportgeräten oder medizinischen Geräten).

- jetzt § 55 Abs. 1 Nr. 5 AO -

Die Bildung von Rücklagen ist nur unter den Voraussetzungen des § 58 Nrn. 6 und 7 zulässig. Davon unberührt bleiben Rücklagen in einem steuerpflichtigen wirtschaftlichen Geschäftsbetrieb und Rücklagen im Bereich der Vermögensverwaltung (s.o.). Die Verwendung von Mitteln, die zeitnah für die steuerbegünstigten Zwecke zu verwenden sind, für die Ausstattung einer Stiftung mit Vermögen ist ein Verstoß gegen das Gebot der zeitnahen Mittelverwendung.

9. Eine zeitnahe Mittelverwendung ist gegeben, wenn die Mittel spätestens in dem auf den Zufluss folgenden Kalender- oder Wirtschaftsjahr für die steuerbegünstigten satzungsmäßigen Zwecke verwendet werden. Am Ende des Kalender- oder Wirtschaftsjahres noch vorhandene Mittel müssen in der Bilanz oder Vermögensaufstellung der Körperschaft zulässigerweise dem Vermögen oder einer zulässigen Rücklage zugeordnet oder als im zurückliegenden Jahr zugeflossene Mittel, die im folgenden Jahr für die steuerbegünstigten Zwecke zu verwenden sind, ausgewiesen sein. Soweit Mittel nicht schon im Jahr des Zuflusses für die steuerbegünstigten Zwecke verwendet oder zulässigerweise dem Vermögen zugeführt werden, muss ihre zeitnahe Verwendung durch eine Nebenrechnung nachgewiesen werden (Mittelverwendungsrechnung).

10. Nicht dem Gebot der zeitnahen Mittelverwendung unterliegt das Vermögen der Körperschaften, auch soweit es durch Umschichtungen entstanden ist (z.B. Verkauf

eines zum Vermögen gehörenden Grundstücks einschließlich des den Buchwert übersteigenden Teils des Preises).

- Ziff. 10 Satz 2 jetzt inhaltsgleich in § 55 Nr. 11 AO geregelt -.

11. Die Vergabe von Darlehen aus Mitteln, die zeitnah für die steuerbegünstigten Zwecke zu verwenden sind, ist unschädlich für die Gemeinnützigkeit, wenn die Körperschaft damit selbst unmittelbar ihre steuerbegünstigten satzungsmäßigen Zwecke verwirklicht. Dies kann z.B. der Fall sein, wenn die Körperschaft im Rahmen ihrer jeweiligen steuerbegünstigten Zwecke Darlehen im Zusammenhang mit einer Schuldnerberatung zur Ablösung von Bankschulden, Stipendien für eine wissenschaftliche Ausbildung teilweise als Darlehen oder Darlehen an Nachwuchskünstler für die Anschaffung von Instrumenten vergibt. Voraussetzung ist, dass sich die Darlehensvergabe von einer gewerbsmäßigen Kreditvergabe dadurch unterscheidet, dass sie zu günstigeren Bedingungen erfolgt als zu den allgemeinen Bedingungen am Kapitalmarkt (z.B. Zinslosigkeit, Zinsverbilligung).

Die Vergabe von Darlehen aus zeitnah für die steuerbegünstigten Zwecke zu verwendenden Mitteln an andere steuerbegünstigte Körperschaften ist im Rahmen des § 58 Nrn. 1 und 2 zulässig (mittelbare Zweckverwirklichung), wenn die andere Körperschaft die darlehensweise erhaltenen Mittel unmittelbar für steuerbegünstigte Zwecke innerhalb der für eine zeitnahe Mittelverwendung vorgeschriebenen Frist verwendet.

Darlehen, die zur unmittelbaren Verwirklichung der steuerbegünstigten Zwecke vergeben werden, sind im Rechnungswesen entsprechend kenntlich zu machen. Es muss sichergestellt und für die Finanzbehörde nachprüfbar sein, dass die Rückflüsse, d.h. Tilgung und Zinsen, wieder zeitnah für die steuerbegünstigten Zwecke verwendet werden.

12. Aus Mitteln, die nicht dem Gebot der zeitnahen Mittelverwendung unterliegen (Vermögen einschließlich der zulässigen Zuführungen und der zulässig gebildeten Rücklagen), darf die Körperschaft Darlehen nach folgender Maßgabe vergeben.

Die Zinsen müssen sich in dem auf dem Kapitalmarkt üblichen Rahmen halten, es sei denn, der Verzicht auf die üblichen Zinsen ist eine nach den Vorschriften des Gemeinnützigkeitsrechts und der Satzung der Körperschaft zulässige Zuwendung (z.B. Darlehen an eine ebenfalls steuerbegünstigte Mitgliedsorganisation oder eine hilfsbedürftige Person). Bei Darlehen an Arbeitnehmer aus dem Vermögen kann der (teilweise) Verzicht auf eine übliche Verzinsung als Bestandteil des Arbeitslohns angesehen werden, wenn dieser insgesamt, also einschließlich des Zinsvorteils, angemessen ist und der Zinsverzicht auch von der Körperschaft als Arbeitslohn behandelt wird (z.B. Abführung von Lohnsteuer und Sozialversicherungsbeiträgen).

Maßnahmen, für die eine Rücklage nach § 58 Nr. 6 gebildet worden ist, dürfen sich durch die Gewährung von Darlehen nicht verzögern.

13. Die Vergabe von Darlehen ist als solche kein gemeinnütziger Zweck. Sie darf deshalb nicht Satzungszweck einer gemeinnützigen Körperschaft sein. Es ist jedoch unschädlich für die Gemeinnützigkeit, wenn die Vergabe von zinsgünstigen oder zins-

losen Darlehen nicht als Zweck, sondern als Mittel zur Verwirklichung des steuerbegünstigten Zwecks in der Satzung der Körperschaft aufgeführt ist.

Zu § 55 Abs. 1 Nrn. 2 und 4:

14. Die in § 55 Abs. 1 Nrn. 2 und 4 genannten Sacheinlagen sind Einlagen i.S. des Handelsrechts, für die dem Mitglied Gesellschaftsrechte eingeräumt worden sind. Insoweit sind also nur Kapitalgesellschaften, nicht aber Vereine angesprochen. Unentgeltlich zur Verfügung gestellte Vermögensgegenstände, für die keine Gesellschaftsrechte eingeräumt sind (Leihgaben, Sachspenden), fallen nicht unter § 55 Abs. 1 Nrn. 2 und 4. Soweit Kapitalanteile und Sacheinlagen von der Vermögensbindung ausgenommen werden, kann von dem Gesellschafter nicht die Spendenbegünstigung des § 10 b EStG (§ 9 Abs. 1 Nr. 2 KStG) in Anspruch genommen werden.

Zu § 55 Abs. 1 Nr. 4:

15. Eine wesentliche Voraussetzung für die Annahme der Selbstlosigkeit bildet der Grundsatz der Vermögensbindung für steuerbegünstigte Zwecke im Falle der Beendigung des Bestehens der Körperschaft oder des Wegfalles des bisherigen Zwecks (§ 55 Abs. 1 Nr. 4).

Hiermit soll verhindert werden, dass Vermögen, das sich aufgrund der Steuervergünstigungen gebildet hat, später zu nicht begünstigten Zwecken verwendet wird. Die satzungsmäßigen Anforderungen an die Vermögensbindung sind in den §§ 61 und 62 geregelt.

Zu § 55 Abs. 2:

16. Wertsteigerungen bleiben für steuerbegünstigte Zwecke gebunden. Bei der Rückgabe des Wirtschaftsguts selbst hat der Empfänger die Differenz in Geld auszugleichen.

Zu § 55 Abs. 3:

17. Die Regelung, nach der sich die Vermögensbindung nicht auf die eingezahlten Kapitalanteile der Mitglieder und den gemeinen Wert der von den Mitgliedern geleisteten Sacheinlagen erstreckt, gilt bei Stiftungen für die Stifter und ihre Erben sinngemäß (§ 55 Abs. 3, erster Halbsatz). Es ist also zulässig, das Stiftungskapital und die Zustiftungen von der Vermögensbindung auszunehmen und im Falle des Erlöschens der Stiftung an den Stifter oder seine Erben zurückfallen zu lassen. Für solche Stiftungen und Zustiftungen kann aber vom Stifter nicht die Spendenvergünstigung nach § 10 b EStG (§ 9 Abs. 1 Nr. 2 KStG) in Anspruch genommen werden.

18. Die Vorschrift des § 55 Abs. 3 zweiter Halbsatz, die sich nur auf Stiftungen und Körperschaften des öffentlichen Rechts bezieht, berücksichtigt die Regelung im EStG, wonach die Entnahme eines Wirtschaftsgutes mit dem Buchwert angesetzt werden kann, wenn das Wirtschaftsgut den in § 6 Abs. 1 Nr. 4 Satz 4 EStG genannten Körperschaften unentgeltlich überlassen wird. Dies hat zur Folge, dass der Zuwendende bei der Aufhebung der Stiftung nicht den gemeinen Wert der Zuwendung, sondern nur den dem ursprünglichen Buchwert entsprechenden Betrag zurückerhält. Stille Reserven und Wertsteigerungen bleiben hiernach für steuerbegünstigte Zwecke gebunden. Bei Rückgabe des Wirtschaftsgutes selbst hat der Empfänger die Differenz in Geld auszugleichen.

Zu § 56 - Ausschließlichkeit:

Die Vorschrift stellt klar, dass eine Körperschaft mehrere steuerbegünstigte Zwecke nebeneinander verfolgen darf, ohne dass dadurch die Ausschließlichkeit verletzt wird. Die steuerbegünstigten Zwecke müssen jedoch sämtlich satzungsmäßige Zwecke sein. Will demnach eine Körperschaft steuerbegünstigte Zwecke, die nicht in die Satzung aufgenommen sind, fördern, so ist eine Satzungsänderung erforderlich, die den Erfordernissen des § 60 entsprechen muss.

Zu § 57 - Unmittelbarkeit:

1. Die Vorschrift stellt in Abs. 1 klar, dass die Körperschaft die steuerbegünstigten satzungsmäßigen Zwecke selbst verwirklichen muss, damit Unmittelbarkeit gegeben ist (wegen der Ausnahmen Hinweis auf § 58).

2. Nach Abs. 2 wird eine Körperschaft, in der steuerbegünstigte Körperschaften zusammengefasst sind, einer Körperschaft gleichgestellt, die unmittelbar steuerbegünstigte Zwecke verfolgt. Voraussetzung ist, dass jede der zusammengefassten Körperschaften sämtliche Voraussetzungen für eine Steuervergünstigung erfüllen muss. Verfolgt eine solche Körperschaft selbst unmittelbar steuerbegünstigte Zwecke, ist die bloße Mitgliedschaft einer nicht steuerbegünstigten Organisation für die Steuerbegünstigung unschädlich. Die Körperschaft darf die nicht steuerbegünstigte Organisation aber nicht mit Rat und Tat fördern (z.B. Zuweisung von Mitteln, Rechtsberatung).

Zu § 58 - Steuerlich unschädliche Betätigungen:

Zu § 58 Nr. 1:

1. Diese Ausnahmeregelung ermöglicht, sog. Fördervereine und Spendensammelvereine als steuerbegünstigte Körperschaften anzuerkennen. Die Beschaffung von Mitteln muss als Satzungszweck festgelegt sein. Die Körperschaft, für die Mittel beschafft werden, muss nicht steuerbegünstigt sein. Die Verwendung der Mittel für die steuerbegünstigten Zwecke muss jedoch ausreichend nachgewiesen werden.

- durch Gesetzesänderung teilweise überholt -

Zu § 58 Nr. 2:

2. Die teilweise (nicht überwiegende) Weitergabe eigener Mittel (auch Sachmittel) ist unschädlich. Ausschüttungen und sonstige Zuwendungen einer steuerbegünstigten Körperschaft sind unschädlich, wenn die Gesellschafter oder Mitglieder als Begünstigte ausschließlich steuerbegünstigte Körperschaften sind.

Zu § 58 Nr. 3:

3. Eine steuerlich unschädliche Betätigung liegt auch dann vor, wenn nicht nur Arbeitskräfte, sondern zugleich Arbeitsmittel (z.B. Krankenwagen) zur Verfügung gestellt werden.

- Nr. 4 betrifft Sportanlagen -

Zu § 58 Nr. 5:

5. Eine Stiftung darf einen Teil ihres Einkommens - höchstens ein Drittel des Einkommens - dazu verwenden, die Gräber des Stifters und seiner nächsten Angehörigen zu

pflegen und deren Andenken zu ehren. In diesem Rahmen ist auch gestattet, dem Stifter und seinen nächsten Angehörigen Unterhalt zu gewähren.

Unter Einkommen i.S. der Nr. 5 ist die Summe der Einkünfte aus den einzelnen Einkunftsarten des § 2 Abs. 1 EStG zu verstehen, unabhängig davon, ob die Einkünfte steuerpflichtig sind oder nicht. Bei ihrer Ermittlung sind von den Einnahmen die damit zusammenhängenden Aufwendungen einschließlich der Abschreibungsbeträge abzuziehen.

Zur steuerrechtlichen Beurteilung von Ausgaben für die Erfüllung von Verbindlichkeiten, die durch die Übertragung von belastetem Vermögen begründet worden sind, wird auf die Nummern 5 bis 7 zu § 55 hingewiesen.

6. Der Begriff des nächsten Angehörigen ist enger als der Begriff des Angehörigen nach § 15. Er umfasst:
    - Ehegatten,
    - Eltern, Großeltern, Kinder, Enkel (auch falls durch Adoption verbunden),
    - Geschwister,
    - Pflegeeltern, Pflegekinder.

7. Unterhalt, Grabpflege und Ehrung des Andenkens müssen sich in angemessenem Rahmen halten. Damit ist neben der relativen Grenze von einem Drittel des Einkommens eine gewisse absolute Grenze festgelegt. Maßstab für die Angemessenheit des Unterhalts ist der Lebensstandard des Zuwendungsempfängers.

Zu § 58 Nr. 6:

8. Bei der Bildung der Rücklage nach § 58 Nr. 6 kommt es - im Gegensatz zu der Rücklagenbildung nach § 58 Nr. 7 Buchstabe a - nicht auf die Herkunft der Mittel an. Der Rücklage dürfen also auch Spendenmittel zugeführt werden.

9. Voraussetzung für die Bildung einer Rücklage nach § 58 Nr. 6 ist in jedem Fall, dass ohne sie die steuerbegünstigten satzungsmäßigen Zwecke nachhaltig nicht erfüllt werden können. Das Bestreben, ganz allgemein die Leistungsfähigkeit der Körperschaft zu erhalten, reicht für eine steuerlich unschädliche Rücklagenbildung nach dieser Vorschrift nicht aus (hierfür können nur freie Rücklagen nach § 58 Nr. 7 gebildet werden, vgl. Nrn. 12 bis 14). Vielmehr müssen die Mittel für bestimmte - die steuerbegünstigten Satzungszwecke verwirklichende - Vorhaben angesammelt werden, für deren Durchführung bereits konkrete Zeitvorstellungen bestehen. Besteht noch keine konkrete Zeitvorstellung, ist eine Rücklagenbildung zulässig, wenn die Durchführung des Vorhabens glaubhaft und bei den finanziellen Verhältnissen der steuerbegünstigten Körperschaft in einem angemessenen Zeitraum möglich ist. Die Bildung von Rücklagen für periodisch wiederkehrende Ausgaben (z.B. Löhne, Gehälter, Mieten) in Höhe des Mittelbedarfs für eine angemessene Zeitperiode ist zulässig (sog. Betriebsmittelrücklage).

10. Die vorstehenden Grundsätze zu § 58 Nr. 6 gelten auch für sogenannte Fördervereine und Spendensammelvereine i.S. des § 58 Nr.1 (BFH-Urteil vom 13.9.1989, BStBl. II 1990 S. 28). Voraussetzung ist jedoch, dass die Rücklagenbildung dem Zweck der Beschaffung von Mitteln für die steuerbegünstigten Zwecke einer anderen Körperschaft entspricht. Diese Voraussetzung ist zum Beispiel erfüllt, wenn die Mit-

telbeschaffungskörperschaft wegen Verzögerung der von ihr zu finanzierenden steuerbegünstigten Maßnahmen gezwungen ist, die beschafften Mittel zunächst zu thesaurieren.

11. Unterhält eine steuerbegünstigte Körperschaft einen steuerpflichtigen wirtschaftlichen Geschäftsbetrieb, so können dessen Erträge der Rücklage erst nach Versteuerung zugeführt werden.

Zu § 58 Nr. 7:

12. Der freien Rücklage (§ 58 Nr. 7 Buchstabe a) darf jährlich höchstens ein Viertel des Überschusses der Einnahmen über die Unkosten aus der Vermögensverwaltung zugeführt werden. Unter Unkosten sind die Aufwendungen zu verstehen, die die Körperschaft, wäre sie steuerpflichtig, nach § 8 Abs. 1 KStG als Werbungskosten ansetzen könnte. Hierzu zählen nicht Aufwendungen im Rahmen steuerlich unschädlicher Betätigungen nach § 58.

    Wird die in Satz 1 genannte Höchstgrenze nicht voll ausgeschöpft, so ist eine Nachholung in späteren Jahren nicht zulässig. Die steuerbegünstigte Körperschaft braucht die freie Rücklage während der Dauer ihres Bestehens nicht aufzulösen.

    - durch Gesetzesänderung teilweise überholt (ein Drittel anstelle von einem Viertel, 10 v.H. der übrigen zeitnah zu verwendenden Mittel) -

13. Die Ansammlung und Verwendung von Mitteln zum Erwerb von Gesellschaftsrechten zur Erhaltung der prozentualen Beteiligung an Kapitalgesellschaften schließen die Steuervergünstigungen nicht aus (§ 58 Nr. 7 Buchstabe b). Die Herkunft der Mittel ist dabei ohne Bedeutung.

14. Die Höchstgrenze für die Zuführung zu der freien Rücklage mindert sich um den Betrag, den die Körperschaft zum Erwerb von Gesellschaftsrechten zur Erhaltung der prozentualen Beteiligung an Kapitalgesellschaften ausgibt oder bereitstellt. Übersteigt der für die Erhaltung der Beteiligungsquote verwendete oder bereitgestellte Betrag ein Viertel des Überschusses aus der Vermögensverwaltung des laufenden Jahres, ist auch in den Folgejahren eine Zuführung zu der freien Rücklage erst wieder möglich, wenn die für eine freie Rücklage verwendbaren Teile der Überschüsse aus der Vermögensverwaltung insgesamt die für die Erhaltung der Beteiligungsquote verwendeten oder bereitgestellten Mittel übersteigen. Die Zuführung von Mitteln zu Rücklagen nach § 58 Nr. 6 berührt die Höchstgrenze für die Bildung freier Rücklagen dagegen nicht.

    - durch Gesetzesänderung teilweise überholt -

Beispiel:

	freie Rücklage (§ 58 Nr. 7 Buchst. a)	Verwendung von Mitteln zur Erhaltung der Beteiligungsquote (§ 58 Nr. 7 Buchst. b)
Jahr 01 Zuführung zur freien Rücklage	50 000 DM	
Jahr 02 Höchstbetrag für die Zuführung zur freien Rücklage: 25 v.H. von 80 000 DM = 20 000 DM		
Verwendung von Mitteln zur Erhaltung der Beteiligungsquote ./. 35 000 DM		35 000 DM
Übersteigender Betrag ./. 15 000 DM		
Zuführung zur freien Rücklage	0 DM	
Jahr 03 Höchstbetrag für die Zuführung zur freien Rücklage: 25 v.H. von 80 000 DM = 20 000 DM		
Übersteigender Betrag aus dem Jahr 02 ./. 15 000 DM		
Verbleibender Betrag 5 000 DM		
Zuführung zur freien Rücklage	5 000 DM	

Zu § 58 Nrn. 6 und 7:

15. Ob die Voraussetzungen für die Bildung einer Rücklage gegeben sind, hat die steuerbegünstigte Körperschaft dem zuständigen Finanzamt im einzelnen darzulegen. Weiterhin muss sie die Rücklagen nach § 58 Nrn. 6 und 7 in ihrer Rechnungslegung - ggf. in einer Nebenrechnung - gesondert ausweisen, damit eine Kontrolle jederzeit

und ohne besonderen Aufwand möglich ist (BFH-Urteil vom 20.12.1978, BStBl. II 1979 S. 496).

Zu § 58 Nr. 8:

16. Gesellige Zusammenkünfte, die im Vergleich zur steuerbegünstigten Tätigkeit nicht von untergeordneter Bedeutung sind, schließen die Steuervergünstigung aus.

    - Ziff. 17 betrifft von Gebietskörperschaften errichtete Stiftungen -

18. Den in § 58 Nrn. 2 bis 9 genannten Ausnahmetatbeständen ist gemeinsam, dass sie auch ohne entsprechende Satzungsbestimmung verwirklicht werden können.

Zu § 59 - Voraussetzung der Steuervergünstigung:

1. Die Vorschrift bestimmt u.a., dass die Steuervergünstigung nur gewährt wird, wenn ein steuerbegünstigter Zweck (§§ 52 bis 54), die Selbstlosigkeit (§ 55) und die ausschließliche und unmittelbare Zweckverfolgung (§§ 56, 57) durch die Körperschaft aus der Satzung direkt hervorgehen. Eine weitere satzungsmäßige Voraussetzung in diesem Sinn ist die in § 61 geforderte Vermögensbindung. Das Unterhalten wirtschaftlicher Geschäftsbetriebe (§ 14 Sätze 1 und 2 und § 64), die keine Zweckbetriebe (§§ 65 bis 68) sind, und die Vermögensverwaltung (§ 14 Satz 3) dürfen nicht Satzungszweck sein.

2. Bei mehreren Betrieben gewerblicher Art einer juristischen Person des öffentlichen Rechts ist für jeden Betrieb gewerblicher Art eine eigene Satzung erforderlich.

3. Ein besonderes Anerkennungsverfahren ist im steuerlichen Gemeinnützigkeitsrecht nicht vorgesehen. Ob eine Körperschaft steuerbegünstigt ist, entscheidet das Finanzamt im Veranlagungsverfahren durch Steuerbescheid (ggf. Freistellungsbescheid). Dabei hat es von Amts wegen die tatsächlichen und rechtlichen Verhältnisse zu ermitteln, die für die Steuerpflicht und für die Bemessung der Steuer wesentlich sind. Eine Körperschaft, bei der nach dem Ergebnis dieser Prüfung die gesetzlichen Voraussetzungen für die steuerliche Behandlung als steuerbegünstigte Körperschaft vorliegen, muss deshalb auch als solche behandelt werden, und zwar ohne Rücksicht darauf, ob ein entsprechender Antrag gestellt worden ist oder nicht. Ein Verzicht auf die Behandlung als steuerbegünstigte Körperschaft ist somit für das Steuerrecht unbeachtlich.

4. Auf Antrag einer Körperschaft, bei der die Voraussetzungen der Steuervergünstigung noch nicht im Veranlagungsverfahren festgestellt worden sind, bescheinigt das zuständige Finanzamt vorläufig, z.B. für den Empfang steuerbegünstigter Spenden oder für eine Gebührenbefreiung, dass bei ihm die Körperschaft steuerlich erfasst ist und die eingereichte Satzung alle nach § 59 Satz 1, §§ 60 und 61 geforderten Voraussetzungen erfüllt, welche u.a. für die Steuerbefreiung nach § 5 Abs. 1 Nr. 9 KStG vorliegen müssen. Eine vorläufige Bescheinigung über die Gemeinnützigkeit darf erst ausgestellt werden, wenn eine Satzung vorliegt, die den gemeinnützigkeitsrechtlichen Vorschriften entspricht.

5. Die vorläufige Bescheinigung über die Gemeinnützigkeit stellt keinen Verwaltungsakt, sondern lediglich eine Auskunft über den gekennzeichneten Teilbereich der für die Steuervergünstigung erforderlichen Voraussetzungen dar. Sie sagt z.B. nichts über die Übereinstimmung von Satzung und tatsächlicher Geschäftsführung aus. Sie

ist befristet zu erteilen und ist frei widerruflich (Beschluss des BFH vom 7.5.1986, BStBl. II S. 677).
6. Die vorläufige Bescheinigung wird durch den Steuerbescheid (ggf. Freistellungsbescheid) ersetzt. Die Steuerbefreiung soll spätestens alle drei Jahre überprüft werden.

Zu § 60 - Anforderungen an die Satzung:
1. Die Satzung muss so präzise gefasst sein, dass aus ihr unmittelbar entnommen werden kann, ob die Voraussetzungen der Steuerbegünstigung vorliegen (formelle Satzungsmäßigkeit). Die bloße Bezugnahme auf Satzungen oder andere Regelungen Dritter genügt nicht (BFH-Urteil vom 19.4.1989, BStBl. II S. 595). Es reicht aus, wenn sich die satzungsmäßigen Voraussetzungen aufgrund einer Auslegung aller Satzungsbestimmungen ergeben (BFH-Urteil vom 13.12.1978, BStBl. II 1979 S. 482 und vom 13.8.1997, BStBl. II S. 794).
2. Die Anlagen 1 und 2 enthalten das Muster einer Satzung. Das Muster in Anlage 1 sieht ergänzende Bestimmungen über die Vermögensbindung vor. Das Muster in Anlage 2 Buchstabe a ist zu verwenden, wenn die Vermögensbindung nicht in der Satzung festgelegt zu werden braucht (§ 62). Die Verwendung der Mustersatzungen ist nicht vorgeschrieben.
3. Eine Satzung braucht nicht allein deswegen geändert zu werden, weil in ihr auf Vorschriften des StAnpG oder der GemV verwiesen oder das Wort „selbstlos" nicht verwandt wird.
4. Ordensgemeinschaften haben eine den Ordensstatuten entsprechende zusätzliche Erklärung nach dem Muster der Anlage 3 abzugeben, die die zuständigen Organe der Orden bindet.
5. Die tatsächliche Geschäftsführung muss mit der Satzung übereinstimmen, wozu § 63 ergänzende Regelungen bringt.
6. Die satzungsmäßigen Voraussetzungen für die Anerkennung der Steuerbegünstigung müssen
    - bei der Körperschaftsteuer vom Beginn bis zum Ende des Veranlagungszeitraums,
    - bei der Gewerbesteuer vom Beginn bis zum Ende des Erhebungszeitraums,
    - bei der Grundsteuer zum Beginn des Kalenderjahres, für das über die Steuerpflicht zu entscheiden ist (§ 9 Abs. 2 GrStG),
    - bei der Umsatzsteuer zu den sich aus § 13 Abs. 1 UStG ergebenden Zeitpunkten,
    - bei der Erbschaftsteuer zu den sich aus § 9 ErbStG ergebenden Zeitpunkten,
    erfüllt sein.

Anlage 1 zu § 60

Mustersatzung
für einen Verein
(nur aus steuerlichen Gründen notwendige Bestimmungen ohne Berücksichtigung der vereinsrechtlichen Vorschriften des BGB)

§ 1. Der .... (e.V) mit Sitz in .... verfolgt ausschließlich und unmittelbar - gemeinnützige - mildtätige - kirchliche - Zwecke (nicht verfolgte Zwecke streichen) im Sinne des Abschnitts „Steuerbegünstigte Zwecke" der Abgabenordnung. Zweck des Vereins ist .... (z.B. die Förderung von Wissenschaft und Forschung, Bildung und Erziehung, Kunst und Kultur, des Umwelt-, Landschafts- und Denkmalschutzes, der Jugend- und Altenhilfe, des öffentlichen Gesundheitswesens, des Sports, Unterstützung hilfsbedürftiger Personen). Der Satzungszweck wird verwirklicht insbesondere durch .... (z.B. Durchführung wissenschaftlicher Veranstaltungen und Forschungsvorhaben, Vergabe von Forschungsaufträgen, Unterhaltung einer Schule, einer Erziehungsberatungsstelle, Pflege von Kunstsammlungen, Pflege des Liedgutes und des Chorgesanges, Errichtung von Naturschutzgebieten, Unterhaltung eines Kindergartens, Kinder-, Jugendheimes, Unterhaltung eines Altenheimes, eines Erholungsheimes, Bekämpfung des Drogenmissbrauchs, des Lärms, Errichtung von Sportanlagen, Förderung sportlicher Übungen und Leistungen).

§ 2. Der Verein ist selbstlos tätig; er verfolgt nicht in erster Linie eigenwirtschaftliche Zwecke.

§ 3. Mittel des Vereins dürfen nur für die satzungsmäßigen Zwecke verwendet werden. Die Mitglieder erhalten keine Zuwendungen aus Mitteln des Vereins.

§ 4. Es darf keine Person durch Ausgaben, die dem Zweck der Körperschaft fremd sind, oder durch unverhältnismäßig hohe Vergütungen begünstigt werden.

§ 5. Bei Auflösung des Vereins oder bei Wegfall steuerbegünstigter Zwecke fällt das Vermögen des Vereins

a) an - den - die - das - .... (Bezeichnung einer juristischen Person des öffentlichen Rechts oder einer anderen steuerbegünstigten Körperschaft),

   der - die - das - es unmittelbar und ausschließlich für gemeinnützige, mildtätige oder kirchliche Zwecke zu verwenden hat,

oder

b) an eine juristische Person des öffentlichen Rechts oder eine andere steuerbegünstigte Körperschaft

   zwecks Verwendung für .... (Angabe eines bestimmten gemeinnützigen, mildtätigen oder kirchlichen Zwecks, z.B. Förderung von Wissenschaft und Forschung, Bildung und Erziehung, der Unterstützung von Personen, die im Sinne von § 53 AO wegen .... bedürftig sind, Unterhaltung des Gotteshauses in ....).

Alternative zu § 5

Kann aus zwingenden Gründen der künftige Verwendungszweck jetzt noch nicht angegeben werden (§ 61 Abs. 2 AO), so kommt folgende Bestimmung über die Vermögensbindung in Betracht:

„Bei Auflösung des Vereins oder bei Wegfall steuerbegünstigter Zwecke ist das Vermögen zu steuerbegünstigten Zwecken zu verwenden.

Beschlüsse über die künftige Verwendung des Vermögens dürfen erst nach Einwilligung des Finanzamts ausgeführt werden."

Anlage 2 zu § 60

Mustersatzung
für andere Körperschaften
(Betriebe gewerblicher Art von juristischen Personen des öffentlichen Rechts, Stiftungen, geistliche Genossenschaften und Kapitalgesellschaften)

Das Muster nach Anlage 1 ist unter entsprechenden Änderungen auch für andere Körperschaften verwendbar:

a) Bei Betrieben gewerblicher Art von juristischen Personen des öffentlichen Rechts, bei staatlich beaufsichtigten Stiftungen, bei den von einer juristischen Person des öffentlichen Rechts verwalteten unselbstständigen Stiftungen und bei geistlichen Genossenschaften (Orden, Kongregationen)
- braucht die Vermögensbindung in der Satzung nicht festgelegt zu werden. Damit kann § 5 des Musters entfallen.
- Außerdem ist folgende Bestimmung aufzunehmen:
- § 3 Abs. 2:

„Der - die - das - .... erhält bei Auflösung oder Aufhebung der Körperschaft oder bei Wegfall steuerbegünstigter Zwecke nicht mehr als - seine - ihre - eingezahlten Kapitalanteile und den gemeinen Wert - seiner - ihrer - geleisteten Sacheinlagen zurück."

Bei Stiftungen ist diese Bestimmung nur erforderlich, wenn die Satzung dem Stifter einen Anspruch auf Rückgewähr von Vermögen einräumt (vgl. hierzu zu § 55 Nr. 18 Sätze 2 und 3). Fehlt die Regelung, wird das eingebrachte Vermögen wie das übrige Vermögen behandelt.

b) Bei Kapitalgesellschaften sind folgende ergänzende Bestimmungen in die Satzung aufzunehmen:
- § 3 Abs. 1 Satz 2:

„Die Gesellschafter dürfen keine Gewinnanteile und in ihrer Eigenschaft als Gesellschafter auch keine sonstigen Zuwendungen aus Mitteln der Körperschaft erhalten."

- § 3 Abs. 2:

„Sie erhalten bei ihrem Ausscheiden oder bei Auflösung der Körperschaft oder bei Wegfall steuerbegünstigter Zwecke nicht mehr als ihre eingezahlten Kapitalanteile und den gemeinen Wert ihrer geleisteten Sacheinlagen zurück."

- § 5:

„Bei Auflösung der Körperschaft oder bei Wegfall steuerbegünstigter Zwecke fällt das Vermögen der Körperschaft, soweit es die eingezahlten Kapitalanteile der Gesellschafter und den gemeinen Wert der von den Gesellschaftern geleisteten Sacheinlagen übersteigt, an ..."

- Alternative zu § 5 unter den Voraussetzungen des § 61 Abs. 2 AO:

„Bei Auflösung der Körperschaft ist das Vermögen, soweit es die eingezahlten Kapitalanteile der Gesellschafter und den gemeinen Wert der von den Gesellschaftern geleisteten Sacheinlagen übersteigt, zu steuerbegünstigten Zwecken zu verwenden. Beschlüsse über die künftige Verwendung des Vermögens dürfen erst nach Einwilligung des Finanzamts ausgeführt werden."

§ 3 Abs. 2 und der Satzteil „soweit es die eingezahlten Kapitalanteile der Gesellschafter und den gemeinen Wert der von den Gesellschaftern geleisteten Sacheinlagen übersteigt", in § 5 sind nur erforderlich, wenn die Satzung einen Anspruch auf Rückgewähr von Vermögen einräumt (vgl. hierzu zu § 55 Nr. 14 Satz 4).

Anlage 3 zu § 60

Muster einer Erklärung
der Ordensgemeinschaften

1. Der - Die .... (Bezeichnung der Ordensgemeinschaft)
mit dem Sitz in .... ist eine anerkannte Ordensgemeinschaft der Katholischen Kirche.
2. Der - Die .... verfolgt ausschließlich und unmittelbar kirchliche, gemeinnützige oder mildtätige Zwecke, und zwar insbesondere durch ....
3. Überschüsse aus der Tätigkeit der Ordensgemeinschaft werden nur für die satzungsmäßigen Zwecke verwendet. Den Mitgliedern stehen keine Anteile an den Überschüssen zu. Ferner erhalten die Mitglieder weder während der Zeit ihrer Zugehörigkeit zu der Ordensgemeinschaft noch im Fall ihres Ausscheidens noch bei Auflösung oder Aufhebung der Ordensgemeinschaft irgendwelche Zuwendungen oder Vermögensvorteile aus deren Mitteln. Es darf keine Person durch Ausgaben, die den Zwecken der Ordensgemeinschaft fremd sind, oder durch unverhältnismäßig hohe Vergütungen begünstigt werden.
4. Der - Die .... wird vertreten durch ....
....
(Ort) (Datum)
....
(Unterschrift des Ordensobern)

Zu § 61 - Satzungsmäßige Vermögensbindung:

1. Die Vorschrift stellt klar, dass die zu den Voraussetzungen der Selbstlosigkeit zählende Bindung des Vermögens für steuerbegünstigte Zwecke vor allem im Falle der Auflösung der Körperschaft aus der Satzung genau hervorgehen muss (Mustersatzungen, § 5).
2. § 61 Abs. 2 lässt bei Vorliegen zwingender Gründe die Bestimmung in der Satzung zu, dass über die Verwendung des Vermögens zu steuerbegünstigten Zwecken erst nach Auflösung der Körperschaft oder bei Wegfall steuerbegünstigter Zweckverfolgung nach Einwilligung des Finanzamtes bestimmt wird (Mustersatzungen, Alternative zu § 5).
3. Für bestimmte Körperschaften, z.B. Betriebe gewerblicher Art von juristischen Personen des öffentlichen Rechts und bestimmte Stiftungen, enthält § 62 eine Ausnahme von der Vermögensbindung.
4. Wird die satzungsmäßige Vermögensbindung aufgehoben, gilt sie von Anfang an als steuerlich nicht ausreichend. Die Regelung greift auch ein, wenn die Bestimmung über die Vermögensbindung erst zu einem Zeitpunkt geändert wird, in dem die Körperschaft nicht mehr als steuerbegünstigt anerkannt ist. Die entsprechenden steuer-

lichen Folgerungen sind durch Steuerfestsetzungen, Aufhebung oder Änderung einer Steuerfestsetzung rückwirkend zu ziehen.

5. Bei Verstößen gegen den Grundsatz der Vermögensbindung bildet die Festsetzungsverjährung (§§ 169 ff.) keine Grenze. Vielmehr können nach § 175 Abs. 1 Satz 1 Nr. 2 auch Steuerbescheide noch geändert werden, die Steuern betreffen, die innerhalb von zehn Jahren vor der erstmaligen Verletzung der Vermögensbindungsregelung entstanden sind. Es kann demnach auch dann noch zugegriffen werden, wenn zwischen dem steuerfreien Bezug der Erträge und dem Wegfall der Steuerbegünstigung ein Zeitraum von mehr als fünf Jahren liegt, selbst wenn in der Zwischenzeit keine Erträge mehr zugeflossen sind.

Beispiel:
Eine gemeinnützige Körperschaft hat in den Jahren 01 bis 11 steuerfreie Einnahmen aus einem Zweckbetrieb bezogen und diese teils für gemeinnützige Zwecke ausgegeben und zum Teil in eine Rücklage eingestellt. Eine in 11 vollzogene Satzungsänderung sieht jetzt vor, dass bei Auflösung des Vereins das Vermögen an die Mitglieder ausgekehrt wird. In diesem Fall muss das Finanzamt für die Veranlagungszeiträume 01 ff. Steuerbescheide erlassen, welche die Nachversteuerung aller genannten Einnahmen vorsehen, wobei es unerheblich ist, ob die Einnahmen noch im Vereinsvermögen vorhanden sind.

6. Verstöße gegen § 55 Abs. 1 bis 3 begründen die Möglichkeit einer Nachversteuerung im Rahmen der Festsetzungsfrist.

7. Die Nachversteuerung gem. § 61 Abs. 3 greift nicht nur bei gemeinnützigkeitsschädlichen Änderungen satzungsrechtlicher Bestimmungen über die Vermögensbindung ein, sondern erfasst auch die Fälle, in denen die tatsächliche Geschäftsführung gegen die von § 61 geforderte Vermögensbindung verstößt (§ 63 Abs. 2).

Beispiel:
Eine gemeinnützige Körperschaft verwendet bei ihrer Auflösung oder bei Aufgabe ihres begünstigten Satzungszweckes ihr Vermögen entgegen der Vermögensbindungsbestimmung in der Satzung nicht für begünstigte Zwecke.

8. Verstöße der tatsächlichen Geschäftsführung gegen § 55 Abs. 1 Nrn. 1 bis 3 können so schwerwiegend sein, dass sie einer Verwendung des gesamten Vermögens für satzungsfremde Zwecke gleichkommen. Auch in diesen Fällen ist eine Nachversteuerung nach § 61 Abs. 3 möglich.

9. Bei der nachträglichen Besteuerung ist so zu verfahren, als ob die Körperschaft von Anfang an uneingeschränkt steuerpflichtig gewesen wäre. § 13 Abs. 3 KStG ist nicht anwendbar.

Zu § 62 - Ausnahmen von der satzungsmäßigen Vermögensbindung:

1. Die Vorschrift befreit nur von der Verpflichtung, die Vermögensbindung in der Satzung festzulegen. Materiell unterliegen auch diese Körperschaften der Vermögensbindung.

2. Die staatliche Genehmigung einer Stiftung begründet noch nicht die Befreiung; die Stiftung muss vielmehr staatlicher Aufsicht nach den Stiftungsgesetzen der Länder unterliegen.

Zu § 63 - Anforderungen an die tatsächliche Geschäftsführung:
1. Den Nachweis, dass die tatsächliche Geschäftsführung den notwendigen Erfordernissen entspricht, hat die Körperschaft durch ordnungsmäßige Aufzeichnungen über ihre Einnahmen und Ausgaben zu führen. Die Vorschriften der AO über die Führung von Büchern und Aufzeichnungen (§§ 140 ff.) sind zu beachten. Die Vorschriften des Handelsrechts einschließlich der entsprechenden Buchführungsvorschriften gelten nur, sofern sich dies aus der Rechtsform der Körperschaft oder aus ihrer wirtschaftlichen Tätigkeit ergibt. Bei der Verwirklichung steuerbegünstigter Zwecke im Ausland besteht eine erhöhte Nachweispflicht (§ 90 Abs. 2).
2. Die tatsächliche Geschäftsführung umfasst auch die Ausstellung steuerlicher Spendenbestätigungen. Bei Missbräuchen auf diesem Gebiet, z.B. durch die Ausstellung von Gefälligkeitsbestätigungen, ist die Gemeinnützigkeit zu versagen.

Zu § 64 - Steuerpflichtige wirtschaftliche Geschäftsbetriebe:

Zu § 64 Abs. 1:
1. Als Gesetz, das die Steuervergünstigung teilweise, nämlich für den wirtschaftlichen Geschäftsbetrieb (§ 14 Sätze 1 und 2), ausschließt, ist das jeweilige Steuergesetz zu verstehen, also § 5 Abs. 1 Nr. 9 KStG, § 3 Nr. 6 GewStG, § 12 Abs. 2 Nr. 8 Satz 2 UStG, § 3 Abs. 1 Nr. 3 b GrStG i.V.m. Abschn. 12 Abs. 4 GrStR.
2. Wegen des Begriffs „Wirtschaftlicher Geschäftsbetrieb" wird auf § 14 hingewiesen. Zum Begriff der „Nachhaltigkeit" bei wirtschaftlichen Geschäftsbetrieben siehe BFH-Urteil vom 21.8.1985 (BStBl. II 1986 S. 88). Danach ist eine Tätigkeit grundsätzlich nachhaltig, wenn sie auf Wiederholung angelegt ist. Es genügt, wenn bei der Tätigkeit der allgemeine Wille besteht, gleichartige oder ähnliche Handlungen bei sich bietender Gelegenheit zu wiederholen. Wiederholte Tätigkeiten liegen auch vor, wenn der Grund zum Tätigwerden auf einem einmaligen Entschluss beruht, die Erledigung aber mehrere (Einzel-)Tätigkeiten erfordert.
3. Ob eine an einer Personengesellschaft oder Gemeinschaft beteiligte steuerbegünstigte Körperschaft gewerbliche Einkünfte bezieht und damit einen wirtschaftlichen Geschäftsbetrieb (§ 14 Sätze 1 und 2) unterhält, wird im einheitlichen und gesonderten Gewinnfeststellungsbescheid der Personengesellschaft bindend festgestellt (BFH-Urteil vom 27.7.1989, BStBl. II S. 134). Ob der wirtschaftliche Geschäftsbetrieb steuerpflichtig ist oder ein Zweckbetrieb (§§ 65 bis 68) vorliegt, ist dagegen bei der Körperschaftsteuerveranlagung der steuerbegünstigten Körperschaft zu entscheiden. Die Beteiligung einer steuerbegünstigten Körperschaft an einer Kapitalgesellschaft ist grundsätzlich Vermögensverwaltung (§ 14 Satz 3). Sie stellt jedoch einen wirtschaftlichen Geschäftsbetrieb dar, wenn mit ihr tatsächlich ein entscheidender Einfluss auf die laufende Geschäftsführung der Kapitalgesellschaft ausgeübt wird oder ein Fall der Betriebsaufspaltung vorliegt (vgl. BFH-Urteil vom 30.6.1971, BStBl. II S. 753; H 137 Abs. 4 bis 6 EStR). Besteht die Beteiligung an einer Kapitalgesellschaft, die selbst ausschließlich der Vermögensverwaltung dient, so liegt auch bei Einflußnahme auf die Geschäftsführung kein wirtschaftlicher Geschäftsbetrieb vor (siehe Abschnitt 8 Abs. 5 KStR). Dies gilt auch bei Beteiligung an einer steuerbegünstigten Kapitalgesellschaft. Die Grundsätze der Betriebsaufspaltung sind nicht

anzuwenden, wenn sowohl das Betriebs- als auch das Besitzunternehmen steuerbegünstigt sind.

4. Werden Werbemaßnahmen bei sportlichen oder kulturellen Veranstaltungen der Körperschaft durchgeführt, sind die Veranstaltungskosten, die auch ohne die Werbung entstanden wären, keine Betriebsausgaben des steuerpflichtigen wirtschaftlichen Geschäftsbetriebs „Werbung" (BFH-Urteil vom 27. März 1991, BStBl. II 1992 S. 103).

- Folgetext durch gesetzliche Neuregelung in § 64 Abs. 6 AO im wesentlichen überholt -

Zu § 64 Abs. 2:

5. Die Regelung, dass bei steuerbegünstigten Körperschaften mehrere steuerpflichtige wirtschaftliche Geschäftsbetriebe als ein Betrieb zu behandeln sind, gilt auch für die Ermittlung des steuerpflichtigen Einkommens der Körperschaft und für die Beurteilung der Buchführungspflicht nach § 141 Abs. 1. Für die Frage, ob die Grenzen für die Buchführungspflicht überschritten sind, kommt es also auf die Werte (Einnahmen, Überschuss, Vermögen) des Gesamtbetriebs an.

6. § 55 Abs. 1 Nr. 1 Satz 2 und Nr. 3 gilt auch für den steuerpflichtigen wirtschaftlichen Geschäftsbetrieb. Das bedeutet u.a., dass Verluste und Gewinnminderungen in den einzelnen steuerpflichtigen wirtschaftlichen Geschäftsbetrieben nicht durch Zuwendungen an Mitglieder oder durch unverhältnismäßig hohe Vergütungen entstanden sein dürfen.

7. Bei einer Körperschaft, die mehrere steuerpflichtige wirtschaftliche Geschäftsbetriebe unterhält, ist für die Frage, ob gemeinnützigkeitsschädliche Verluste vorliegen, nicht auf das Ergebnis des einzelnen steuerpflichtigen wirtschaftlichen Geschäftsbetriebs, sondern auf das zusammengefasste Ergebnis aller steuerpflichtigen wirtschaftlichen Geschäftsbetriebe abzustellen. Danach ist die Gemeinnützigkeit einer Körperschaft gefährdet, wenn die steuerpflichtigen wirtschaftlichen Geschäftsbetriebe insgesamt Verluste erwirtschaften.

Zu § 64 Abs. 3:

8. Die Höhe der Einnahmen aus den steuerpflichtigen wirtschaftlichen Geschäftsbetrieben bestimmt sich nach den Grundsätzen der steuerlichen Gewinnermittlung. Bei steuerbegünstigten Körperschaften, die den Gewinn nach § 4 Abs. 1 oder § 5 EStG ermitteln, kommt es deshalb nicht auf den Zufluss i.S. des § 11 EStG an, so dass auch Forderungszugänge als Einnahmen zu erfassen sind. Bei anderen steuerbegünstigten Körperschaften sind die im Kalenderjahr zugeflossenen Einnahmen (§ 11 EStG) maßgeblich. Ob die Einnahmen die Besteuerungsgrenze übersteigen, ist für jedes Jahr gesondert zu prüfen.

9. Ist eine steuerbegünstigte Körperschaft an einer Personengesellschaft oder Gemeinschaft beteiligt, sind für die Beurteilung, ob die Besteuerungsgrenze überschritten wird, die anteiligen Einnahmen aus der Beteiligung - nicht aber der Gewinnanteil - maßgeblich.

10. Einnahmen aus der Verwertung unentgeltlich erworbenen Altmaterials gehören auch dann zu den Einnahmen i. S. des § 64 Abs. 3, wenn der Überschuss nach § 64 Abs. 5 in Höhe des branchenüblichen Reingewinns geschätzt werden kann.
11. - *betrifft sportliche Veranstaltungen* -
12. Zu den Einnahmen i. S. des § 64 Abs. 3 gehören auch:
a) Zuschüsse für die Anschaffung oder Herstellung von Wirtschaftsgütern des steuerpflichtigen wirtschaftlichen Geschäftsbetriebs.
b) Der gesamte Erlös aus der Veräußerung von Wirtschaftsgütern des steuerpflichtigen wirtschaftlichen Geschäftsbetriebs. Dies gilt auch dann, wenn Teile des Verkaufserlöses nach § 6 b EStG auf ein Ersatzwirtschaftsgut übertragen werden.
c) Vorauszahlungen (im Jahr des Zuflusses).
d) Ausschüttungen einschließlich des Anrechnungsguthabens für Beteiligungen an Kapitalgesellschaften, wenn die Beteiligung einen steuerpflichtigen wirtschaftlichen Geschäftsbetrieb darstellt (vgl. Nr. 3) oder in einem steuerpflichtigen wirtschaftlichen Geschäftsbetrieb gehalten wird.
e) Die mit den anzusetzenden Einnahmen zusammenhängende Umsatzsteuer, auch bei Gewinnermittlung nach § 4 Abs. 1 oder 5 EStG.
13. Nicht zu den Einnahmen i.S. des § 64 Abs. 3 gehören z. B.
a) Investitionszulagen;
b) der Zufluss von Darlehen;
c) Entnahmen i.S. des § 4 Abs. 1 EStG;
d) die Auflösung von Rücklagen.
14. Eine wirtschaftliche Betätigung verliert durch das Unterschreiten der Besteuerungsgrenze nicht den Charakter des steuerpflichtigen wirtschaftlichen Geschäftsbetriebs. Das bedeutet, dass kein Beginn einer teilweisen Steuerbefreiung i.S. des § 13 Abs. 5 KStG vorliegt und dementsprechend keine Schlussbesteuerung durchzuführen ist, wenn Körperschaft- und Gewerbesteuer wegen § 64 Abs. 3 nicht mehr erhoben werden.
15. Bei Körperschaften mit einem vom Kalenderjahr abweichenden Wirtschaftsjahr sind für die Frage, ob die Besteuerungsgrenze überschritten wird, die in dem Wirtschaftsjahr erzielten Einnahmen maßgeblich.
16. Der allgemeine Grundsatz des Gemeinnützigkeitsrechts, dass für die steuerbegünstigten Zwecke gebundene Mittel nicht für den Ausgleich von Verlusten aus steuerpflichtigen wirtschaftlichen Geschäftsbetrieben verwendet werden dürfen, wird durch § 64 Abs. 3 nicht aufgehoben. Unter diesem Gesichtspunkt braucht jedoch bei Unterschreiten der Besteuerungsgrenze der Frage der Mittelverwendung nicht nachgegangen zu werden, wenn bei überschlägiger Prüfung der Aufzeichnungen erkennbar ist, dass in den steuerpflichtigen wirtschaftlichen Geschäftsbetrieben keine Dauerverluste entstanden sind.
17. Verluste und Gewinne aus Jahren, in denen die maßgeblichen Einnahmen die Besteuerungsgrenze nicht übersteigen, bleiben bei dem Verlustabzug (§ 10 d EStG) außer Ansatz. Ein rück- und vortragbarer Verlust kann danach nur in Jahren entstehen,

in denen die Einnahmen die Besteuerungsgrenze übersteigen. Dieser Verlust wird nicht für Jahre verbraucht, in denen die Einnahmen die Besteuerungsgrenze von 60 000 DM nicht übersteigen.

Zu § 64 Abs. 4:

18. § 64 Abs. 4 gilt nicht für regionale Untergliederungen (Landes-, Bezirks-, Ortsverbände) steuerbegünstigter Körperschaften.

Zu § 64 Abs. 5:

19. § 64 Abs. 5 gilt nur für Altmaterialsammlungen (Sammlung und Verwertung von Lumpen, Altpapier, Schrott). Die Regelung gilt nicht für den Einzelverkauf gebrauchter Sachen (Gebrauchtwarenhandel). Basare und ähnliche Einrichtungen sind deshalb nicht begünstigt.

20. § 64 Abs. 5 ist nur anzuwenden, wenn die Körperschaft dies beantragt (Wahlrecht).

21. Wird der Überschuss nach § 64 Abs. 5 geschätzt, sind dadurch auch die tatsächlichen Aufwendungen der Körperschaft für die Altmaterialsammlung und -verwertung abgegolten; sie können nicht zusätzlich abgezogen werden.

22. Wird der Überschuss nach § 64 Abs. 5 geschätzt, muss die Körperschaft - abweichend von § 64 Abs. 2 - die mit der Altmaterialsammlung zusammenhängenden Einnahmen und Ausgaben gesondert aufzeichnen. Die genaue Höhe der Einnahmen wird als Grundlage für die Reingewinnschätzung benötigt. Die mit diesem steuerpflichtigen wirtschaftlichen Geschäftsbetrieb zusammenhängenden Ausgaben dürfen das Ergebnis der anderen steuerpflichtigen wirtschaftlichen Geschäftsbetriebe nicht mindern.

23. Der branchenübliche Reingewinn ist bei der Verwertung von Altpapier mit 5 v.H. und bei der Verwertung von anderem Altmaterial mit 20 v.H. der Einnahmen anzusetzen. Zu den maßgeblichen Einnahmen gehört nicht die im Bruttopreis enthaltene Umsatzsteuer.

- *Neuregelung der Besteuerung von Werbung, Totalisatorbetrieben und der zweiten Fraktionierungsstufe von Blut ist nicht berücksichtigt -*

Zu § 65 - Zweckbetrieb:

1. Der Zweckbetrieb ist ein wirtschaftlicher Geschäftsbetrieb i. S. von § 14. Jedoch wird ein wirtschaftlicher Geschäftsbetrieb unter bestimmten Voraussetzungen steuerlich dem begünstigten Bereich der Körperschaft zugerechnet.

2. Ein Zweckbetrieb muss tatsächlich und unmittelbar satzungsmäßige Zwecke der Körperschaft verwirklichen, die ihn betreibt. Es genügt nicht, wenn er begünstigte Zwecke verfolgt, die nicht satzungsmäßige Zwecke der ihn tragenden Körperschaft sind. Ebensowenig genügt es, wenn er der Verwirklichung begünstigter Zwecke nur mittelbar dient, z.B. durch Abführung seiner Erträge (BFH-Urteil vom 21.8.1985, BStBl. II 1986 S. 88).

3. Weitere Voraussetzung eines Zweckbetriebes ist, dass die Zwecke der Körperschaft nur durch ihn erreicht werden können. Die Körperschaft muss den Zweckbetrieb zur Verwirklichung ihrer satzungsmäßigen Zwecke unbedingt und unmittelbar benötigen.

4. Der Wettbewerb eines Zweckbetriebes zu nicht begünstigten Betrieben derselben oder ähnlicher Art muss auf das zur Erfüllung der steuerbegünstigten Zwecke unvermeidbare Maß begrenzt sein. Unschädlich ist dagegen der uneingeschränkte Wettbewerb zwischen Zweckbetrieben, die demselben steuerbegünstigten Zweck dienen und ihn in der gleichen oder in ähnlicher Form verwirklichen.

Zu § 66 - Wohlfahrtspflege:

1. Die Bestimmung enthält eine Sonderregelung für wirtschaftliche Geschäftsbetriebe, die sich mit der Wohlfahrtspflege befassen.
2. Die Wohlfahrtspflege darf nicht des Erwerbs wegen ausgeführt werden. Damit ist keine Einschränkung gegenüber den Voraussetzungen der Selbstlosigkeit gegeben, wie sie in § 55 bestimmt sind.
3. Die Tätigkeit muss auf die Sorge für notleidende oder gefährdete Menschen gerichtet sein. Notleidend bzw. gefährdet sind Menschen, die eine oder beide der in § 53 Nrn. 1 und 2 genannten Voraussetzungen erfüllen. Es ist nicht erforderlich, dass die gesamte Tätigkeit auf die Förderung notleidender bzw. gefährdeter Menschen gerichtet ist. Es genügt, wenn zwei Drittel der Leistungen einer Einrichtung notleidenden bzw. gefährdeten Menschen zugute kommen. Auf das Zahlenverhältnis von gefährdeten bzw. notleidenden und übrigen geförderten Menschen kommt es nicht an.
4. Unter § 68 ist eine Reihe von Einrichtungen der Wohlfahrtspflege beispielhaft aufgezählt.

- *Die Ausführungen zu § 67 a betreffen sportliche Veranstaltungen* -

Zu § 68 - Einzelne Zweckbetriebe:

1. § 68 geht als die speziellere Vorschrift dem § 65 vor. Die beispielhafte Aufzählung von Betrieben, die ihrer Art nach Zweckbetriebe sein können, gibt wichtige Anhaltspunkte für die Auslegung der Begriffe Zweckbetrieb (§ 65) im allgemeinen und Einrichtungen der Wohlfahrtspflege (§ 66) im besonderen.

Zu § 68 Nr.1:

2. Wegen der Begriffe „Alten-, Altenwohn- und Pflegeheim" Hinweis auf § 1 des Heimgesetzes.
3. Bei Kindergärten, Kinder-, Jugend- und Studentenheimen sowie bei Schullandheimen und Jugendherbergen müssen die geförderten Personen die Voraussetzungen nach § 53 nicht erfüllen.

Zu § 68 Nr.3:

4. Wegen des Begriffs der Werkstatt für Behinderte wird auf § 54 des Schwerbehindertengesetzes hingewiesen.
5. Zu den Zweckbetrieben gehören auch die von den Trägern der Behindertenwerkstätten betriebenen Kantinen, weil die besondere Situation der Behinderten auch während der Mahlzeiten eine Betreuung erfordert.

Zu § 68 Nr.6:

6. Begünstigt sind von den zuständigen Behörden genehmigte Lotterieveranstaltungen, die höchstens zweimal im Jahr zu ausschließlich gemeinnützigen, mildtätigen oder kirchlichen Zwecken veranstaltet werden. Der Gesetzeswortlaut lässt es offen, in

welchem Umfang solche Lotterien veranstaltet werden dürfen. Da eine besondere Einschränkung fehlt, ist auch eine umfangreiche Tätigkeit so lange unschädlich, als die allgemein durch das Gesetz gezogenen Grenzen - hier insbesondere § 65 - nicht überschritten werden und die Körperschaft durch den Umfang der Lotterieveranstaltungen nicht ihr Gepräge als begünstigte Einrichtung verliert.

7. Unter Veranstaltung sind die innerhalb einer angemessenen Zeitdauer abgewickelten Lotterien und Ausspielungen zu verstehen. Lotterieveranstaltungen in Form von Dauerveranstaltungen sind demnach keine Zweckbetriebe.

- Nrn. 6 und 7 durch gesetzliche Neuregelung teilweise überholt -

Zu § 68 Nr. 7:

8. Gesellige Veranstaltungen sind als steuerpflichtige wirtschaftliche Geschäftsbetriebe zu behandeln. Veranstaltungen, bei denen zwar auch die Geselligkeit gepflegt wird, die aber in erster Linie zur Betreuung behinderter Personen durchgeführt werden, können unter den Voraussetzungen der §§ 65, 66 Zweckbetrieb sein.

9. Kulturelle Einrichtungen und Veranstaltungen i. S. des § 68 Nr. 7 können nur vorliegen, wenn die Förderung der Kultur Satzungszweck der Körperschaft ist. Sie sind stets als Zweckbetrieb zu behandeln. Das BFH-Urteil vom 4.5.1994, BStBl. II S. 886, zu sportlichen Darbietungen eines Sportvereins (vgl. Nr. I. 3 zu § 67 a) gilt für kulturelle Darbietungen entsprechend.

10. Der Verkauf von Speisen und Getränken und die Werbung bei kulturellen Veranstaltungen gehören nicht zu dem Zweckbetrieb. Diese Tätigkeiten sind gesonderte wirtschaftliche Geschäftsbetriebe. Wird für den Besuch einer kulturellen Veranstaltung mit Bewirtung ein einheitlicher Eintrittspreis bezahlt, so ist dieser - ggf. im Wege der Schätzung - in einen Entgeltsanteil für den Besuch der Veranstaltung und für die Bewirtungsleistungen aufzuteilen.

2. Sponsoringerlass (BMF-Schreiben vom 18.2.1998 BStBl. I 1998 S. 212)

Für die ertragsteuerliche Beurteilung des Sponsoring gelten - unabhängig von dem gesponserten Bereich (z.B. Sport-, Kultur-, Sozio-, Öko- und Wissenschaftssponsoring) - im Einvernehmen mit den obersten Finanzbehörden der Länder folgende Grundsätze:

I. Begriff des Sponsoring

1 Unter Sponsoring wird üblicherweise die Gewährung von Geld oder geldwerten Vorteilen durch Unternehmen zur Förderung von Personen, Gruppen und/oder Organisationen in sportlichen, kulturellen, kirchlichen, wissenschaftlichen, sozialen, ökologischen oder ähnlich bedeutsamen gesellschaftspolitischen Bereichen verstanden, mit der regelmäßig auch eigene unternehmensbezogene Ziele der Werbung oder Öffentlichkeitsarbeit verfolgt werden. Leistungen eines Sponsors beruhen häufig auf einer vertraglichen Vereinbarung zwischen dem Sponsor und dem Empfänger der Leistungen (Sponsoring-Vertrag), in dem Art und Umfang der Leistungen des Sponsors und des Empfängers geregelt sind.

II. Steuerliche Behandlung beim Sponsor

2 Die im Zusammenhang mit dem Sponsoring gemachten Aufwendungen können

- Betriebsausgaben i.S.d. § 4 Abs. 4 EStG,
- Spenden, die unter den Voraussetzungen der §§ 10 b EStG, 9 Abs. 1 Nr. 2 KStG, 9 Nr. 5 GewStG abgezogen werden dürfen, oder
- steuerlich nicht abzugsfähige Kosten der Lebensführung (§ 12 Nr. 1 EStG), bei Kapitalgesellschaften verdeckte Gewinnausschüttungen (§ 8 Abs. 3 Satz 2 KStG) sein.

1. Berücksichtigung als Betriebsausgaben

3   Aufwendungen des Sponsors sind Betriebsausgaben, wenn der Sponsor wirtschaftliche Vorteile, die insbesondere in der Sicherung oder Erhöhung seines unternehmerischen Ansehens liegen können (vgl. BFH vom 3. Februar 1993, BStBl. II S. 441, 445), für sein Unternehmen erstrebt oder für Produkte seines Unternehmens werben will. Das ist insbesondere der Fall, wenn der Empfänger der Leistungen auf Plakaten, Veranstaltungshinweisen, in Ausstellungskatalogen, auf den von ihm benutzten Fahrzeugen oder anderen Gegenständen auf das Unternehmen oder auf die Produkte des Sponsors werbewirksam hinweist. Die Berichterstattung in Zeitungen, Rundfunk oder Fernsehen kann einen wirtschaftlichen Vorteil, den der Sponsor für sich anstrebt, begründen, insbesondere wenn sie in seine Öffentlichkeitsarbeit eingebunden ist oder der Sponsor an Pressekonferenzen oder anderen öffentlichen Veranstaltungen des Empfängers mitwirken und eigene Erklärungen über sein Unternehmen oder seine Produkte abgeben kann.

4   Wirtschaftliche Vorteile für das Unternehmen des Sponsors können auch dadurch erreicht werden, dass der Sponsor durch Verwendung des Namens, von Emblemen oder Logos des Empfängers oder in anderer Weise öffentlichkeitswirksam auf seine Leistungen aufmerksam macht.

5   Für die Berücksichtigung der Aufwendungen als Betriebsausgaben kommt es nicht darauf an, ob die Leistungen notwendig, üblich oder zweckmäßig sind; die Aufwendungen dürfen auch dann als Betriebsausgaben abzogen werden, wenn die Geld- oder Sachleistungen des Sponsors und die erstrebten Werbeziele für das Unternehmen nicht gleichwertig sind. Bei einem krassen Missverhältnis zwischen den Leistungen des Sponsors und dem erstrebten wirtschaftlichen Vorteil ist der Betriebsausgabenabzug allerdings zu versagen (§ 4 Abs. 5 Satz 1 Nr. 7 EStG).

6   Leistungen des Sponsors im Rahmen des Sponsoring-Vertrags, die die Voraussetzungen der Rdn. 3, 4 und 5 für den Betriebsausgabenabzug erfüllen, sind keine Geschenke i.S.d. § 4 Abs. 5 Satz 1 Nr. 1 EStG.

2. Berücksichtigung als Spende

7   Zuwendungen des Sponsors, die keine Betriebsausgaben sind, sind als Spenden (§ 10 b EStG) zu behandeln, wenn sie zur Förderung steuerbegünstigter Zwecke freiwillig oder aufgrund einer freiwillig eingegangenen Rechtspflicht erbracht werden, kein Entgelt für eine bestimmte Leistung des Empfängers sind und nicht in einem tatsächlichen wirtschaftlichen Zusammenhang mit dessen Leistungen stehen (BFH vom 25. November 1987, BStBl. II 1988 S. 220; vom 12. September 1990, BStBl. II 1991 S. 258).

3. Nichtabziehbare Kosten der privaten Lebensführung oder verdeckte Gewinnausschüttungen

8 Als Sponsoringaufwendungen bezeichnete Aufwendungen, die keine Betriebsausgaben und keine Spenden sind, sind nicht abziehbare Kosten der privaten Lebensführung (§ 12 Nr. 1 Satz 2 EStG). Bei entsprechenden Zuwendungen einer Kapitalgesellschaft können verdeckte Gewinnausschüttungen vorliegen, wenn der Gesellschafter durch die Zuwendungen begünstigt wird, z.B. eigene Aufwendungen als Mäzen erspart (vgl. Abschnitt 31 Abs. 2 Satz 4 KStR 1995).

III. Steuerliche Behandlung bei steuerbegünstigten Empfängern

9 Die im Zusammenhang mit dem Sponsoring erhaltenen Leistungen können, wenn der Empfänger eine steuerbegünstigte Körperschaft ist, steuerfreie Einnahmen im ideellen Bereich, steuerfreie Einnahmen aus der Vermögensverwaltung oder steuerpflichtige Einnahmen eines wirtschaftlichen Geschäftsbetriebs sein. Die steuerliche Behandlung der Leistungen beim Empfänger hängt grundsätzlich nicht davon ab, wie die entsprechenden Aufwendungen beim leistenden Unternehmen behandelt werden.

Für die Abgrenzung gelten die allgemeinen Grundsätze (vgl. insbesondere Anwendungserlass zur Abgabenordnung, zu § 67 a, Tz. I/9). Danach liegt kein wirtschaftlicher Geschäftsbetrieb vor, wenn die steuerbegünstigte Körperschaft dem Sponsor nur die Nutzung ihres Namens zu Werbezwecken in der Weise gestattet, dass der Sponsor selbst zu Werbezwecken oder zur Imagepflege auf seine Leistungen an die Körperschaft hinweist. Ein wirtschaftlicher Geschäftsbetrieb liegt auch dann nicht vor, wenn der Empfänger der Leistungen z.B. auf Plakaten, Veranstaltungshinweisen, in Ausstellungskatalogen oder in anderer Weise auf die Unterstützung durch einen Sponsor lediglich hinweist. Dieser Hinweis kann unter Verwendung des Namens, Emblems oder Logos des Sponsors, jedoch ohne besondere Hervorhebung, erfolgen. Ein wirtschaftlicher Geschäftsbetrieb liegt dagegen vor, wenn die Körperschaft an den Werbemaßnahmen mitwirkt. Der wirtschaftliche Geschäftsbetrieb kann kein Zweckbetrieb (§§ 65 bis 68 AO) sein.

3. **BMF-Schreiben v. 18. November 1999 (BStBl. I 1999 S. 979 ff.)**

Neuordnung der untergesetzlichen Regelungen des Spendenrechts; Ausgestaltung der Muster für Zuwendungsbestätigungen

(Auszug)

Anmerkung: Das BMF-Schreiben enthält auch ergänzende Erläuterungen zu den Zuwendungsbestätigungen.

Anlagen, nachfolgend nicht abgedruckt: Zuwendungsbestätigungen von Parteien, Wählervereinigungen und Sportvereinen

Geldzuwendungen an juristische Personen des öffentlichen Rechts

Aussteller (Bezeichnung der inländischen juristischen Person oder inländischen öffentlichen Dienststelle)

Bestätigung

über Zuwendungen im Sinne des § 10 b des Einkommensteuergesetzes an inländische juristische Personen des öffentlichen Rechts oder inländische öffentliche Dienststellen

Art der Zuwendung: **Geldzuwendung**

Name und Anschrift des Zuwendenden:
XXX XXX

Betrag der Zuwendung in Ziffern/in Buchstaben/Tag der Zuwendung:
XXX ..../../........................... XXX

Es wird bestätigt, dass die Zuwendung nur zur Förderung (begünstigter Zweck) (im Sinne der Anlage 1 - zu § 48 Abs. 2 Einkommensteuer-Durchführungsverordnung - Abschnitt A/B Nr ....) (im Ausland) verwendet wird.

Die Zuwendung wird

von uns unmittelbar für den angegebenen Zweck verwendet. entsprechend den Angaben des Zuwendenden an .... weitergeleitet, die/der vom Finanzamt ...., StNr. ...., mit Bescheid vom .... / vorläufiger Bescheinigung vom............................. als begünstigte/r Empfänger/in anerkannt ist.

Ort, Datum und Unterschrift des Zuwendungsempfängers

Hinweis:
Wer vorsätzlich oder grob fahrlässig eine unrichtige Zuwendungsbestätigung erstellt oder wer veranlasst, dass Zuwendungen nicht zu den in der Zuwendungsbestätigung angegebenen steuerbegünstigten Zwecken verwendet werden, haftet für die Steuer, die dem Fiskus durch einen etwaigen Abzug der Zuwendungen beim Zuwendenden entgeht (§ 10 b Abs. 4 EStG, § 9 Abs. 3 KStG, § 9 Nr. 5 GewStG). Diese Bestätigung wird nicht als Nachweis für die steuerliche Berücksichtigung der Zuwendung anerkannt, wenn das Datum des Freistellungsbescheides länger als 5 Jahre bzw. das Datum der vorläufigen Bescheinigung länger als 3 Jahre seit Ausstellung der Bestätigung zurückliegt (BMF vom 15. 12. 1994 - BStBl 1 S. 884).

Sachzuwendungen an juristische Personen des öffentlichen Rechts

Aussteller (Bezeichnung der inländischen juristischen Person oder inländischen öffentlichen Dienststelle)

Bestätigung

über Zuwendungen im Sinne des § 10 b des Einkommensteuergesetzes an inländische juristische Personen des öffentlichen Rechts oder inländische öffentliche Dienststellen

Art der Zuwendung: **Sachzuwendung**

Name und Anschrift des Zuwendenden:
XXX XXX

Wert der Zuwendung in Ziffern/in Buchstaben/Tag der Zuwendung:
XXX ..../.../.............................. XXX

Genaue Bezeichnung der Sachzuwendung mit Alter, Zustand, Kaufpreis usw. Die Sachzuwendung stammt nach den Angaben des Zuwendenden aus dem Betriebsvermögen und ist mit dem Entnahmewert (ggf. mit dem niedrigeren gemeinen Wert) bewertet. Die Sachzuwendung stammt nach den Angaben des Zuwendenden aus dem Privatvermögen. Der Zuwendende hat trotz Aufforderung keine Angaben zur Herkunft der Sachzuwendung gemacht. Geeignete Unterlagen, die zur Wertermittlung gedient haben, z. B. Rechnung, Gutachten.

Es wird bestätigt, dass die Zuwendung nur zur Förderung (begünstigter Zweck) (im Sinne der Anlage 1 - zu § 48 Abs. 2 Einkommensteuer-Durchführungsverordnung - Abschnitt A/B Nr.   ) (im Ausland) verwendet wird.

Die Zuwendung wird

von uns unmittelbar für den angegebenen Zweck verwendet.
entsprechend den Angaben des Zuwendenden an ....
weitergeleitet, die/der vom Finanzamt ...., StNr.
..............................., mit Bescheid vom .... /
vorläufiger Bescheinigung vom .... als begünstigte/r Empfänger/in anerkannt ist.

Ort, Datum und Unterschrift des Zuwendungsempfängers

Hinweis:
Wer vorsätzlich oder grob fahrlässig eine unrichtige Zuwendungsbestätigung erstellt oder wer veranlasst, dass Zuwendungen nicht zu den in der Zuwendungsbestätigung angegebenen steuerbegünstigten Zwecken verwendet werden, haftet für die Steuer, die dem Fiskus durch einen etwaigen Abzug der Zuwendungen beim Zuwendenden entgeht (§ 10 b Abs. 4 EStG, § 9 Abs. 3 KStG, § 9 Nr. 5 GewStG). Diese Bestätigung wird nicht als Nachweis für die steuerliche Berücksichtigung der Zuwendung anerkannt, wenn das Datum des Freistellungsbescheides länger als 5 Jahre bzw. das Datum der vorläufigen Bescheinigung länger als 3 Jahre seit Ausstellung der Bestätigung zurückliegt (BMF vom 15. 12. 1994 - BStBl. I S. 884).

Mitgliedsbeiträge an steuerbegünstigte Körperschaften

Aussteller (Bezeichnung und Anschrift der Körperschaft o. ä.)

Bestätigung

über Zuwendungen im Sinne des § 10 b des Einkommensteuergesetzes an eine der in § 5 Abs. 1 Nr. 9 des Körperschaftsteuergesetzes bezeichneten Körperschaften, Personenvereinigungen oder Vermögensmassen

Art der Zuwendung: **Mitgliedsbeitrag/Geldzuwendung**

Name und Anschrift des Zuwendenden:
XXX XXX

Betrag der Zuwendung in Ziffern/in Buchstaben/Tag der Zuwendung:
XXX ..../................................./................... XXX

Es handelt sich (nicht) um den Verzicht auf Erstattung von Aufwendungen.

Wir sind wegen Förderung (begünstigter Zweck) durch Bescheinigung des Finanzamtes ...., StNr. ...., vom .... vorläufig ab................................ als gemeinnützig anerkannt/nach dem letzten uns zugegangenen Freistellungsbescheid des Finanzamts ...., StNr. ...., vom .... für die Jahre .... nach § 5 Abs. 1 Nr. 9 des Körperschaftsteuergesetzes von der Körperschaftsteuer befreit.

Es wird bestätigt, dass (es sich nicht um Mitgliedsbeiträge, sonstige Mitgliedsumlagen oder Aufnahmegebühren handelt und) die Zuwendung nur zur Förderung (begünstigter Zweck) (im Sinne der Anlage 1 - zu § 48 Abs. 2 Einkommensteuer-Durchführungsverordnung - Abschnitt A/B Nr. ....) (im Ausland) verwendet wird.

Ort, Datum und Unterschrift des Zuwendungsempfängers

Hinweis:
Wer vorsätzlich oder grob fahrlässig eine unrichtige Zuwendungsbestätigung erstellt oder wer veranlasst, dass Zuwendungen nicht zu den in der Zuwendungsbestätigung angegebenen steuerbegünstigten Zwecken verwendet werden, haftet für die Steuer, die dem Fiskus durch einen etwaigen Abzug der Zuwendungen beim Zuwendenden entgeht (§ 10 b Abs. 4 EStG, § 9 Abs. 3 KStG, § 9 Nr. 5 GewStG). Diese Bestätigung wird nicht als Nachweis für die steuerliche Berücksichtigung der Zuwendung anerkannt, wenn das Datum des Freistellungsbescheides länger als 5 Jahre bzw. das Datum der vorläufigen Bescheinigung länger als 3 Jahre seit Ausstellung der Bestätigung zurückliegt (BMF vom 15. 12. 1994 - BStBl. I S. 884).

Sachzuwendungen an steuerbegünstigte Körperschaften

Aussteller (Bezeichnung und Anschrift der Körperschaft o. ä.)

Bestätigung

über Zuwendungen im Sinne des § 10 b des Einkommensteuergesetzes an eine der in § 5 Abs. 1 Nr. 9 des Körperschaftsteuergesetzes bezeichneten Körperschaften, Personenvereinigungen oder Vermögensmassen

Art der Zuwendung: **Sachzuwendung**

Name und Anschrift des Zuwendenden:
XXX XXX

Wert der Zuwendung in Ziffern/in Buchstaben/Tag der Zuwendung:
XXX ..../........................../...................................... XXX

Genaue Bezeichnung der Sachzuwendung mit Alter, Zustand, Kaufpreis usw. Die Sachzuwendung stammt nach den Angaben des Zuwendenden aus dem Betriebsvermögen und ist mit dem Entnahmewert (ggf. mit dem niedrigeren gemeinen Wert) bewertet. Die Sachzuwendung stammt nach den Angaben des Zuwendenden aus dem Privatvermögen. Der Zuwendende hat trotz Aufforderung keine Angaben zur Herkunft der Sachzuwendung gemacht. Geeignete Unterlagen, die zur Wertermittlung gedient haben, z. B. Rechnung, Gutachten.

Wir sind wegen Förderung (begünstigter Zweck) durch Bescheinigung des Finanzamtes................., StNr. .... vom .... vorläufig ab .... als gemeinnützig anerkannt/nach dem letzten uns zugegangenen Freistellungsbescheid des Finanzamts ...., StNr. ...., vom .... für die Jahre .... nach § 5 Abs. 1 Nr. 9 des Körperschaftsteuergesetzes von der Körperschaftsteuer befreit.

Es wird bestätigt, dass die Zuwendung nur zur Förderung (begünstigter Zweck) (im Sinne der Anlage 1 - zu § 48 Abs. 2 Einkommensteuer-Durchführungsverordnung - Abschnitt A/B Nr.) (im Ausland) verwendet wird.

Ort, Datum und Unterschrift des Zuwendungsempfängers

Hinweis:

Wer vorsätzlich oder grob fahrlässig eine unrichtige Zuwendungsbestätigung erstellt oder wer veranlasst, dass Zuwendungen nicht zu den in der Zuwendungsbestätigung angegebenen steuerbegünstigten Zwecken verwendet werden, haftet für die Steuer, die dem Fiskus durch einen etwaigen Abzug der Zuwendungen beim Zuwendenden entgeht (§ 10 b Abs. 4 EStG, § 9 Abs. 3 KStG, § 9 Nr. 5 GewStG). Diese Bestätigung wird nicht als Nachweis für die steuerliche Berücksichtigung der Zuwendung anerkannt, wenn das Datum des Freistellungsbescheides länger als 5 Jahre bzw. das Datum der vorläufigen Bescheinigung länger als 3 Jahre seit Ausstellung der Bestätigung zurückliegt (BMF vom 15. 12. 1994 - BStBl. I S. 884).

Geldzuwendungen an steuerbegünstigte Körperschaften

Aussteller (Bezeichnung und Anschrift der Körperschaft o. ä.)

Bestätigung

über Zuwendungen im Sinne des § 10 b des Einkommensteuergesetzes an eine der in § 5 Abs. 1 Nr. 9 des Körperschaftsteuergesetzes bezeichneten Körperschaften, Personenvereinigungen oder Vermögensmassen

Art der Zuwendung: **Geldzuwendung**

Name und Anschrift des Zuwendenden:
XXX XXX

Betrag der Zuwendung in Ziffern/in Buchstaben/Tag der Zuwendung:
XXX ..../...................................../..................... XXX

Es handelt sich nicht um den Verzicht auf die Erstattung von Aufwendungen.

Wir sind wegen Förderung mildtätiger Zwecke nach dem letzten uns zugegangenen Freistellungsbescheid des Finanzamts.........................., StNr. .... vom .... für die Jahre .... nach § 5 Abs. 1 Nr. 9 des Körperschaftsteuergesetzes von der Körperschaftsteuer befreit.

Es wird bestätigt, dass die Zuwendung nur zur Förderung mildtätiger Zwecke verwendet wird.

Ort, Datum und Unterschrift des Zuwendungsempfängers

Hinweis:
Wer vorsätzlich oder grob fahrlässig eine unrichtige Zuwendungsbestätigung erstellt oder wer veranlasst, dass Zuwendungen nicht zu den in der Zuwendungsbestätigung angegebenen steuerbegünstigten Zwecken verwendet werden, haftet für die Steuer, die dem Fiskus durch einen etwaigen Abzug der Zuwendungen beim Zuwendenden entgeht (§ 10 b Abs. 4 EStG, § 9 Abs. 3 KStG, § 9 Nr. 5 GewStG).

Diese Bestätigung wird nicht als Nachweis für die steuerliche Berücksichtigung der Zuwendung anerkannt, wenn das Datum des Freistellungsbescheides länger als 5 Jahre zurückliegt (BMF vom 15. 12. 1994 - BStBl. I S. 884).

4. BMF-Schreiben vom 7. Dezember 2000 (BStBl. I 2000 S. 1447 ff.)

Zuwendungsbestätigungen für Stiftungen; Gesetz zur weiteren steuerlichen Förderung von Stiftungen (Auszug)

Anmerkung: Das BMF-Schreiben enhält auch ergänzende Erläuterungen zu den Zuwendungsbestätigungen.

4 Anlagen

Geldzuwendungen an Stiftungen des öffentlichen Rechts

Aussteller (Bezeichnung und Anschrift der inländischen Stiftung des öffentlichen Rechts)

Bestätigung
über Zuwendungen im Sinne des § 10 b des Einkommensteuergesetzes an inländische Stiftungen des öffentlichen Rechts

Art der Zuwendung: **Geldzuwendung**

Name und Anschrift des Zuwendenden:
XXX XXX

Betrag der Zuwendung in Ziffern / in Buchstaben / Tag der Zuwendung:
XXX ..../...................................../............................ XXX

- ☐ Es wird bestätigt, dass die Zuwendung nur zur Förderung (begünstigter Zweck) (im Sinne der Anlage 1 -zu § 48 Abs. 2 Einkommensteuer-Durchführungsverordnung Abschnitt A / B Nr . .....) (im Ausland) verwendet wird.

- ☐ Es wird bestätigt, dass die Zuwendung nur zur Förderung gemeinnütziger Zwecke im Sinne des § 52 Abs. 2 Nr. 1 - 3 Abgabenordnung (im Ausland) verwendet wird, die nicht nach § 10 b Abs. 1 Satz 1 Einkommensteuergesetz begünstigt sind. Dabei handelt es sich um die Förderung ...(Angabe des gemeinnützigen Zweckes) ... .

- ☐ Die Zuwendung erfolgte anlässlich unserer Neugründung in unseren Vermögensstock bis zum Ablauf eines Jahres nach unserer Gründung.

Die Zuwendung wird

    von uns unmittelbar für den angegebenen Zweck verwendet.

    entsprechend den Angaben des Zuwendenden an .... weitergeleitet, die/der vom Finanzamt ...., StNr. ...., mit Bescheid vom .... vorläufiger Bescheinigung vom................. als begünstigte/r Empfänger/in anerkannt ist.

Ort, Datum und Unterschrift des Zuwendungsempfängers

Hinweis:
Wer vorsätzlich oder grob fahrlässig eine unrichtige Zuwendungsbestätigung erstellt oder wer veranlasst, dass Zuwendungen nicht zu den in der Zuwendungsbestätigung angegebenen steuerbegünstigten Zwecken verwendet werden, haftet für die Steuer, die dem Fiskus durch einen etwaigen Abzug der Zuwendungen beim Zuwendenden entgeht (§ 10 b Abs. 4 EStG, § 9 Abs. 3 KStG, § 9 Nr. 5 GewStG). Diese Bestätigung wird nicht als Nachweis für die steuerliche Berücksichtigung der Zuwendung anerkannt, wenn das Datum des Freistellungsbescheides länger als 5 Jahre bzw. das Datum der vorläufigen Bescheinigung länger als 3 Jahre seit Ausstellung der Bestätigung zurückliegt (BMF vom 15.12.1994 - BStBl. I S. 884).

Sachzuwendungen an Stiftungen des öffentlichen Rechts

Aussteller (Bezeichnung und Anschrift der inländischen Stiftung des öffentlichen Rechts)

Bestätigung

über Zuwendungen im Sinne des § 10 b des Einkommensteuergesetzes an inländische Stiftungen des öffentlichen Rechts

Art der Zuwendung: **Sachzuwendung**

Name und Anschrift des Zuwendenden:
XXX XXX

Wert der Zuwendung in Ziffern / in Buchstaben / Tag der Zuwendung:
XXX ..../.../.................... XXX

Genaue Bezeichnung der Sachzuwendung mit Alter, Zustand, Kaufpreis usw. Die Sachzuwendung stammt nach den Angaben des Zuwendenden aus dem Betriebsvermögen und ist mit dem Entnahmewert (ggf. mit dem niedrigeren gemeinen Wert) bewertet. Die Sachzuwendung stammt nach den Angaben des Zuwendenden aus dem Privatvermögen. Der Zuwendende hat trotz Aufforderung keine Angaben zur Herkunft der Sachzuwendung gemacht. Geeignete Unterlagen, die zur Wertermittlung gedient haben, z.B. Rechnung, Gutachten, liegen vor.

☐ Es wird bestätigt, dass die Zuwendung nur zur Förderung (begünstigter Zweck) (im Sinne der Anlage 1 -zu § 48 Abs. 2 Einkommensteuer-Durchführungsverordnung Abschnitt A / B Nr. ...) (im Ausland) verwendet wird.

☐ Es wird bestätigt, dass die Zuwendung nur zur Förderung gemeinnütziger Zwecke im Sinne des § 52 Abs. 2 Nr. 1 - 3 Abgabenordnung (im Ausland) verwendet wird, die nicht nach § 10 b Abs. 1 Satz 1 Einkommensteuergesetz begünstigt sind. Dabei handelt es sich um die Förderung ...(Angabe des gemeinnützigen Zwecks) ... .

☐ Die Zuwendung erfolgte anlässlich unserer Neugründung in unseren Vermögensstock bis zum Ablauf eines Jahres nach unserer Gründung.

Die Zuwendung wird

von uns unmittelbar für den angegebenen Zweck verwendet.

entsprechend den Angaben des Zuwendenden an .... weitergeleitet, die/der vom Finanzamt ...., StNr. ...., mit Bescheid vom ...., vorläufiger Bescheinigung vom................. als begünstigte/r Empfänger/in anerkannt ist.

Ort, Datum und Unterschrift des Zuwendungsempfängers

Hinweis:
Wer vorsätzlich oder grob fahrlässig eine unrichtige Zuwendungsbestätigung erstellt oder wer veranlasst, dass Zuwendungen nicht zu den in der Zuwendungsbestätigung angegebenen steuerbegünstigten Zwecken verwendet werden, haftet für die Steuer, die dem Fiskus durch einen etwaigen Abzug der Zuwendungen beim Zuwendenden entgeht (§ 10 b Abs. 4 EStG, § 9 Abs. 3 KStG, § 9 Nr. 5 GewStG). Diese Bestätigung wird nicht als Nachweis für die steuerliche Berücksichtigung der Zuwendung anerkannt, wenn das Datum des Freistellungsbescheides länger als 5 Jahre bzw. das Datum der vorläufigen Bescheinigung länger als 3 Jahre seit Ausstellung der Bestätigung zurückliegt (BMF vom 15.12.1994 - BStBl. I S. 884).

Geldzuwendungen an Stiftungen des privaten Rechts

Aussteller (Bezeichnung und Anschrift der Stiftung des privaten Rechts)

Bestätigung

über Zuwendungen im Sinne des § 10 b des Einkommensteuergesetzes an Stiftungen des privaten Rechts

Art der Zuwendung: **Geldzuwendung**

Name und Anschrift des Zuwendenden:
XXX XXX

Betrag der Zuwendung in Ziffern / in Buchstaben / Tag der Zuwendung:
XXX ..../.../................................ XXX

Es handelt sich (nicht) um den Verzicht auf Erstattung von Aufwendungen.

Wir sind wegen Förderung (begünstigter Zweck) durch Bescheinigung des Finanzamtes ...., StNr. ...., vom .... vorläufig ab ...., als gemeinnützig anerkannt / nach dem letzten uns zugegangenen Freistellungsbescheid des Finanzamts ...., StNr. ...., vom .... für die Jahre .... nach § 5 Abs. 1 Nr. 9 des Körperschaftsteuergesetzes von der Körperschaftsteuer befreit.

- ☐ Es wird bestätigt, dass die Zuwendung nur zur Förderung (begünstigter Zweck) (im Sinne der Anlage 1 - zu § 48 Abs. 2 Einkommensteuer-Durchführungsverordnung -Abschnitt A / B Nr. ...) (im Ausland) verwendet wird.

- ☐ Es wird bestätigt, dass die Zuwendung nur zur Förderung gemeinnütziger Zwecke im Sinne des § 52 Abs. 2 Nr. 1 - 3 Abgabenordnung (im Ausland) verwendet wird, die nicht nach § 10b Abs. 1 Satz 1 Einkommensteuergesetz begünstigt sind. Dabei handelt es sich um die Förderung ...(Angabe des gemeinnützigen Zweckes) ... .

- ☐ Die Zuwendung erfolgte anlässlich unserer Neugründung in unseren Vermögensstock bis zum Ablauf eines Jahres nach unserer Gründung.

Ort, Datum und Unterschrift des Zuwendungsempfängers

Hinweis:
Wer vorsätzlich oder grob fahrlässig eine unrichtige Zuwendungsbestätigung erstellt oder wer veranlasst, dass Zuwendungen nicht zu den in der Zuwendungsbestätigung angegebenen steuerbegünstigten Zwecken verwendet werden, haftet für die Steuer, die dem Fiskus durch einen etwaigen Abzug der Zuwendungen beim Zuwendenden entgeht (§ 10 b Abs. 4 EStG, § 9 Abs. 3 KStG, § 9 Nr. 5 GewStG). Diese Bestätigung wird nicht als Nachweis für die steuerliche Berücksichtigung der Zuwendung anerkannt, wenn das Datum des Freistellungsbescheides länger als 5 Jahre bzw. das Datum der vorläufigen Bescheinigung länger als 3 Jahre seit Ausstellung der Bestätigung zurückliegt (BMF vom 15.12.1994 - BStBl. I S. 884).

Sachzuwendungen an Stiftungen privaten Rechts

Aussteller (Bezeichnung und Anschrift der Stiftung des privaten Rechts)

Bestätigung

über Zuwendungen im Sinne des § 10 b des Einkommensteuergesetzes an Stiftungen des privaten Rechts

Art der Zuwendung: **Sachzuwendung**

Name und Anschrift des Zuwendenden:
XXX XXX

Wert der Zuwendung in Ziffern / in Buchstaben / Tag der Zuwendung:
XXX ..../............................/.................... XXX

Genaue Bezeichnung der Sachzuwendung mit Alter, Zustand, Kaufpreis usw. Die Sachzuwendung stammt nach den Angaben des Zuwendenden aus dem Betriebsvermögen und ist mit dem Entnahmewert (ggf. mit dem niedrigeren gemeinen Wert) bewertet. Die Sachzuwendung stammt nach den Angaben des Zuwendenden aus dem Privatvermögen. Der Zuwendende hat trotz Aufforderung keine Angaben zur Herkunft der Sachzuwendung gemacht. Geeignete Unterlagen, die zur Wertermittlung gedient haben, z. B. Rechnung, Gutachten, liegen vor.

Wir sind wegen Förderung (begünstigter Zweck) durch Bescheinigung des Finanzamtes ...., StNr. ...., vom .... vorläufig ab .... als gemeinnützig anerkannt/ nach dem letzten uns zugegangenen Freistellungsbescheid des Finanzamts ...., StNr. ...., vom .... für die Jahre .... nach § 5 Abs. 1 Nr. 9 des Körperschaftsteuergesetzes von der Körperschaftsteuer befreit.

☐ Es wird bestätigt, dass die Zuwendung nur zur Förderung (begünstigter Zweck) (im Sinne der Anlage 1 -zu § 48 Abs. 2 Einkommensteuer-Durchführungsverordnung Abschnitt A / B Nr . ...) (im Ausland) verwendet wird.

☐ Es wird bestätigt, dass die Zuwendung nur zur Förderung gemeinnütziger Zwecke im Sinne des § 52 Abs. 2 Nr. 1 - 3 Abgabenordnung (im Ausland) verwendet wird, die nicht nach § 10b Abs. 1 Satz 1 Einkommensteuergesetz begünstigt sind. Dabei handelt es sich um die Förderung ...(Angabe des gemeinnützigen Zwecks) ... .

☐ Die Zuwendung erfolgte anlässlich unserer Neugründung in unseren Vermögensstock bis zum Ablauf eines Jahres nach unserer Gründung.

Ort, Datum und Unterschrift des Zuwendungsempfängers

Hinweis:
Wer vorsätzlich oder grob fahrlässig eine unrichtige Zuwendungsbestätigung erstellt oder wer veranlasst, dass Zuwendungen nicht zu den in der Zuwendungsbestätigung angegebenen steuerbegünstigten Zwecken verwendet werden, haftet für die Steuer, die dem Fiskus durch einen etwaigen Abzug der Zuwendungen beim Zuwendenden entgeht (§ 10 b Abs. 4 EStG, § 9 Abs. 3 KStG, § 9 Nr. 5 GewStG). Diese Bestätigung wird nicht als Nachweis für die steuerliche Berücksichtigung der Zuwendung anerkannt, wenn das Datum des Freistellungsbescheides länger als 5 Jahre bzw. das Datum der vorläufigen Bescheinigung länger als 3 Jahre seit Ausstellung der Bestätigung zurückliegt (BMF vom 15.12.1994 - BStBl. I S. 884).

D.
Literaturhinweise

Die nachfolgend aufgeführten Fundstellen sind lediglich eine Auswahl weiterführender Literatur.

I. Bücher

Entenmann, Alfred	Handbuch der Vereinsführung. Loseblattsammlung
Kießling, Heinz/ Buchna, Johannes	Gemeinnützigkeit im Steuerrecht, 7. Auflage 2000
Märkle, Rudi W.	Der Verein im Zivil- und Steuerrecht, 10. Auflage 2000
Schleder, Herbert	Steuerrecht der Vereine, 3. Auflage 1995

II. Aufsätze

Herbert, Ulrich	Die Mittel- und Vermögensbindung gemeinnütziger Körperschaften, BB 1991 S. 178 ff.
IdW	HFA-Verlautbarung 4/94 (Rechnungslegung spendensammelnder Organisationen), IdW-Fachnachrichten 1995 S. 415 ff. sowie Die Wirtschaftsprüfung 1995 S. 698 ff.
IdW	Stellungnahme zur Rechnungslegung: Rechnungslegung von Stiftungen, IdW RS HFA 5, IdW-Fachnachrichten 2000 S. 129 ff. sowie Die Wirtschaftsprüfung 2000 S. 391 ff.
Lex, Peter	Die Mehrheitsbeteiligung einer steuerbegünstigten Körperschaft an einer Kapitalgesellschaft: Vermögensverwaltung oder wirtschaftlicher Geschäftsbetrieb? DB 1997 S. 349 ff.
Reuber, Hans-Georg	Die Besteuerung der Vereine. Loseblattsammlung
Schauhoff, Stephan	Handbuch der Gemeinnützigkeit, 2000
Schick, Stefan	Die Beteiligung einer gemeinnützigen Körperschaft an einer GmbH und der wirtschaftliche Geschäftsbetrieb, DB 1985 S. 1812 ff.
Schick, Stefan	Die Beteiligung einer steuerbegünstigten Körperschaft an Personen- und Kapitalgesellschaften, DB 1999 S. 1187 ff.

Schick, Stefan/ Schmidt, Oliver/ Ries, Gerhard/ Walbröl, Hans-Robert	Praxis-Handbuch Stiftungen, 2000
Thiel, Jochen	Die zeitnahe Mittelverwendung - Aufgabe und Bürde gemeinnütziger Körperschaften, DB 1992 S. 1900 ff.
Thiel, Jochen	Das Gebot der zeitnahen Mittelverwendung im Gemeinnützigkeitsrecht und seine Bedeutung für die tatsächliche Geschäftsführung gemeinnütziger Stiftungen, Stiftung & Sponsoring, Die ROTEN SEITEN 3/98

Der Autor

Dr. Stefan Schick

studierte Rechtswissenschaften und promovierte 1983 über ein steuerrechtliches Thema. Er war von 1981 bis 1992 in der Rechtsabteilung der Ernst & Young Deutsche Allgemeine Treuhand AG vor allem für die rechtliche und gemeinnützigkeitsrechtliche Beratung von Non-Profit-Organisationen (Stiftungen, Vereine, Körperschaften des öffentlichen Rechts) zuständig.

Seit 1992 betreut er als Partner von Menold & Aulinger Anwaltssozietät denselben Mandantenkreis. Er ist seit 1996 Fachanwalt für Steuerrecht.

Dr. Schick kennt die steuerlichen und rechtlichen Probleme sozialer Einrichtungen aus seiner langjährigen Beratungs- und Vortragstätigkeit. Zahlreiche Publikationen auf den genannten Gebieten ergänzen seine Beratungstätigkeit. So war er von 1995 bis 2000 Mitherausgeber von Gemeinnützigkeit + Management, des Informationsdienstes für soziale Einrichtungen, dessen Rubrik „Recht/Steuern" er auch redaktionell betreute. Seit 2000 ist er Mitherausgeber von Sozialmarkt aktuell.

Stichwortverzeichnis

A

Aberkennung der Steuerbegünstigung s.a. Entzug	127
allgemeine Rechnungslegungsgrundsätze	117
Alten-, Altenwohn- und Pflegeheime s.a. betreutes Wohnen	33; 60
Altenhilfe	28
Altkleidersammlungen	33
Anerkennung der Steuerbegünstigung	123
Anfallrecht	128
Annehmlichkeiten	74; 146
Anschaffungskosten	100; 144
Antrags- und Überwachungsverfahren bei steuerbegünstigten Körperschaften	123
Anzeigenwerbung	150; 151
Arbeitnehmer	92
Arbeitskräfte	36; 41; 45
Aufmerksamkeiten	40
Aufwandsentschädigungen	20; 67
Aufwendungen zur Mitgliederwerbung	77
Aufwendungsersatzansprüche	135
Aufzeichnungen über Einnahmen und Ausgaben	114
Ausgabe	104; 131
Ausnahmen vom Erfordernis einer Zuwendungsbestätigung	140
Ausschließlichkeit	39; 126
Ausstattungskapital	82

B

Behindertentransporte	59; 163; 164
Benefizveranstaltungen	147
Bericht über die Erfüllung des Stiftungszwecks	106
Beschäftigungs- und Arbeitstherapie	62
besonders für den Krankentransport eingerichtete Fahrzeuge	166
betreutes Wohnen	61; 168
Betrieb gewerblicher Art	23; 34; 95; 126
Betriebsaufspaltung	65
Betriebsmittelrücklagen	83
Betriebsvermögen, Spenden aus	131
Betriebsvermögensvergleich	122
Bewährungsauflage	130
Bilanz	100
Bilanzierung bei einem Wechsel in die Steuerpflicht bzw. Steuerbefreiung	121
Bilanzierung bei Stiftungen	100
Bilanzierungsgrundsätze	131
Blindenfürsorge	62
Blutspenden	131; 167
Buchführung und Bilanzierung	96
Buchwert	137; 138
Buchwertprivileg	19; 122

D

Dachorganisationen	44
Darlehen	81; 89
Direktspenden	129; 133
Durchlaufspenden	132

E

eigenwirtschaftliche Zwecke	40
eingezahlte Kapitalanteile	37
Einlagetheorie	144
Einlagewert	144
Einnahmen-/Ausgabenrechnung	99; 102; 110
Einrichtungen der Wohlfahrtspflege	29; 30; 59
Einzahlungsbeleg	140
Entnahme von Wirtschaftsgütern	122
Entzug der Gemeinnützigkeit s.a. Aberkennung	127
Erbschaft- und Schenkungsteuer	17; 67; 137
Erbschaften	77
Ergebnisermittlung bei steuerpflichtigen wirtschaftlichen Geschäftsbetrieben	114
Ergebnisrücklagen	101
Ergebnisverwendung	101
Erhaltung des Stiftungskapitals	101
Ermittlung des maßgeblichen Verlusts	68
Erziehungshilfe	62

F

Fahrzeuge mit besonderen Vorrichtungen	166
freie Rücklage	85; 86
Freigrenze	66
Freistellungserklärung	125
Freistellungsverfahren	125
Fürsorge für Körperbehinderte	62
Fürsorgeerziehung	62

G

gebundene Eigenmittel	87; 120
gebundene Rücklagen	87; 120
Gefährdungs- bzw. Verursachungshaftung	142
Geldspenden	134
gemeiner Wert	135
gemeinnützige Zwecke	26
Gesamtkostenverfahren	100; 108
Geselligkeit	28; 40
Gesellschaft bürgerlichen Rechts	16
Gewerbesteuer	14; 30; 67
Gewinn- und Verlustrechnung	100
Gewinnanteile	37
Gewinne	115
Gliederung des Eigenkapitals	100
GmbH	123
Großspenden	137
Grunderwerbsteuer	15
Grundsatz der Vermögensbindung	75; 91

Grundsteuer	15
Grundstockvermögen	82; 132

H

Haftung	41; 141
Hilfsperson	42
Höchstgrenzen für Spendenabzug	138

J

Jugendherbergen	61
Jugendhilfe	26

K

Kapitalerhaltungsrücklage	101
Kapitalgesellschaft	65; 90; 94
Katastrophenhilfe	140; 161
Kaufleute	96
Kinder-, Jugend- und Studentenheime, Schullandheime	61
Kindergärten	61
Kirchengemeinden	24
kirchliche Zwecke	34
Kocheinsätze	161
Konkurrenzklausel	57
Körperschaft	36
Körperschaft des öffentlichen Rechts	34
Körperschaftsteuer	14; 66
Kostenzuordnung	150
Krankenfahrten	165
Krankenhäuser	60
Krankenpflegevereine	49
Krankentransporte	165
kulturelle Einrichtungen	62
kulturelle Veranstaltungen	62

L

Landesstiftungsgesetze	98
Leistungsbeziehungen	76
Liquidation	75
Lotterien und Ausspielungen	62

M

Mahlzeitendienste	60
maschinelle Erstellung von Zuwendungsbestätigungen	134
Mildtätigkeit	32
Mitgliederdarlehen	39
Mitgliederpflege	40
Mitgliederumlagen	130
Mitgliedsbeiträge	49; 109; 130; 133
Mittel	146
Mittel- und Vermögensbindung	78
Mittelbeschaffung	56
Mittelverwendung	68; 112; 128; 141
Mittelverwendung im Ausland	42
Mittelverwendungsrechnung	82; 106; 119
Mittelzuwendung an eine andere steuerbegünstigte Körperschaft	36; 44
Mitunternehmerschaft	63; 90
Mustersatzungen	127

N

nebenberufliche Tätigkeiten	21
Notfallrettung	166
Nutzungen und Leistungen	129; 135
nutzungsgebundenes Kapital	87; 119

O

öffentliche Fördermittel	50
öffentliches Gesundheitswesen	31
ordnungsgemäße Buchführung	98
Ordnungsmäßigkeit der Geschäftsführung	114

P

Patientenbeförderungen	165; 166
Personengesellschaft	63; 94
persönliche Hilfsbedürftigkeit	32
Pflegebedürftigkeit	29
Pflegeheim	32
Projektrücklagen	84
Prüfung der Jahresabschlüsse	112

Q

qualifizierte Krankentransporte	166

R

Räume	36; 41; 45
Rechnungslegung	94
Rechnungslegung bei Stiftungen	97
Rechnungsprüfer	94
Rücklage	68; 82
Rücklage zum Erwerb von Gesellschaftsrechten	84
Rücklage zur Vermögenserhaltung	84
Rückstellungen	102
Rückstellungen für ungewisse Verbindlichkeiten	110

S

Sacheinlage	37; 76
Sachleistungen	75
Sachspenden	108; 134
satzungsgemäße Leistungen	102
satzungsmäßige Gemeinnützigkeit	124; 125
satzungsmäßige Zwecke	36
Schätzung in Höhe des branchenüblichen Reingewinns	144
Schenkungen, Erbschaften, Vermächtnisse, Vermögenserstausstattung von Stiftungen, Zustiftungen	50; 103
Schlussbilanz	121
Selbstlosigkeit	35; 126
Selbstversorgung	61
sonstige Ergebnisrücklagen	101
Sozialstationen	24
Soziosponsoring	153
Spenden	18; 44; 50; 108; 129
Spendenabzug	34; 167
Spendenaufruf	82

Spendenbegriff	154
Spendenbescheinigung	67; 134; 139
spendensammelnde Organisationen	106
Spendensammelvereine	36; 44; 126
Spendenvor- und -rücktrag	137
Sponsorenleistungen	109
Sponsoring	130; 152
Sponsoringerlass	53; 154; 157
Sponsoringvertrag	154
Spülmobil	58; 159
steuerbegünstigte Zwecke	25; 125
steuerliche Buchführungs- und Bilanzierungspflichten	113
steuerpflichtige wirtschaftliche Geschäftsbetriebe	63; 77; 142
Steuerrechtssubjekte	22
Stifterwille	98
Stiftung	
- Rechnungslegung	97
- zeitnahe Mittelverwendung	82
- Zuwendungen an Stiftungen	136; 138
Stiftungskapital	100
Sühnezahlung	130

T

Tätigkeits-/Geschäftsbericht	114; 125
tatsächliche Geschäftsführung	127
Transportleistungen	163

U

Überschuldung	98
Überwiegen des steuerpflichtigen wirtschaftlichen Geschäftsbetriebs	70
Umsatzkostenverfahren	100; 108
Umsatzsteuer	15; 67; 135; 158; 164
Umsatzsteuerbefreiung	16; 28; 31
Umsatzsteuerermäßigung	16
Umweltschutz	160
Unentgeltlichkeit	108; 130
Unmittelbarkeit	41; 126
unrichtige Zuwendungsbestätigungen	141; 160

V

Veranstaltungen wissenschaftlicher oder belehrender Art	62
Verbände der freien Wohlfahrtspflege	29
Vereinsveranstaltungen/gesellige Zusammenkünfte	146
Vereinszeitschriften	149
Vergütung	76; 135
Verlust	91
Verlust der Steuerbegünstigung	73
Verlustabdeckung	68
Verluste	68; 78; 85; 115
Vermietung	89
Vermögensanfall	126
Vermögensrechnung	102; 110
Vermögensübersicht	125
Vermögensumschichtungen	92
Vermögensverwaltung	51; 82; 85; 89; 155
Verpachtung	156

Verpflegungszug	161
Versteuerung von stillen Reserven bei Beginn der Steuerbefreiung / Ende der Steuerpflicht	137
Vertrauensschutz	141
Verwaltungsaufwand	76
Volkshochschulen	62
Voraussetzungen für die Anerkennung als steuerbegünstigte Körperschaft	22
vorläufige Bescheinigung der Gemeinnützigkeit	125
Vorsteuerabzug	16
Vorverein	123

W

Weitergabe von Mitteln	41
Werbung	130
Werkstätten für Behinderte	62
Wertetransfer	76
Wertpapierbestand	53
wirtschaftliche Hilfsbedürftigkeit	33
Wirtschaftsgüter; gemischt genutzte	117
Wirtschaftsprüfer	94

Wohlfahrtspflege	29; 166
Wohlfahrtsverbände	163
Wohltätigkeitsbazar	56; 144

Z

zeitnahe Mittelverwendung	78; 87; 118
Zeitpunkt der Spende	131
Zivilschutz	161
Zuordnung von Einnahmen und Ausgaben	114
Zusammenrechnung der steuerpflichtigen wirtschaftlichen Geschäftsbetriebe	113
Zustiftungen	82; 132
Zuwendung an eine andere steuerbegünstigte Körperschaft	36
Zuwendungsbestätigungen	67; 134; 139
Zweckbetrieb	55
zweckgebundene Rücklage für Wiederbeschaffung	87
zweckgebundene Rücklagen	84
Zweckvermögen	23